AF742805

Nation(s), mondialisation(s) :
Toute une histoire

Collection *Histoire, Textes, Sociétés*
dirigée par Monique Clavel-Lévêque et Laure Lévêque

Pour questionner l'inscription du sujet social dans l'histoire, cette collection accueille des recherches très largement ouvertes tant dans la diachronie que dans les champs du savoir.
L'objet affiché est d'explorer comment un ensemble de référents a pu structurer dans sa dynamique un rapport au monde. Dans la variété des sources – écrites ou orales –, elle se veut le lieu d'une enquête sur la mémoire, ses fondements, ses opérations de construction, ses refoulements aussi, ses modalités concrètes d'expression dans l'imaginaire, singulier ou collectif.

Déjà parus

Laure Lévêque, Philippe Bonfils, Yusuf Kocoglu, Thierry Santolini, Delphine van Hoorebeke (dir.), *Vulnérabilités, échanges et tensions dans l'espace méditerranéen, L'Amer Méditerranée,* 2017.
Maya Khaled, *L'écriture d'Amin Maalouf à la lisière de deux langues. Une approche pluridisciplinaire*, 2017.
Laure Lévêque, Philippe Bonfils, Yusuf Kocoglu, Thierry Santolini, Delphine van Hoorebeke, *Les échanges dans l'espace euro-méditerranéen. Formes et dynamiques*, 2016.
Daniel Faivre, *De l'acte fondateur au mythe de fondation. Une approche pluridisciplinaire*, 2016.
Laure Lévêque, Philippe Bonfils, Yusuf Kocoglu, thierry Santolini, Delphine van Hoorebeke (dir.), *L'espace euro-méditerranéen entre conflits et métissages. Rencontres, échanges, représentations*, 2015.
Marie-Claude L'Huillier et Anne Jollet (dir.), *Guerre et paix. Troisièmes rencontres d'Histoire critique*, 2015.
Antoine Casanova, *Figures de Dieu, entre masculin et féminin : la longue marche*, 2015.
Monique Clavel-Lévêque, *Autour de la Domitienne. Genèse et identité du Biterrois gallo-romain*, 2014.
Enrique Fernández Domingo, Xavier Tabet (textes réunis et présentés par), *Nation, identité et littérature en Europe et Amérique latine (XIXe-XXe siècles)*, 2013.

Sous la direction de
Marie-Claude L'HUILLIER et Anne JOLLET

NATION(S), MONDIALISATION(S) : TOUTE UNE HISTOIRE

QUATRIÈMES RENCONTRES D'HISTOIRE CRITIQUE

L'Harmattan

5-7, rue de l'École-Polytechnique ; 75005 Paris
http://www.editions-harmattan.fr
ISBN : 978-2-343-13404-8
EAN : 9782343134048

Ouverture

Par M. Patrice Leclerc, Maire de Gennevilliers

L'histoire a de l'avenir

La ville de Gennevilliers soutient le travail des Rencontres d'Histoire Critique car nous avons besoin, nous citoyen(ne)s, nous élu(e)s, nous collectif soucieux de partage de connaissances, de regards et d'analyses sur notre histoire, pour mieux comprendre notre présent et prendre des décisions pour l'avenir.

Comme ancien secrétaire et co-fondateur de l'UP 92, c'est aussi un plaisir que de voir une activité perdurer, prendre de la maturité avec cette édition 2015 sur le thème « Nation(s) / mondialisation(s) : toute une histoire ».

Nous vivons des événements historiques violents, incompréhensibles sans recul historique et perception des contradictions du monde actuel. La compréhension du monde par les citoyen(ne)s confronté(e)s à l'apport des chercheurs, des historiens, (et *vice versa*), peut produire du sens, de l'envie d'agir ou, tout simplement, du plaisir de découvrir d'autres façons de voir le monde.

Nous avons également besoin de ces temps de réflexions et de critiques pour nous interroger sur nos propres trajectoires en tant que société, en tant que nation, et en tant qu'individus acteurs et actrices de l'Histoire.

Comment ne pas se questionner sur les conséquences de nos actions ? Quels leviers sont à notre portée pour changer notre monde ? Comment « savoir écouter l'herbe qui pousse » ?

À notre modeste place, les Rencontres d'Histoire Critique nous donnent un angle de vue et un éclairage utiles.

Les effets impitoyables du libre échangisme et de la déréglementation qui s'imposent aux peuples, les questions relatives aux nations, à l'État-nation, à la mondialisation, à la Paix résonnent, dans nos villes et le pays, parfois plus qu'ils ne raisonnent. Ces questions interpellent jusqu'à l'actualité de la commune et de la production collective de communs. Créer des moments de passion et de raison dans une ville populaire est bien de notre devoir. C'est respecter les Gennevilloises et les Gennevillois que de faire en sorte que de telles rencontres intellectuelles de qualité aient lieu ici.

Merci aux bénévoles, aux universitaires qui ont participé à ces rencontres et permis cette publication. Elle nous interroge sur la pertinence des actions menées dans le monde pour rétablir la paix. Elle enrichit notre conception de l'émancipation des peuples, notre volonté de rendre plus juste nos modèles économiques et de respecter l'humain dans sa singularité et son universalité. L'appropriation populaire et critique de notre histoire ne peut qu'être un élément positif de construction de l'avenir.

Bonne lecture !

AVANT-PROPOS

PAR MARIE-CLAUDE L'HUILLIER ET ANNE JOLLET

« Plus que jamais », le sentiment d'urgence nous poursuit. Plus que jamais, nous sommes convaincu(e)s de l'urgence à penser notre monde, à en penser les transformations, les contradictions, les apories, qui menacent d'en faire le cadre d'un gigantesque chaos dans lequel des humains impuissants, malmenés par des forces destructrices multiples, subissent la violence. Ils éprouvent les plus grandes difficultés à s'y opposer, tant les sources comme les formes de ces mal-être apparaissent incertaines et confuses.

Plus que jamais, nous pensons donc qu'il est urgent de faire de l'histoire. Certes, pas une histoire qui patrimonialise autour des châteaux la vie des grands comme notre passé commun. Non, une histoire qui porte le débat sur les fonctionnements conflictuels des sociétés, sur les multiples formes des effets de domination, d'aliénation, sur les mouvements incessants des rapports de force sociaux, portés depuis quelques siècles sur la recherche du profit. Une histoire qui doit être portée par les citoyen(ne)s, à partir de leurs questions, de leurs expériences, de leurs perceptions, du juste et de l'injuste, de l'utile, de l'inutile. Une histoire qui doit aussi participer à la construction de ce questionnaire, en médiatisant les apports des recherches en cours, en en pointant les contradictions, aussi les oublis, les silences, en en disant bien haut les réelles inégalités de ressources aussi bien financières que symboliques. En exergue de cette présentation des textes élaborés pour les Quatrièmes Rencontres d'histoire critique, répétons que l'histoire est science et que, comme toute science, elle a ses débats internes, ses exigences propres ; et rappelons aussi que, comme toute science, elle est de son temps, de son monde, qu'elle participe des hiérarchies de ce monde. Mais répétons aussi que réflexive, critique, elle peut être pourvoyeuse de formidables outils d'analyse, de compréhension du présent dont les citoyen(ne)s doivent être mis en capacité de se saisir. Car ils leur permettent de comprendre eux aussi, dans le présent comme dans le passé, les processus qui conduisent à accepter, voire à favoriser, les privations de liberté.

En 2013, nous nous étions retrouvé(e)s pour penser la terrible réalité des guerres, trop souvent associée à un insidieux fatalisme. Nous y avions proposé l'étude des forces qui refusent le fatalisme guerrier et cherchent à convaincre qu'il n'est de bonheur pour l'humanité que dans la paix, mais aussi montré que la paix est elle-même un combat, le produit de constructions de rapports de force sociaux et politiques. Les Actes de ces Rencontres « Guerre et paix » ont été publiés en 2015 et nous vous invitons à les retrouver[1].

Nous vous proposons de retrouver ici les propos des intervenants des Quatrièmes Rencontres d'histoire qui se sont tenues les 26-27-28 novembre 2015 autour de Nation(s) / Mondialisation(s). Comme les précédentes, ces Rencontres ont été portées par un travail commun des *Cahiers d'histoire. Revue d'histoire critique* et de l'Université populaire des Hauts-de-Seine[2], soutenu par de nombreuses associations d'histoire, par la région Île-de-France et par la ville de Gennevilliers.

La nation, bel idéal de toutes les révolutions du XVIIIe puis du XIXe siècle, espace de déploiement des mobilisations de celles et ceux qui de sujets deviennent citoyens et citoyennes. Il nous semblait, et il nous semble encore aujourd'hui, particulièrement important d'en comprendre l'émergence au cours de l'époque moderne dans certains espaces du globe, d'en contextualiser la naissance, dans le contexte de développement du capitalisme commercial et des philosophies politiques libérales, de l'élaboration des pensées du contrat, pensées aux si complexes et contradictoires conséquences, économiques et politiques.

De la nation, cadre d'affirmation des libertés, innovation politique émancipatrice, nous avons voulu penser aussi les processus de fermeture, de repli identitaire dans les sombres nationalismes qui se sont développés du XIXe siècle à nos jours. Comment les nations deviennent-elles des cadres qui excluent de la citoyenneté, qui hiérarchisent entre les citoyens, qui les entraînent dans le déchaînement des violences guerrières et haineuses en faisant oublier les luttes sociales ? Et comment la mondialisation libérale, mondialisation financière, bouscule-t-elle les cadres nationaux, achève-t-elle d'en appauvrir le projet libérateur, l'efficace politique, en d'autres termes que ceux de relais des puissances économiques mondialisées ?

En ouvrant ces Quatrièmes Rencontres, avec *Howard Zinn*, le film d'Azam et Mermet, au cinéma Jean-Vigo de Gennevilliers, nous avions

---

[1] Marie-Claude L'Huillier et Anne Jollet (dir.), *Guerre et paix. Troisièmes Rencontres d'histoire critique*, Paris, L'Harmattan, 2015.

[2] Contacts et programmes des activités en cours https://chrhc.revues.org ; http://www.universite-populaire92.org.

choisi un signe fort : donner la parole à cet historien des États-Unis contestataire de l'ordre dominant, historien des dominations en matière de lectures de l'histoire comme de lectures de l'ensemble du social, historien notamment de la façon dont l'histoire des États-Unis a construit un masque national visant à rendre invisible la guerre des « lapins » et des « chasseurs ». Autrement dit, nous sommes parti(e)s de cette recherche : comment les mythes nationaux effacent-ils les luttes sociales ? Comment ces appartenances nationales mythifiées peuvent-elles continuer à servir à occulter et à rendre peu compréhensibles des réalités sociales majeures comme la mondialisation contemporaine ? Ou d'autres processus de mondialisation dans le passé.

Les auteur(e)s rassemblées ici ont tous et toutes eu à cœur de travailler cette tension cruciale de notre monde dont les termes ont été posés en ouverture avec l'extrême lucidité que tous lui reconnaissent par le grand spécialiste du Proche-Orient Georges Corm. On retrouve dans les textes qui suivent les grands axes problématiques que nous avions choisis : « Nations, une histoire récente ? », « Mondialisation(s) : une idée neuve ? », « Les nationalismes : émancipation ou domination ? », « Internationalisme et nations », « Migrations, nations et mondialisation », « des nations dans la mondialisation ». Plus que jamais, poserons-nous à nouveau à l'heure où des Catalans redisent l'arbitraire des cadres dits nationaux, les écrits des intervenant(e)s de ces Quatrièmes Rencontres d'histoire critique nous confirment dans l'idée que les questions posées il y a deux ans étaient efficaces pour entrer dans le développement de ces analyses.

Tout en croisant des situations d'une grande diversité dans le temps et l'espace, les textes rapprochés dans ce livre traduisent bien l'importance cruciale de cette réflexion double. Ils nous disent, à travers leurs savants cheminements disjoints, l'indispensable nécessité de penser ensemble nation et mondialisation comme des cadres économiques, politiques et sociaux qui se recomposent mutuellement. Ils peuvent, l'un comme l'autre, être porteurs de potentialités émancipatrices, de paix, de convergences pour le développement et l'avenir des hommes et de leur environnement, comme des pires gâchis, injustices et violences.

Puissent ces écrits aider à sortir des faux dilemmes et des questions mal posées. L'essentiel, dans l'ordre de la pensée, étant bien dans l'acuité des questions. Dans l'ordre des réponses, pour le présent, la parole reste aux citoyennes et citoyens.

L'ÉTAT-NATION
FACE À LA MONDIALISATION

JULES VERNE « FACE AU DRAPEAU » : ENTRE PAVILLON NATIONAL ET FAUSSE BANNIÈRE

« DRAPEAU (NATIONAL). Sa vue fait battre le cœur ».

Flaubert, *Dictionnaire des idées reçues*

« Quelque chose est en train d'arriver qui remet sur la sellette la légitimité de l'universalité de la raison, des droits de l'homme et de la libre circulation (...), toutes valeurs portées par les libéralismes successifs », écrit Roland Gori en tête de son dernier opus, *L'Individu ingouvernable*[1]. Or, cette articulation problématique entre les différentes échelles proposées à l'insertion de l'individu, de l'homme social, de l'État-Nation au Tout-monde cher à Glissant, est déjà interrogée de façon très critique dans l'œuvre de Jules Verne.

La figure de Jules Verne paraît, aujourd'hui encore, totalement solidaire de l'idée de progrès telle qu'elle se donne cours au XIXe siècle et telle que la fortifie la révolution industrielle en accréditant l'idée que plus aucune limite ne peut s'imposer à l'entreprise humaine, aiguisant les appétits de puissances lancées dans une surenchère de conquêtes dont les Expositions Universelles assurent régulièrement la publicité.

À première vue, il est le chantre d'un positivisme d'autant plus impénitent qu'il marche adossé au scientisme. Mais à première vue seulement.

En fait, cette image si ancrée qu'elle tient du cliché procède d'un malentendu sur lequel la découverte récente – en 1994 – du tout premier texte de Verne a permis de lever le voile. Ce manuscrit qu'on avait cru à jamais perdu, *Paris au XXe siècle*, où Verne anticipe sur un Paris totalement déshumanisé pour être livré aux seules forces du capital, il le soumet en 1860 à Hetzel, qui le rejette violemment, le jugeant d'une noirceur peu commerciale. À cette sinistre prophétie de l'avenir, Hetzel préfère de beaucoup *Cinq semaines en ballon*, roman contemporain et qu'il retient, lui, pour la publication, maillon inaugural de la série des *Voyages extraordinaires* dont l'immense succès convaincra Hetzel de la sûreté de ses

[1] Roland Gori, *L'Individu ingouvernable*, Les Liens qui libèrent, Paris, 2015.

intuitions, rivant par contrat Verne à une ligne éditoriale rigide qui lui impose de se faire le thuriféraire du pouvoir inépuisable de l'industrie humaine. C'en était fait *ab ovo* de la critique sociale que Verne projetait de distiller dans son œuvre, lui qui ambitionnait de « secouer jusque dans ses fondements la société moderne, par l'audace et la cruauté de [s]es peintures »[2].

L'affaire est donc plus nuancée qu'on ne le dit généralement et, sous le Jules Verne qui exalte progrès et croissance continus, perce un autre Jules Verne sensible au malaise dans la civilisation, un Jules Verne lanceur d'alerte. Un partage qui tient à une certaine idée du politique – au sens plein, au sens le plus large du vivre-ensemble –, aussi la dialectique nation / mondialisation est-elle de celles qui font rejouer ces frontières intérieures quand est remotivé le mot d'Aristote, plaisamment récupéré par la SNCF, *le progrès ne vaut que s'il est partagé par tous*.

Un spectre hante, en effet, les *Voyages extraordinaires* : c'est la question de la mise en commun des savoirs et de la redistribution des ressources qu'elle entraîne, à l'échelle de l'humanité. Lyrique, le héros de *L'Étoile du Sud* (1884), l'ingénieur Cyprien Méré, avance :

> « Les résultats obtenus par un savant ne lui appartiennent pas en propre ! Ils font partie du patrimoine de tous ! En réserver pour soi, dans un intérêt égoïste et personnel, la moindre parcelle, ce serait se rendre coupable de l'acte le plus vil qu'un homme puisse commettre »[3].

Derrière cette mutualisation alléguée, on mesure combien Jules Verne est pénétré par l'idée de bien commun, qui l'amène à questionner la propriété et, avec elle, à faire sauter les barrières, à repousser les limites, de la pensée y compris. C'est ainsi que *Dix heures en chasse*, nouvelle lue à l'Académie d'Amiens en 1881, retrouve les idées de Proudhon. Arrêté par un écriteau « Chasse réservée », l'un des chasseurs s'emporte :

> « Terrains réservés, me disais-je, et pourquoi réservés ? Après tout, n'est-ce pas là une extension abusive du droit de propriété ? Réservé sous cet insuffisant prétexte que ce perdreau qui passe a pu manger de votre grain, propriétaire que vous êtes. (...) Lorsque les récoltes sont engrangées, est-ce que le sol ne devrait pas appartenir à tout le monde ? (...) très sérieusement, en me plaçant du point de vue du droit commun, il me semble que le gibier, comme l'eau des rivières, l'air de l'espace, est à tous et pour tous. Mais je n'aurais point osé formuler cette théorie devant mes compagnons ! ... Ils m'auraient flanqué des coups de fusil ».

---

[2] In Daniel Compère et Jean-Michel Margot (éds.), *Entretiens avec Jules Verne. 1973-1905*, Slatkine reprints, Genève, 1998, p. 136.

[3] Jules Verne, *L'Étoile du Sud*, Bibliothèque électronique du Québec, p. 177.

Passage significativement amputé de l'édition du texte qui, en 1882, fait suite au *Rayon vert*. C'est que l'œuvre de Jules Verne est parcourue de tensions qui passent entre l'idéologie bien-pensante et réactionnaire ouvertement professée par ce respectable notable amiénois et les très nets contrepoints que font entendre son œuvre, notamment quant à la nature factice et, partant, illégitime, des possessions territoriales et au caractère *ad hoc* des institutions étatiques qui les justifient. S'il serait très imprudent de faire de Jules Verne un révolutionnaire, même souterrain[4], reste que celui-ci demeure profondément marqué par l'idéologie de 1848 et par la pensée saint-simonienne qui a si fort pesé sur sa génération et que ce grand amateur de géographie (il est l'auteur d'une *Géographie illustrée de la France et de ses colonies* en 2 volumes, 1867-68) est très lié à Élisée Reclus, géographe de profession, lui, et grande voix de l'anarchie. Or, la géographie a ici une valeur indicielle : transcendant les frontières et leurs incarnations institutionnelles, les États, elle est science d'une planète une. Les mésaventures de *Sens dessus dessous* (1889) le montrent bien, quand les puissances européennes se révèlent tragiquement incapables de s'entendre et de résister aux visées expansionnistes des États-Unis, qui font le lit de conflits qui menacent la sécurité collective. L'intrigue, située dans les années 1890, traite de la mise en adjudication de la calotte glaciaire arctique au mépris du droit à l'autodétermination quand le narrateur, s'il est conscient que ces terres devraient revenir aux indigènes qui les peuplent, ne peut que reconnaître l'imposture du droit des peuples à disposer d'eux-mêmes : « comment ces pauvres gens auraient-ils payé ? En coquillages, en dents de morses ou en huile de phoque ? Pourtant, il leur appartenait un peu, par droit de premier occupant, ce domaine qui allait être mis en adjudication ! Mais des Esquimaux, des Tchouktchis, des Samoyèdes !... On ne les consulta même pas. Ainsi va le monde ! »[5]. La soumission est enlevée pour une bouchée de pain par un trust, la *North Polar Practical Association*, dont les ambitions sont purement commerciales : « si la Société avait acquis cette portion des régions circumpolaires, c'était dans le but d'exploiter... les houillères du Pôle boréal »[6]. Dans une société d'avant la transition énergétique, la course à la croissance offre de fabuleuses perspectives à qui saurait sécuriser les ressources stratégiques, soumises à la pression anthropique, éveillant les convoitises : « il y aurait des fortunes à gagner en exploitant les régions polaires »[7]. Et pour peu que l'on parvienne à

[4] C'est la thèse que défend Marcel Moré dans *Le très curieux Jules Verne*, Gallimard, Paris, 1960.
[5] Jules Verne, *Sans dessus dessous*, Ebooks libres et gratuits, p. 17.
[6] *Ibid.*, p. 57.
[7] *Ibid.*, p. 60.

neutraliser la glace qui gèle aussi exploitation et profits, c'est le jackpot. Aussi entre-t-il dans les vues de ce cartel de viabiliser le grand Nord, supprimant la morte saison, pour en organiser le pillage.

Si le printemps est appelé à être perpétuel, c'est tout sauf un printemps des peuples. D'abord parce que c'est à coups de canon qu'il s'agit d'obtenir ce dévoiement de la nature qui suppose de dévier l'axe de rotation de la Terre. Primitivement regardés comme des « bienfaiteurs de l'humanité »[8], il est vite évident que les promoteurs de l'opération n'ont rien de philanthropes et ne visent que leur bénéfice propre, eux que n'effraient pas les projections dévastatrices du Bureau des Longitudes pour évaluer l'impact de cette diplomatie de la canonnière qui met le monde à feu et à sang en ne laissant d'autre choix que de périr étouffé ou emporté par un tsunami : New York, Philadelphie, Lisbonne, Madrid, Paris, Londres ou Dublin[9] sont promises à l'asphyxie quand un déluge doit balayer Russie asiatique, Inde, Chine, Japon et Alaska... Cela si « le président Barbicane n'est pas arrêté à temps dans sa criminelle tentative »[10]. Voilà nos *bienfaiteurs* devenus des « êtres dangereux pour la sécurité des deux Mondes »[11], d'« audacieux malfaiteurs »[12], au point que le gouvernement fédéral, saisi, doit s'entremettre pour déclarer *wanted* Barbicane et Nicholl, partis préparer leur coup en secret dans les entrailles du Kilimandjaro où, à grand renfort d'or, les roitelets locaux ont affecté leurs sujets au service des grands travaux. Ne demeure que l'inflexible Maston, qui use du 5e amendement pour taire la retraite de ses complices et les dérober à la vindicte populaire. Et tant pis si on lui oppose un devoir moral envers l'humanité.

Si, cette fois, la morale est sauve, les artificiers n'y sont pour rien et cela tient à un artifice romanesque qui rend au facteur humain toute sa place : l'inflexible Maston est poursuivi par une admiratrice si pressante qu'il perd le fil de ses calculs si bien que quand, le jour J, le coup de canon dévastateur est tiré, on ne sent que le vent du boulet, à la grande exaspération du président Barbicane, qui s'inquiète : « À quel taux vont tomber les actions de la *North Polar Practical Association* ? »[13]. *La femme est l'avenir de l'homme*. Mais la question est bien posée de la citoyenneté du monde face à des intérêts[14] d'autant plus dangereux qu'ils sont portés par des trusts dont le mépris du bien commun est manifeste.

---

[8] *Ibid.*, p. 131.
[9] *Ibid.*, p. 198.
[10] *Ibid.*, p. 161.
[11] *Ibid.*, p. 115.
[12] *Ibid.*, p. 126.
[13] *Ibid.*, p. 194.
[14] « Combien de milliards dépensés en folles guerres ? Combien de capitaux dépensés en

Dans les décennies 1880-90, le modèle de domination de la nature par des hommes qui repoussent toujours plus loin les limites à force de travail est désormais clairement affronté[15] à la violence des impérialismes d'État et au jeu du capital. Si Cyprien Méré n'avait de cesse de verser sa découverte au domaine public, après toutefois l'avoir offerte à sa « patrie », la France, d'autres entendront spéculer sur le fruit de leurs travaux, vendu au plus offrant. Rien n'échappe plus à la loi du marché, ni les matières premières ni ce domaine réservé qu'était jusque-là la Défense, au risque d'une compétition effrénée entre les nations, dont la volonté de puissance passe par la course aux armements et implique une montée des périls à l'échelle planétaire. C'est cette mondialisation-là qu'explore un roman comme *Face au drapeau* (1896) dont le personnage principal, Thomas Roch, ingénieur de l'armement, a mis au point une « substance dont la force brisante dépasse tout ce qu'on a inventé jusqu'à ce jour »[16].

> « Sa dernière invention concernant les engins de guerre portait le nom de Fulgurateur Roch. Cet appareil possédait, à l'en croire, une telle supériorité sur tous les autres, que l'État qui s'en rendrait acquéreur serait le maître absolu des continents et des mers »[17].

Cette fois encore, la guerre côtoie de bien près le nerf de la guerre, l'argent. Or, « il cotait la valeur de son nouvel engin à des prix si inabordables qu'il devenait à peu près impossible de traiter avec lui »[18]. C'est que « déjà, à propos d'inventions précédentes dont l'application fut féconde en résultats, il s'était vu exploiter avec une rare audace. N'ayant pu escompter le bénéfice qu'il devait équitablement attendre »[19], il ne veut plus s'avancer à découvert. Et si, comme Cyprien Méré, « En premier lieu, ce Français offrit le Fulgurateur Roch à la France »[20], c'est à un autre sens du verbe « offrir » et la soumission est cette fois chiffrée. Et chiffrée si haut que « Traiter dans les conditions qu'il voulait imposer, nul gouvernement n'aurait pu y condescendre »[21], si bien que « La commission française dut rompre tout pourparler », approuvée même par les journaux de « l'opposition radicale ». Le résultat ne se fait pas attendre : « on ne

spéculations ridicules » qui auraient pu être investis dans la prophylaxie au bénéfice de l'humanité entière, s'interroge Verne dans *Les cinq cents millions de la Bégum*, Bibliothèque électronique du Québec, vol. 343, p. 57.

[15] Même s'il est abusif de parler de totale conversion.

[16] Jules Verne, *Face au drapeau*, Hetzel, Paris, 1896, p. 253.

[17] *Ibid.*, p. 8.

[18] *Id. ibid.*

[19] *Ibid.*, p. 9.

[20] *Ibid.*, p. 10.

[21] *Ibid.*, p. 11.

s'étonnera pas que la corde du patriotisme eût fini par ne plus vibrer »[22]. « Peut-être alors eût-il convenu qu'on l'empêchât de porter son invention autre part... on ne le fit pas, et ce fut un tort »[23]. « Ce qui devait arriver arriva. Sous une irritabilité croissante, les sentiments du patriotisme, qui sont de l'essence même du citoyen – lequel, avant de s'appartenir, appartient à son pays –, ces sentiments s'éteignirent dans l'âme de l'inventeur déchu. Il songea aux autres nations, il franchit la frontière, il oublia l'inoubliable passé, il offrit le Fulgurateur à l'Allemagne »[24]. Mais les prétentions de l'ingénieur français découragent les Teutons, qui ne le reçoivent même pas. Alors, son ressentiment de se muer en « haine (...) contre l'humanité »[25], encore renforcée par les refus du Conseil de l'Amirauté britannique. Et lorsqu'il propose sa découverte aux Américains, ceux-ci, gens pratiques, le font interner pour mieux briguer son invention !

C'est là, dans un asile, que commence l'histoire de Roch, que les Américains font surveiller par un « mouton » censé être, lui aussi, un pensionnaire, qu'ils ont choisi parmi ses compatriotes : « En réalité, ce prétendu Gaydon était un ingénieur français nommé Simon Hart, depuis plusieurs années au service d'une société de produits chimiques, établie dans le New Jersey »[26], très calé dans les explosifs et ne doutant pas que Roch « fût en position de changer les conditions de la guerre, sur terre et sur mer »[27]. Mais de même que dans *Les cinq cent millions de la Bégum* (1879), Marcel, l'enfant des provinces perdues, ne se fait embaucher dans la sinistre Stahlstadt du docteur Schultze que pour l'infiltrer au profit de la réplique métaphorique de sa patrie, Franceville, de même l'indicateur cache ici un patriote qui « se sacrifiait tout entier dans l'intérêt de son pays »[28]. Convaincu que si le manque de reconnaissance a altéré le discernement de Roch, il n'a nullement touché son génie scientifique, il se dévoue pour prévenir le risque que Roch révèle son secret au cours d'une crise et que l'« invention d'un Français » ne « profit[e] à un autre pays que la France »[29].

Et, de fait, ils sont nombreux à s'intéresser à l'invention du Français, tel ce comte d'Artigas, personnage assez interlope dont la nationalité fait l'objet des spéculations de Hart avant même qu'il ne s'empare de Roch et ne l'exfiltre dans le submersible caché sous la coque de son bateau : est-ce un

---

22 *Id. ibid.*
23 *Ibid.*, p. 12.
24 *Id. ibid.*
25 *Id. ibid.*
26 *Ibid.*, p. 15.
27 *Ibid.*, p. 16.
28 *Ibid.*, p. 17-18.
29 *Ibid.*, p. 16.

Espagnol ?[30], un Italien ?[31] Mais le nom de sa goélette, l'*Ebba*, louche vers la Norvège et son équipage est pour le moins mêlé entre Spade, Effrondat Hélim, l'ingénieur Serkö[32] au « type hellénique »[33] : « tous noms singulièrement disparates qui indiquaient des nationalités très différentes »[34], ce que confirment leurs « physionomies rudes », aux « types très dissemblables », rendant difficile de leur « assigner une origine »[35]. Au reste, si d'Artigas passe avec agilité d'une langue à l'autre, son équipage parle ordinairement une langue de l'océan Indien. Et, sur le mât de l'*Ebba*, « aucun pavillon ne se déployait »[36]. Hart, enlevé avec Roch, est méfiant : « un équipage composé de gens recrutés en tous les coins du globe et embarqué sur une goélette à nom norvégien ... ce mélange me paraît à bon droit suspect »[37]. « Et le comte d'Artigas, avec son nom espagnol et son type asiatique... d'où vient-il ? »[38]. On le saura du capitaine Spade, son second, Indo-malais[39] de nationalité. L'information n'a rien d'innocent : indicielle d'un certain rapport aux ressorts qui régissent la communauté des nations, elle rattache le roman à la geste d'un autre capitaine, si désabusé qu'il a symboliquement renoncé à toute attache sociale pour prendre, en « haine du nom d'homme », le nom de Nemo et qui, lui aussi, « se vant[e] de n'appartenir à aucune [nation] »[40].

Or, précisément, aux côtés du « mobile de l'intérêt »[41], c'est la haine qui s'insinue dans un sentiment national supposé relever de l'organicité, travaillant à dissoudre les liens les plus établis jusqu'au reniement professé par un Roch bafoué, qui s'écrie : « Je n'ai plus de patrie ! L'ingénieur rebuté n'a plus de patrie ! Là où il a trouvé asile, là est son pays »[42]. C'est sur ce sentiment qu'entend spéculer d'Artigas en conduisant Roch sur la base privée qu'il s'est aménagée à Back-cup, un îlot situé en avant de l'archipel des Bermudes, « en dehors de l'humanité »[43], qu'il a libéré de ses habitants

---

30 *Ibid.*, p. 20 et 30. Et lorsque Simon croise pour la première fois d'Artigas et Spade venus enlever l'ingénieur, la narration prend soin de préciser qu'il « ignor[e] l[eur] nationalité », *ibid.*, p. 28.
31 *Ibid.*, p. 119.
32 *Ibid.*, p. 45.
33 *Ibid.*, p. 119.
34 *Ibid.*, p. 19.
35 *Ibid.*, p. 110.
36 *Ibid.*, p. 43.
37 *Ibid.*, p. 119.
38 *Id. ibid.*
39 *Ibid.*, p. 76.
40 Jules Verne, *Vingt mille lieues sous les mers*, Ebooks libres et gratuits, p. 137.
41 Puisque c'est le ressort qui anime Roch, Jules Verne, *Face au drapeau*, *op. cit.*, p. 37.
42 *Ibid.*, p. 323.
43 *Ibid.*, p. 176.

en simulant une éruption volcanique au moyen de signaux factices. Là, il s'appuie sur une centaine d'hommes dont la peau va du blanc au cuivre et au noir, « recrutés d'un peu partout » sur des bases autres que nationales puisqu'il n'y a entre eux « aucune communauté d'origine »[44] mais une association choisie sur des bases que Serkö vante à Hart :

> « nous vivons ici dans une noble et superbe indépendance, (...) nous ne relevons d'aucune puissance étrangère, (...) nous échappons à toute autorité du dehors (...) nous ne sommes les colons d'aucun État de l'ancien ni du nouveau monde (...), cela mérite considération de quiconque a l'âme fière, le cœur haut placé »[45].

Back-up tient de la contre-société. Là, le comte d'Artigas est le pirate Ker Karraje. Il a formé ses troupes avec des « déserteurs des contingents coloniaux », le « rebut des populations européenne et américaine »[46]. Riches à millions[47], ces parias peuvent faire venir les matières premières nécessaires à la construction du fulgurateur et s'assurer sa possession en toute quiétude. Comme avec la North Polar Practical Association, avec ce nouveau trust qu'est la « société Ker Karraje and Co », les États ont failli à assurer la sécurité collective et c'est bien tardivement que la communauté internationale s'avise qu'« Un intérêt de premier ordre, un devoir de salut public et d'humanité exigent l'anéantissement de son repaire »[48].

N'importe la fin, assez conformiste, imaginée par Jules Verne où les trois couleurs déterminent chez un Roch devenu fou (?) un choc si salutaire qu'il se refuse à faire feu sur un destroyer hissant pavillon français[49], résolvant opportunément le problème posé par les arsenaux privés puisque la base militaire créée par les pirates ses complices saute et que, Roch mort avec eux, le secret de son invention est perdu, reste que le romancier pointe clairement le corollaire de l'abandon voire de l'irresponsabilité des États dans la montée de bandes criminelles. Ainsi de ces pirates et hors la loi, « criminels endurcis » ou « misérables » qui forment « la lie de la société » où se recrute la clique de Ker Karraje. Celle de Kongre aussi, dans *Phare du bout du monde*. Celle de Harry Markel encore qui, réchappée d'une prison irlandaise, déroute un navire d'écoliers dans *Bourses de voyages*. Et de

[44] *Ibid.*, p. 182.
[45] *Ibid.*, p. 194.
[46] *Ibid.*, p. 196.
[47] L'argent est le nerf de la guerre, le corrupteur en chef. Séduit par les hors la loi, Roch tire de sa poche « des paquets de dollars-papiers et de *bank-notes*. Puis des pièces d'or anglaises, françaises, américaines, allemandes », *ibid.*, p. 217.
[48] *Ibid.*, p. 296. Et, déjà, p. 256 : « il est urgent que les États intéressés détruisent son repaire dans le plus bref délai ».
[49] *Ibid.*, p. 337.

même l'équipage composé de « gens d'origines diverses »[50] au dévouement à toute épreuve d'un Robur pour le moins équivoque puisque « Tantôt [c']était un ancien ministre de la République Argentine, un chef de l'Amirauté, un Président des États-Unis à la retraite, un général Espagnol en disponibilité, un vice-roi des Indes »[51]. Et toujours on soupçonne ces chefs d'être à la tête d'une colonie et de disposer d'une base arrière qui leur garantisse une forme d'extra-territorialité. Et, de fait, tout comme Antékirtt, Robur peut s'appuyer sur l'« île X » – ou « île Chatam »[52] – pour faire relâche[53] et opportunément dérober son vaisseau floqué d'un pavillon noir[54] aux poursuites des États qu'il nargue depuis le ciel en pénétrant leur espace aérien. Des nations dont, tout comme Roch, il a éprouvé qu'elles n'étaient « pas encore mûres pour l'union », déclinant leurs offres de se porter acquéreur de l'arme absolue qu'il a mise au point. La fin de non recevoir est sans appel de celui qui signe sa proclamation « Maître du monde »[55], moins en Docteur Folamour qu'en anarchiste qui voit dans le nationalisme une course aux armements qui a tout d'une bombe :

> « Cette invention ne sera ni française, ni allemande, ni autrichienne, ni russe, ni anglaise, ni américaine ! L'appareil restera ma propriété et j'en ferai l'usage qui me conviendra. Avec lui, j'ai tout pouvoir sur le monde entier, et il n'est pas de puissance humaine qui soit en mesure de lui résister »[56].

Aussi le départ est-il souvent malaisé entre criminels et lanceurs d'alerte, en l'absence d'une politique responsable d'États qui, bien souvent, paraissent délégitimés d'être uniquement mus par la volonté de puissance. Sans compter que le thème du hors-la-loi bénéficie d'une aura romantique certaine, dont le Vautrin de Balzac a fixé le type, réponse d'une société désormais inorganique à la violence de l'État. Pirates ici, patriotes ailleurs, les frontières entre la résistance à une oppression illégitime et la banale criminalité de droit commun motivée par l'appât du gain sont des plus floues.

Et Mathias Sandorf lui-même, qui comprend le patriotisme jusqu'au sacrifice, ce qui lui vaut d'être persécuté par les maîtres autrichiens dans sa lutte pour l'indépendance hongroise – inquiet des dégâts collatéraux qui

---

[50] Jules Verne, *Robur-le-Conquérant*, Paris, Hetzel, 1886, p. 207.
[51] *Ibid.*, p. 218.
[52] *Ibid.*, p. 252.
[53] *Ibid.*, p. 251.
[54] *Ibid.*, p. 15.
[55] Dans le roman éponyme qui donne une suite à *Robur-le-conquérant* en 1904, aggravant ses potentialités dysphoriques.
[56] Jules Verne, *Maître du monde*, Ebooks libres et gratuits, p. 95.

suivent son complot avorté, il tranche : « Non, non, la patrie avant tout »[57] – ressuscite sous les troubles espèces du docteur Antékirtt, singulièrement désillusionné sur le sentiment national, ainsi que l'accuse la pente cosmopolite où s'engage le roman, qui balise l'ensemble du bassin méditerranéen. C'est ainsi que, recrutant les truculents Provençaux Pointe Pescade et Cap Matifou à Raguse, il les instruit : « Je n'ai pas de pays, ou plutôt j'ai un pays que je me suis fait, un pays à moi »[58], avant de répéter la leçon pour la veuve de son ancien compagnon de combat, Étienne Bathory, qui, lui, a payé de sa vie son patriotisme : « Je ne suis d'aucun pays »[59].

Ce pays qu'il s'est fait, c'est l'île d'Antékirtta, qu'il a achetée sur les parages de la Grande Syrte pour y établir une colonie[60]. 300 familles d'Européens et d'Arabes habitent cette « nouvelle patrie »[61], qui sont ses « compagnons » et non pas ses « sujets », bien que la capitale, Artenak, tienne son nom du domaine hongrois de Sandorf. Comme ses habitants, son architecture est métissée, à la fois européenne et arabe, semée d'églises et de moucharabiés[62]. La colonie, dotée d'une administration, d'une milice, d'une magistrature et d'une flotte ultra performante, doit néanmoins se protéger contre un ennemi : une « secte » musulmane, sénoussiste, « association de pirates »[63], danger permanent pour cette « Algérie destinée à devenir le plus riche pays du monde »[64]. Surfant sur le motif de l'insularité, véritable mythos d'un séjour qui échappe au monde réel et à ses rapports de force, d'un lieu où recréer une communauté qui efface les clivages entre les nationalités et, avec eux, les conflits, Antékirtt « met en valeur les richesses du sol » de son utopie, qu'il « aménage pour les besoins matériels et moraux » de ses adeptes[65]. Mais, terrible leçon d'un monde mondialisé qui ne souffre aucune exception à l'état de siège que connaissent des nations qui ne comprennent le principe de sécurité collective que dans l'équilibre de la terreur, le militarisme infiltre le cœur même de l'utopie, quand Antékirtt est forte d'un arsenal et dotée d'un réseau de câbles sous-marins relié à des mines afin de sécuriser l'endroit contre d'éventuels assaillants[66].

Il n'est plus de havre où reconstituer une communauté humaine dans l'harmonie et sur la base de l'association consentie. Si *Robinson Crusoé*, qui

[57] Jules Verne, *Mathias Sandorf*, Hetzel, Paris, 1885, p. 88.
[58] *Ibid.*, p. 188.
[59] *Ibid.*, p. 199.
[60] *Ibid.*, p. 292.
[61] *Ibid.*, p. 294.
[62] *Ibid.*, p. 318.
[63] *Id. ibid.*
[64] *Ibid.*, p. 295.
[65] *Id. ibid.*
[66] *Ibid.*, p. 464.

compte parmi les premiers jalons de ce roman que Hegel définit comme « la moderne épopée bourgeoise »[67], avait déjà montré, ainsi que l'a magistralement analysé Max Weber, tout ce que l'industrie humaine y devait à l'éthique protestante et à l'esprit du capitalisme[68], c'est désormais toute robinsonnade qui se voit invalidée, rattrapée qu'elle est par les valeurs corruptrices en circulation dans les États constitués et le naufrage perd toute signification heuristique quand, comme dans *L'École des Robinsons* (1882), un oncle milliardaire peut vous acheter une île du Pacifique. Pour ne rien dire de *L'Île à hélice* (1895), terrible réquisitoire à l'échelle d'une Terre rétrécie qui a tout du Cirque Barnum ce que confirme l'anagrammatique Munbar de *L'Île à hélice*[69], entrepreneur en divertissements pour ce ghetto de nababs qu'est Milliard-City, la capitale de l'île flottante de Standard Island où s'est réfugié, actant le dépérissement de l'État, l'individualisme forcené de ces Milliardais qui, pour être tous Américains de naissance, en sont déjà au stade de la supranationalité, eux qui ont renoncé à la qualité de citoyens pour ne retenir que celle d'actionnaires. La parabole de l'île à hélice, coulée d'être, jusqu'au vertige, soumise au *greed*, dans l'implacable compétition de *tycoons* incurablement égoïstes, ne laisse pas planer le doute : « ce sont eux les coupables »[70], « ces malfaisants nababs de Milliard-City »[71]. Visionnaire cette anticipation que sont tout récemment venus confirmer les projets *offshore* nourris par Patri Friedman, digne émule de son grand-père Milton, et comme lui sur la ligne de l'économie ultralibérale, qui « porte depuis dix ans l'ambition de bâtir "des pays Apple et Google"[72]. Des villes flottantes sur l'océan, véritables paradis ultralibéraux sans gouvernement, ni État, ni démocratie, ni droit de vote »[73] dont il négocie la possible installation au large des côtes du Honduras post-Zelaya après l'avoir envisagée en pays libertarien, dans la baie de San Francisco, comme dans le roman de Verne. Joe Quirk, porte-parole du Seasteading Institute, la société gestionnaire du projet, en détaille les modalités pratiques :

---

[67] W. F. Hegel, « Du roman », in *La Poétique*, I, Librairie philosophique de Ladrange / Veuve Joubert, Paris, 1855, p. 211.
[68] Dans son maître ouvrage paru en 1904-1905 : Max Weber, *L'Éthique protestante et l'esprit du capitalisme*.
[69] Jules Verne, *L'Île à hélice*, Hetzel, Paris, 1906, p. 96.
[70] *Ibid.*, p. 399-400.
[71] *Ibid.*, p. 301.
[72] « J'ai la vision de dizaines de millions de personnes qui vivraient dans des pays Apple ou Google. Les géants des nouvelles technologies gouverneraient et leurs résidents n'auront pas le droit de vote. Si les gens sont libres d'aller et de venir, on peut développer des dictatures à succès », « Patri Friedman, petit-fils de Milton Friedman, flotte en eau ultralibérale », *L'Humanité*, 3 septembre 2014.
[73] *Ibid.*

> « Imaginez que votre ville soit faite de pièces de Lego flottantes. On peut les séparer et réassembler à volonté. Les systèmes politiques ne se formeraient que sur la base de gens qui ont envie de s'attacher ensemble. Lors d'un conflit politique, si on ne veut pas subir la décision de la majorité, on détache sa maison-bateau et on va ailleurs, avec des gens qui partagent votre avis, et vous formez une nouvelle nation ».

Les lecteurs de *L'Île à hélice*, qui ont quelques encablures d'avance sur celui que *Le Monde* appelle un « marchand d'utopie »[74], savent que c'est précisément à ce moment-là que l'île flottante est envoyée par le fond.

Ce virage, des positions libertaires qu'affiche un Robur vers la morale libertarienne qui anime les rentiers de Milliard-City, s'accuse encore dans un autre roman qui met en scène l'impossibilité d'une île, sans que, cette fois, Verne s'en remette à la satire et à la dérision pour porter condamnation des points aveugles d'une morale consumériste qui embrasse tous les biens, bien public y compris, dans une proximité qu'on n'aurait pas forcément soupçonnée avec la doctrine d'un Friedman, qui professe :

> « Au lieu de se plaindre des gouvernements, concurrençons-les. Aujourd'hui, on peut tout choisir. Tout, sauf le système politique auquel on est soumis. Eh bien, je veux pouvoir choisir mon gouvernement comme je choisis mon téléphone portable ou mon parfum ».

Cette nouvelle robinsonnade prend des allures duelles, dans la réécriture d'un manuscrit sans doute écrit par Jules Verne en 1897-98, *En Magellanie*[75], devenu *Les Naufragés du Jonathan* dans une version publiée à titre posthume en 1909, sérieusement remaniée par le fils de l'auteur, Michel Verne[76], sensible aux idées anarchistes. L'une et l'autre leçons interrogent la question des frontières et l'arbitraire des souverainetés étatiques puisque c'est le flou qui entoure la sujétion dont relève ce territoire de Magellanie qui attire d'abord le Kaw-djer, nouvel avatar de l'anonyme apatride en rupture de ban qui a quitté son pays d'origine et dont on ignore la « nationalité » et, même, s'il relève de l'Ancien ou du Nouveau monde[77]. Mais cette « vie libre » sur une « terre libre »[78] prend fin lorsque deux

[74] « Marchand d'utopie », *M, le Magazine du Monde*, 21 septembre 2012.

[75] Mais seulement publié en 1987, lorsque le manuscrit original a été découvert.

[76] Dont les critiques mettent aujourd'hui en évidence la part insigne qui est la sienne dans la mise au point du massif vernien, non seulement pour ce qui est des romans posthumes, mais même très en amont.

[77] Jules et Michel Verne, *Les Naufragés du Jonathan*, Ebooks libres et gratuits, p. 17. D'autant qu'il parle plusieurs langues comme un natif, y compris des dialectes indigènes, et traite à égalité avec Français, Anglais, Espagnols, Norvégiens ou Allemands, *ibid.*, p. 18.

[78] *Ibid.*, p. 25-26.

commissaires, un Chilien et un Argentin, viennent réclamer la Magellanie au nom de leur gouvernement[79] et qu'en 1881 le partage est fait, au bénéfice du Chili[80] :

> « Jusqu'à l'année 1881, (...) nul État ne semblait avoir droit de réclamer cette partie du Nouveau Monde (...). Non, pas un seul, même des États voisins, ni le Chili ni la République argentine qui se disputaient les territoires de la Patagonie. La Magellanie n'était à personne, et des colonies pouvaient s'y fonder en conservant leur entière indépendance. L'Angleterre elle-même, bien que (...) elle eût, depuis 1771, mis sa main rapace sur les Falkland ou Malouines, n'avait jamais fait acte de possession sur une des îles quelconque de l'archipel magellanique... »[81].

D'emblée, la fascination du personnage pour « cette étendue prodigieuse de terre et de mer, dernière parcelle du globe qui n'appartînt à personne, dernière région qui ne fût pas courbée sous le joug des lois »[82], est patente et partout éclate l'affiliation aux théories du droit naturel qui font de la liberté individuelle la valeur suprême qu'il s'agit de défendre contre les insupportables empiètements de l'État : « Ici, personne n'était dépositaire d'une puissance quelconque, et l'on pouvait vivre en dehors de toutes coutumes, de toutes lois, dans la plus complète liberté »[83] :

> « Magellanie, le seul point, sur toute la surface de la terre, où régnât encore la liberté intégrale »[84].
>
> « ... toute la Magellanie pouvait être considérée comme un domaine indépendant, où vivaient, errantes ou sédentaires, les diverses tribus des Indiens Yacanas. C'était une terre libre entre toutes, qu'aucune puissance n'avait encore accaparée, pas même l'Angleterre, sa voisine des îles Falkland »[85].

Tant la version de 1897 que celle de 1909 d'insister sur l'indépendance du territoire, qui échappe aux puissances[86], avant que n'intervienne le passage sous domination étatique, avec le rattachement du territoire au Chili qui, au grand dam du Kaw-djer, ne signe la fin d'une

---

[79] *Ibid.*, p. 33-34. Se pressant d'autant plus que, les Falklands n'étant pas loin, on craint la mainmise de l'invasive Angleterre, qui mandate déjà ses missionnaires pour s'ouvrir le terrain.
[80] *Ibid.*, p. 35.
[81] Jules Verne, *En Magellanie*, Ebooks libres et gratuits, p. 29.
[82] Jules et Michel Verne, *Les Naufragés du Jonathan*, *op. cit.*, p. 15.
[83] *Ibid.*, p. 18.
[84] *Ibid.*, p. 21.
[85] Jules Verne, *En Magellanie*, *op. cit.*, p. 42.
[86] *Ibid.*, p. 43.

« terre libre »[87]. Épreuve de vérité, c'est alors qu'un navire de plus de mille émigrants aux origines mêlées (Français, Italiens, Russes, Irlandais, Anglais, Allemands, Japonais, Nord-Américains), recrutés en Californie pour aller faire œuvre de colonisation dans l'Afrique portugaise[88] et formant expressément « un microcosme »[89], fait naufrage, ouvrant, pour les rescapés, sur une nouvelle genèse.

Le thème de la refondation, inséparable de celui de la régénération, est classique, qui prend forme ici en même temps que sort de terre une ville de Libéria[90] pleine de promesses, mais il est retravaillé à l'aune des débats contemporains qui donnent un contenu nouveau à la théorie de l'équilibre des pouvoirs et repensent les rapports sociaux, mettant en avant l'exploitation de l'homme par l'homme, avec les frères Merritt, collectivistes libertaires dont le narrateur note avec sévérité qu'ils transforment la colonie en « frelonière »[91] : « Minorité intransigeante, brutale, prête à tous les coups de force, ces gens agissent en maîtres, eux qui ne se reconnaissent pas de maître » et l'aventure coloniale tourne à la guerre civile. La société nouvelle ne diffère pas dans ses moteurs de celle que présentent les États constitués : par confort et sécurité, ses membres se soumettent à l'autorité et s'en remettent à un chef, développent l'individualisme et l'attachement à la propriété privée, et bafouent l'intérêt général... Ces démagogues se heurtent à l'idéal humanitaire porté par le Kaw-djer, tiré de sa retraite volontaire[92] et dont le credo expressément anarchiste, « ni Dieu, ni maître »[93], offre un contrepoint valorisé au socialisme, ignorant des « contingences de la vie »[94], abstrait, donc, et universel, et comme tel discrédité, dans « l'individualisme intégral » et « la suppression de toute autorité »[95]. Et ce d'autant mieux que, dans la conjoncture romanesque où il s'agit de construire de toutes pièces un

[87] Après 1881, c'en est fini de cette « terre libre à laquelle un traité maudit a volé son indépendance », Jules Verne, *En Magellanie*, *op. cit.*, p. 171.
[88] *Ibid.*, p. 56.
[89] Jules et Michel Verne, *Les Naufragés du Jonathan*, *op. cit.*, p. 60.
[90] *Ibid.*, p. 240.
[91] Jules Verne, *En Magellanie*, *op. cit.*, p. 165.
[92] Dans *Les Naufragés du Jonathan*, pour mieux asseoir sa démonstration, Verne prend la précaution d'écarter du Kaw-djer le soupçon de la proscription : sa sécession est volontaire et procède d'un véritable humanisme absent de l'organisation sociale, même démocratique : « son exil ne devait être que le dénouement logique d'un drame intérieur, et non pas un châtiment édicté par une volonté étrangère » (p. 21) ; ce n'est pas « chassé » mais dégoûté de la prétendue civilisation qu'il a cherché « un coin de la Terre où un homme pût encore vivre en complète indépendance » (p. 38).
[93] *Ibid.*, p. 5, 20, 224.
[94] *Ibid.*, p. 37.
[95] *Ibid.*, p. 38.

modèle de société, le socialisme n'édifie rien, au contraire : « c'est un destructeur »[96].

La solution est toute trouvée et les frères Merritt sont poussés dehors : Lewis Dorick, professeur de littérature et d'histoire, comme Ferdinand Beauval, avocat que son ambition a jeté dans les « partis avancés »[97], le communiste et le socialiste, que démonétise l'écart entre leur philosophie politique et leur action[98]. Beauval a su attirer une cinquantaine de groupies. C'est plus que Dorick, le « communiste détrousseur »[99] dont les sectateurs, des malfaiteurs et des alcooliques[100], usent de la défense de la classe ouvrière comme d'un alibi. La disqualification de ces doctrines qui s'entendent à exploiter le paupérisme pour exciter la pitié des foules et profiter d'elles, partout patente, se fait flagrante quand Beauval, élu gouverneur de l'île Hoste nouvellement indépendante, vient exiger du Kaw-djer qu'il « socialis[e] les instruments de production » que sont sa carabine et sa chaloupe[101].

Rêves de nouvelle genèse et espoirs de refonder une communauté territoriale sur d'autres bases que celles qui régissent le contrat social des nations constituées prennent l'eau comme, déjà mise à mal par le retrait des affaires du Kaw-djer que la veulerie moutonnière des masses jette dans l'abstentionnisme, abandonnant le gouvernement aux démagogues patentés qui administrent une clientèle[102] au lieu de représenter le peuple, l'utopie se dissout avec la découverte d'or en quantité qui draine vers l'île les aventuriers du monde entier[103].

Réactivation du mythe du bon sauvage, piliers d'un ordre senti comme naturel, seuls les Indiens, ressortissants natifs, demeurent insensibles au mirage de l'or[104]. Victimes historiques des prédations mercantilistes qui dérivent de l'expansion de l'économie-monde[105] caractéristique de la

---

[96] *Ibid.*, p. 216.
[97] *Ibid.*, p. 70.
[98] D'autant que ce sont « des actes, et non des mots » qu'il faut à l'industrieuse colonie, *ibid.*, p. 114.
[99] *Ibid.*, p. 145.
[100] *Ibid.*, p. 143-144.
[101] *Ibid.*, p. 221.
[102] *Ibid.*, p. 74. Les 1.200 hommes de la colonie de peuplement ont tout du troupeau, qui trouvent plus commode que quelqu'un assume pour eux la responsabilité de leur existence : « Esclaves dociles, disposés à exécuter ce qu'on leur commanderait, ils ne faisaient rien de leur initiative propre, et s'en remettaient à autrui du soin de décider pour eux », *ibid.*, p. 158.
[103] *Ibid.*, p. 518.
[104] *Ibid.*, p. 514.
[105] Je renvoie évidemment sur ce point aux travaux de Fernand Braudel, notamment *Civilisation matérielle, économie et capitalisme : XVe-XVIIIe siècle*, Armand Colin, Paris, 1967 : 1. *Les Structures du quotidien* ; 2. *Les Jeux de l'échange* ; 3. *Le Temps du monde*.

mondialisation impérialiste dont procèdent les Grandes Découvertes, ils savent le rôle captieux de l'or[106], puissant ferment de déstabilisation, au dedans comme au dehors. Incapable de gérer l'afflux massif d'émigrants, impuissant face aux pillages et à la criminalité, y compris organisée[107], le Kaw-djer est contraint de décréter des expulsions et de faire tirer sa milice[108]. Après quoi un « bienfaisant despotisme »[109] ramène les choses au mieux.

Du moins dans la narration, l'ordre discursif témoignant, lui, de conflits de plus en plus à vif, qui placent le Kaw-djer face à ses convictions primitives et lorsqu'un chercheur d'or lui tient, brut, le discours de l'individualisme propre à justifier ses droits – « La terre est à tout le monde, et nous sommes des hommes comme les autres, peut-être ! » –, le retour sur soi est terrible, qui tient de la révolution idéologique : « Jadis, le Kaw-djer ne se fût pas exprimé différemment. Mais ses idées étaient bien changées maintenant, et il ne comprenait plus ce langage. Non, la terre n'est pas à tout le monde. Elle appartient à ceux qui la défrichent, la cultivent, à ceux dont le travail opiniâtre la transforme en mère nourricière et oblige le sol à tisser le tapis doré des moissons »[110].

Les métamorphoses de la liberté sont des plus difficiles à gérer et si *la liberté des uns s'arrête là où commence celle des autres*, il n'est que d'éliminer les autres pour, loin de la liberté tout abstraite des jacobins, de la liberté niveleuse et spécieuse des partageux, qu'ils soient socialistes ou communistes, de la rapace liberté d'entreprendre des libéraux, vivre ce que nous appellerions aujourd'hui la liberté des libertariens dans un nouvel îlot, l'île Horn, où, « libre » et « seul », et libre parce que seul, cet *Atlas révolté* sera enfin en phase avec les valeurs individualistes que décline un manifeste digne d'Ayn Rand[111] :

> « Une fois pour toutes (...), sachez que je suis l'ennemi irréconciliable de tout gouvernement, quel qu'il soit (...), toute loi, prescription ou défense, édictée en vue du soi-disant intérêt de la masse au détriment des individus est une duperie (...). À cette conviction, qui est la base

---

106 Jules et Michel Verne, *Les Naufragés du Jonathan*, *op. cit.*, p. 515, 522.

107 *Ibid.*, p. 542.

108 *Ibid.*, p. 558-559.

109 *Ibid.*, p. 564.

110 *Ibid.*, p. 552. Sur ces questions, voir Jean Chesneaux, « L'individualisme libertaire », in *Jules Verne. Un regard sur le monde. Nouvelles lectures politiques*, Bayard, Paris, 2001, p. 121-138.

111 Ayn Rand a-t-elle eu connaissance de ce texte, elle dont on sait qu'elle était férue des romans d'Alexandre Dumas, à l'origine de sa vocation d'écrivain ? Paul Gast tient en tout cas assurément beaucoup du Kaw-djer, cet autre *Atlas révolté*, héros d'*Atlas Shrugged* (1957, trad. franc. *La Grève*) qui recourt à la grève des capacités et des initiatives pour ne pas cautionner un système dont les mécanismes de régulation démocratique concourent à établir la médiocratie.

> de ma vie et qu'il n'était pas en mon pouvoir (...) de faire triompher dans les sociétés pourries du Vieux Monde, j'ai sacrifié beaucoup (...) et je suis venu ici, en Magellanie, pour vivre et mourir libre sur un sol libre. Mes convictions n'ont pas changé depuis (...), les événements de ces derniers mois m'ont attristé. Ils n'ont pas modifié mes idées »[112].

En ce sens, l'île, comme il est de règle avec ce *topos* utopique, aura été le lieu d'une épreuve pour cet apôtre du « Ni Dieu ni maître »[113] devenu maître par la force des choses[114]. Aussi, une fois qu'a été démontrée l'incurie générale, dépassant le dilemme – « Fallait-il accepter l'odieuse épreuve ? Ne valait-il pas mieux s'enfuir loin de ces êtres aux âmes d'esclaves ? Mais alors, que deviendraient-ils, livrés à eux-mêmes ? »[115] –, il prononce : « Désormais, c'est moi qui serai votre chef »[116]. S'étant résolu à diriger les masses[117], au risque de faire primer la justice sociale sur la *vertu de l'égoïsme*[118], il est amené à faire usage de la force et à prendre des mesures d'urgence et, ironie du sort, à parler et à agir au nom de l'État : fixation des prix, indemnisation des particuliers lésés par des dispositions attentatoires à la propriété privée, ouverture d'une école[119]. Mais d'un État strictement limité à ses fonctions régaliennes qui, en cela, doit moins à la pensée anarchiste qu'aux vues libertariennes. Aussi, si « Le Kaw-djer ne regrettait nullement d'avoir violenté la liberté »[120], il a néanmoins recours à l'élection pour jouir d'une légitimité[121].

Pourtant, le danger couru en commun, avec des menaces d'invasion et l'édification d'une œuvre commune, créent des liens de solidarité qui n'existaient pas entre cette masse d'hommes, dessinant les contours d'une nation, qui fait désormais corps autour de son pavillon[122].

---

112 Jules et Michel Verne, *Les Naufragés du Jonathan*, *op. cit.*, p. 223-224.

113 *Ibid.*, p. 83, 97, 108, 169. À l'enfant qui lui donne du « gouverneur », il se récrie qu'il n'y a là « pas de maître ».

114 « Qu'il le voulût ou non, « le chef, désigné par la force des choses et par le consentement tacite de l'immense majorité des naufragés, c'était lui », *ibid.*, p. 106.

115 *Id. ibid.*

116 *Ibid.*, p. 297. Et, au nom de la responsabilité du plus fort envers le plus faible, les plus conscients des colons lui font grief de ne pas avoir pris sa part de responsabilité, *ibid.*, p. 223.

117 Exercice où, significativement, son laconisme tranche efficacement sur la logorrhée des rhéteurs démagogues.

118 C'est dans cet ouvrage, *The Virtue of Selfishness* (1964), qu'Ayn Rand expose les principes de sa philosophie « objectiviste ».

119 Jules et Michel Verne, *Les Naufragés du Jonathan*, *op. cit.*, p. 347.

120 *Ibid.*, p. 431.

121 Sans qu'il y ait cette fois, de risque, comme avec Beauval, qu'une abstention massive, faussant la représentativité, ne débouche sur un pouvoir illégitime, *ibid.*, p. 422.

122 Ainsi, au plus fort du danger de guerre civile, le Kaw-djer refuse-t-il en ces termes toute médiation du Chili : « Notre pavillon, rien que notre pavillon, déclara le Kaw-djer, et je ne

Aussi, alors qu'au départ l'île « Hoste n'était qu'une colonie où se trouvaient fortuitement réunis des hommes de vingt nationalités différentes, maintenant, les colons avaient fait place aux Hosteliens ». « L'île Hoste, désormais, c'était la patrie »[123]. Cinq ans après ces événements mouvementés, l'île a des relations avec le Chili, l'Argentine et la vieille Europe[124]. Des services publics se sont développés[125] sous le gouvernement du Kaw-djer[126], attirant de nombreux colons[127] si bien que la démographie galope et que « l'île Hoste pacifiée et organisée », « l'instruction répandue »[128], propose un modèle – institutionnel et de développement – qui pose que « Devant l'intérêt général devait céder l'intérêt particulier »[129] et s'oppose à la récession qui frappe les terres argentines en vis-à-vis, laquelle est explicitement corrélée à l'absence de toute politique gouvernementale un peu dirigiste.

Dans ce diptyque – qu'il importe de manipuler avec précaution eu égard aux conditions particulières de publication qui sont celles des textes qui le constituent –, se donne à voir la naissance d'une nation, et d'une nation progressivement sortie, sur la base de l'adhésion volontaire de ses membres, de la dynamique anarchique de la mondialisation et de ses soubresauts, une nation dont l'émancipation ne va à aucun moment de soi tant, du Kaw-djer misanthrope des *Naufragés du Jonathan* à la version philanthrope qu'en donne *En Magellanie*[130], du strict individualisme libertarien au mutualisme bien dirigé, de la sécession finale à l'unanimisme retrouvé, tout autant que l'écart qui sépare Jules de Michel Verne, l'anarchiste humaniste du libertarien élitiste, c'est la tension qui traverse sur ces questions la série des *Voyages extraordinaires* qui point, irréductible à une axiologie pacifiée et univoque.

Car, si l'on retrouve ces divergences dans un autre roman écrit à deux mains, *L'étonnante aventure de la mission Barsac*, publié, largement complété par les soins de Michel en 1919, à partir du manuscrit de *Voyage*

souffrirai pas qu'il s'abaisse devant n'importe quel autre ! », Jules Verne, *En Magellanie*, *op. cit.*, p. 219.

[123] Jules et Michel Verne, *Les Naufragés du Jonathan*, *op. cit*, p. 482.

[124] Lequel jouit d'une « autorité sans limite », *ibid.*, p. 484.

[125] *Ibid.*, p. 485.

[126] *Ibid.*, p. 487.

[127] *Ibid.*, p. 489.

[128] *Ibid.*, p. 499.

[129] Jules Verne, *En Magellanie*, *op. cit.*, p. 221.

[130] Où il est expressément donné pour un « bienfaiteur » : « que de changements survenus en lui, depuis qu'il avait dû faire litière de ses théories d'autrefois, depuis qu'il se consacrait à l'organisation de la nouvelle colonie ! Était-il encore l'homme dont toute la doctrine se résumait dans cette abominable formule : "Ni Dieu ni maître !"... Non », *ibid.*, p. 227.

d'études[131], entrepris par son père en 1903, ceux des romans dont on sait qu'ils sont exclusivement sortis de la plume de Jules Verne n'ignorent pas ces ambivalences, comme il ressort des échos qui courent de *L'Île mystérieuse* (1875), second volume de *Vingt mille lieues sous les mers* (1869-70), aux *Enfants du capitaine Grant* (1868).

Prolongeant les *Naufragés du Jonathan*, *L'étonnante aventure de la mission Barsac*, parue au sortir de la Grande Guerre, coule définitivement toute utopie internationaliste, irrémédiablement retournée en sévère dystopie. D'abord du fait d'un personnage qui, ayant quitté le service national pour celui « d'une grande compagnie d'exploration », parcourt l'Afrique à la tête de troupes semi-régulières jusqu'à, devenu chef de bande, entrer en rébellion ouverte contre son pays[132]. Avant qu'Harry Killer[133] ne fasse sortir de terre la terrible cité de Blackland, « nouvelle Tour de Babel » où résonnent toutes les langues[134] et que peuplent 5.778 Noirs razziés et 1.030 Blancs « échappés du bagne et de prison »[135], venus de tous les pays du monde, qui se répartissent en trois catégories : une organisation paramilitaire qui forme l'aristocratie – blanche – des Merry Fellows ; le Civil Body composé de Blancs de moindre condition, qui s'adonnent au commerce ; les esclaves noirs, voués aux travaux agricoles, qui, sous la surveillance de gardes-chiourmes blancs, cultivent tous les produits d'Afrique et d'Europe. Paranoïde, la cité au fantasme autarcique dispose de planeurs capables de parcourir à vive allure 5.000 km sans ravitailler et peut ainsi frapper partout à l'extérieur tandis que, pour prévenir toute révolte intestine, les habitants sont constamment maintenus sous le feu de canons judicieusement placés. Adossé à Blackland, véritable « phalanstère esclavagiste », un arsenal ultra sophistiqué, l'Usine, emploie une centaine d'ouvriers de toutes nationalités, bien que principalement Français et Anglais, attirés là par un pont d'or[136]. De même que c'est en Europe que le bien nommé Killer s'est procuré à force d'or les machines qui ont posé les bases de la puissance militaire de Blackland : débarquées à Cotonou, elles sont acheminées à Blackland par caravanes, à grand renfort de main d'œuvre noire, sacrifiée[137]. Entre trafics en tous

---

[131] Ce texte figure parmi les inédits publiés par Christian Bobin dans *San Carlos et autres récits inédits*, Le Cherche Midi, Paris, 1993, p. 207-280.
[132] Jules Verne, *L'étonnante aventure de la mission Barsac*, Bibliothèque électronique du Québec, vol. 772, p. 86.
[133] Alias William Ferney, et qui usurpe en l'occurrence l'identité de George Buxton.
[134] *Ibid.*, p. 418.
[135] *Id. ibid.*
[136] *Ibid.*, p. 434. Par contrat, ceux-ci peuvent quitter l'usine, mais les pieds devant, *ibid.*, p. 437.
[137] Jules Verne, *L'étonnante aventure de la mission Barsac*, *op. cit.*, p. 675-677.

genres, de denrées, d'armes et d'hommes et toute puissance de l'or[138], rien n'a changé depuis les routes frayées par Christophe Colomb, les circuits de la traite et Blackland, « cité de perdition »[139], concentre tout l'odieux de la mondialisation, encore potentialisée par la violence d'État, qui reprend *ab ovo* la chaîne des inductions coupables.

De telles conséquences impliquaient évidemment de revenir sur les promesses contenues dans la version primitive du texte, *Voyage d'études*, où une affiche, rédigée en espéranto, « le plus sûr et le plus rapide véhicule de la civilisation », annonçait l'arrivée d'une mission d'études à Libreville. Contre des langues nationales senties comme des vecteurs d'hégémonie, l'espéranto – « langue internationale par excellence » dont les racines, comme « élues au suffrage universel », ont été retenues « en proportion de leur internationalité » – se posait alors en recours à même d'inventer d'autres formes de supranationalité, prolongeant l'expérience présentée dans *Bourses de voyage* (1903) où le directeur du collège « Les Antilians », qui accueille des élèves venus de l'ensemble de cette zone caraïbe que « Depuis [Christophe Colomb], diverses puissances européennes » ont colonisée[140], entreprend de cultiver les valeurs du vivre-ensemble. Des jeunes gens de ces diverses nationalités s'y côtoient dans l'égalité la plus stricte, le règlement allant jusqu'à prévoir l'usage alterné des différentes langues lors des récréations[141], afin de forger un sentiment et un esprit « antilian » qui permette de dépasser les clivages[142].

Aussi peut-on entendre le vœu de « march[er] sur les traces de (...) Nansen... »[143] dans un sens qui ne saurait encore être le sien en 1903 où Fridtjof Nansen (1861-1930) n'est encore qu'un explorateur : déjà défenseur de la Norvège libre, il n'est pas encore le promoteur du passeport auquel, premier Haut-Commissaire aux réfugiés pour le compte de la Société des

---

[138] Déjà, dans *En Magellanie*, en manière d'ultime rempart, le Kaw-djer repoussait du pied dans l'océan en la maudissant – « Va, or maudit, s'écria-t-il, va, et que ne puis-je engloutir avec toi tous les maux de l'humanité ! » – une monstrueuse pépite, relief de la folie des prospections dont l'île avait été saisie, *En Magellanie*, *op. cit.*, p. 227. La force corruptrice de l'or a été mise en évidence par Jean Chesneaux : « L'or et l'argent », in *Jules Verne. Un regard sur le monde. Nouvelles lectures politique*, *op. cit.*, p. 213-225.

[139] L'expression est de Jean Chesneaux, « Jules Verne et les cités de perdition », *Dossiers du CACEF*, n° 57, avril 1978, p. 44-48.

[140] Jules Verne, *Bourses de voyage*, Ebooks libres et gratuits, p. 196.

[141] Il impose qu'au moment des récréations on use tour à tour des diverses langues coloniales : anglais, hollandais, danois, français, suédois, espagnol..., *ibid.*, p. 10.

[142] Ce qui passe, nouvel avatar de l'utopie, par une politique scolaire adaptée : « Le directeur s'appliquait à resserrer, à fusionner les divers tempéraments, les caractères si mélangés que présentait une réunion de jeunes garçons de nationalités différentes, à faire autant que possible de ses pensionnaires des Antilians ».

[143] Jules Verne, *Bourses de voyage*, *op. cit.*, p. 12.

Nations, il donnera son nom après la Grande Guerre, en 1921-22, sorte de document d'identité reconnu par plus de 50 États qui garantit un statut aux apatrides et lui vaudra le prix Nobel de la paix.

Contre des États-nations dont les *Voyages extraordinaires* ne cessent de répercuter la féroce volonté de puissance et le mépris pour le droit des peuples à disposer d'eux-mêmes, qu'il s'agisse des nationalités qui gémissent sous le joug de puissances expansionnistes (Irlande[144], Écosse[145], Norvège[146], alors sous le régime de l'Acte de Vienne, Canada français[147], Grèce[148], Hongrie[149], Bulgarie[150]...) ou des peuples coloniaux, Jules Verne semble hésiter entre une solution supranationale et une réponse apatride. Un nouveau diptyque permet d'éclairer la question, mais cette fois pleinement julesvernien, de *Vingt mille lieues sous les mers* à *L'Île mystérieuse*.

Déjà, Jules Verne qui, sur la fin de sa vie, attiré par l'idée d'une communauté supranationale, présidait le groupe espérantiste[151] d'Amiens, prête à l'équipage du Nautilus un langage propre, « une langue inconnue, d'une harmonie singulière », dont il donne, sans le traduire, un aperçu : « *Nautron repoc lorni virch* »[152]. Mais, plus que vers le cosmopolitisme, cet idiolecte qui retranche ses locuteurs de la communauté des hommes oriente bien plutôt vers la condition d'étranger universel. Et, de fait, désenchanté de la Terre, inhabitable jusque dans ses territoires les plus reculés, les plus vierges, inhospitalière jusqu'au cœur de l'île Hoste, Nemo élit la mer pour « patrie d'adoption »[153] :

> « La mer est tout ! Elle couvre les sept dixièmes du globe terrestre. Son souffle est pur et sain. (...) La mer n'appartient pas aux despotes. À sa surface, ils peuvent encore exercer des droits iniques, s'y battre, s'y dévorer, y transporter toutes les horreurs terrestres. Mais à trente pieds au-dessous de son niveau, leur pouvoir cesse, leur influence s'éteint, leur puissance disparaît ! (...) Là seulement est l'indépendance ! Là je ne reconnais pas de maître, là je suis libre »[154].

---

144 *P'tit bonhomme* (1893), *Les Frères Kip* (1902).
145 *Les Enfants du capitaine Grant* (1868).
146 *Un Billet de loterie* (1886).
147 *Famille sans nom* (1889).
148 *L'Archipel en feu* (1884).
149 *Mathias Sandorf* (1885).
150 *Pilote du Danube* (1908).
151 La mise au point de l'espéranto date de 1887. Elle suit de peu celle du volapük, en 1879. Voir Cornelis Helling, « Jules Verne et l'espéranto », *Bulletin de la Société Jules Verne*, 12, 1969, p. 69-71.
152 Jules Verne, *Vingt mille lieues sous les mers*, *op. cit.*, p. 153.
153 *Ibid.*, p. 382.
154 *Ibid.*, p. 104.

Mais apatride, Nemo est aussi patriote, et sans contradiction aucune comme il apparaît dans la dévotion qu'il rend au *Vengeur*, « navire patriote »[155] qui, sous la Révolution, a préféré se laisser couler au cri de « Vive la République » que de se rendre à la marine anglaise. De là à penser qu'il est apatride parce que patriote, soit pour autant qu'a démérité une certaine idée de la patrie, qui a définitivement échoué à s'incarner dans aucune des nations que compte la Terre, incapables d'opposer aux forces anarchiques de la mondialisation un front uni qui forme des citoyens du monde, il n'y a qu'un pas que ce « révolté, mis (...) au ban de l'humanité »[156] nous invite à franchir en plantant au pôle Sud, soit une terre qui échappe au partage étatique, son étendard, qui se trouve être un drapeau noir[157]. Si, à nouveau, seule une morale anarchiste permet de conjurer les dérives étatiques, elle n'a rien de nihiliste et *Les Naufragés du Jonathan* font expressément le départ entre deux types d'anarchistes : anarchiste humaniste, Nemo n'est pas de ceux qui rêvent de tout détruire, dont la rubrique politique égrène alors les exploits, entre attentats à la Chambre et meurtre de Sissi, il appartient à « la section des rêveurs, et non à celle des professionnels de la bombe et du couteau » et est à mettre au rang des « véritables poètes qui rêvent d'une humanité chimérique d'où le mal serait banni à jamais »[158]. Et c'est fort de cet idéal que, au mépris de tout paradoxe, Nemo peut, lui, ne pas craindre de toucher à *l'or maudit* – et d'autant moins, juste retour des choses, qu'il redistribue les richesses volées aux peuples amérindiens au temps des Conquistadores –, et le mettre au service d'une cause nationale. Ainsi, « Les millions perdus dans la baie de Vigo, en 1702, par les galions espagnols, lui fournirent une mine inépuisable de richesses dont il disposa toujours, et anonymement, en faveur des peuples qui se battaient pour l'indépendance de leur pays »[159].

Car c'est moins la nation qu'une forme exacerbée de nationalisme qui tourne à l'impérialisme d'État qui se trouve invalidée. Que *Nemo* cesse d'être *personne* et, qu'au moment de mourir, il retrouve son identité, et c'est dans toute son évidence qu'apparaît la logique du trajet qui transforme un cosmopolite internationaliste en pérégrin apatride :

> « Le capitaine Nemo était un Indien, le prince Dakkar, fils d'un rajah du territoire alors indépendant du Bundelkund et neveu du héros de l'Inde, Tippo-Saïb. Son père, dès l'âge de dix ans, l'envoya en Europe, afin qu'il y reçût une éducation complète et dans la secrète

---

[155] *Ibid.*, p. 558. Le *Vengeur*, pour qui il a un respect saint, *ibid.*, p. 564.

[156] Jules Verne, *L'Île mystérieuse,* Ebooks libres et gratuits, p. 661.

[157] Jules Verne, *Vingt mille lieues sous les mers*, *op. cit.*, p. 478 et 563.

[158] Jules et Michel Verne, *Les Naufragés du Jonathan*, *op. cit.*, p. 20-21.

[159] Jules Verne, *L'Île mystérieuse*, *op. cit.*, p. 665, où une note rappelle qu'il prêta ainsi assistance aux Candiotes (Chypriotes) soulevés.

intention qu'il pût lutter un jour, à armes égales, avec ceux qu'il considérait comme les oppresseurs de son pays. (...) Le prince Dakkar haïssait. Il haïssait le seul pays où il n'avait jamais voulu mettre le pied, la seule nation dont il refusa constamment les avances : il haïssait l'Angleterre et d'autant plus que sur plus d'un point il l'admirait.

C'est que cet Indien résumait en lui toutes les haines farouches du vaincu contre le vainqueur. L'envahisseur n'avait pu trouver grâce chez l'envahi. Le fils de l'un de ces souverains dont le Royaume-Uni n'a pu que nominalement assurer la servitude, ce prince, de la famille de Tippo-Saïb, élevé dans les idées de revendication et de vengeance, ayant l'inéluctable amour de son poétique pays chargé des chaînes anglaises, ne voulut jamais poser le pied sur cette terre par lui maudite, à laquelle l'Inde devait son asservissement. (...) Aux yeux de ceux qui l'observaient incomplètement, il passait peut-être pour un de ces cosmopolites, curieux de savoir, mais dédaigneux d'agir, pour un de ces opulents voyageurs, esprits fiers et platoniques, qui courent incessamment le monde et ne sont d'aucun pays.

Il n'en était rien. Cet artiste, ce savant, cet homme était resté Indien par le cœur, Indien par le désir de la vengeance, Indien par l'espoir qu'il nourrissait de pouvoir revendiquer un jour les droits de son pays, d'en chasser l'étranger, de lui rendre son indépendance. (...) Le joug anglais s'était trop pesamment peut-être alourdi sur les populations indoues. Le prince Dakkar emprunta la voix des mécontents. Il fit passer dans leur esprit toute la haine qu'il éprouvait contre l'étranger. Il parcourut non seulement les contrées encore indépendantes de la péninsule indienne, mais aussi les régions directement soumises à l'administration anglaise. Il rappela les grands jours de Tippo-Saïb, mort héroïquement à Seringapatam pour la défense de sa patrie.

En 1857, la grande révolte des cipayes éclata. Le prince Dakkar en fut l'âme. Il organisa l'immense soulèvement. Il mit ses talents et ses richesses au service de cette cause. Il paya de sa personne ; il se battit au premier rang ; il risqua sa vie comme le plus humble de ces héros qui s'étaient levés pour affranchir leur pays ; il fut blessé dix fois en vingt rencontres et n'avait pu trouver la mort, quand les derniers soldats de l'indépendance tombèrent sous les balles anglaises. Jamais la puissance britannique dans l'Inde ne courut un tel danger, et si, comme ils l'avaient espéré, les cipayes eussent trouvé secours au dehors, c'en était fait peut-être en Asie de l'influence et de la domination du Royaume-Uni.

Le nom du prince Dakkar fut illustre alors. Le héros qui le portait ne se cacha pas et lutta ouvertement. Sa tête fut mise à prix, et, s'il ne se rencontra pas un traître pour la livrer, son père, sa mère, sa femme, ses enfants payèrent pour lui avant même qu'il pût connaître les dangers qu'à cause de lui ils couraient...

Le droit, cette fois encore, était tombé devant la force. (...) Le prince Dakkar, qui n'avait pu mourir, revint dans les montagnes du Bundelkund. Là, seul désormais, pris d'un immense dégoût contre tout

> ce qui portait le nom d'homme, ayant la haine et l'horreur du monde civilisé, voulant à jamais le fuir, il réalisa les débris de sa fortune, réunit une vingtaine de ses plus fidèles compagnons, et, un jour, tous disparurent »[160].

Jusqu'à la publication posthume des *Naufragés du Jonathan*, aucune œuvre de Jules Verne n'est davantage traversée par des positions libertaires. Des positions dont on a vu combien elles étaient informées par une image idéale du contrat social qui supporte mal l'épreuve du réel. Aussi ne faut-il pas s'étonner si, retour du refoulé, l'idée nationale revient en force et si Nemo, au moment de mourir, « Dieu et patrie ! »[161] aux lèvres, révise la leçon dispensée dans *Vingt mille lieues sous les mers*, en donnant quitus de leur zèle patriotique aux naufragés de l'île Lincoln[162], qu'il a constamment couvés de sa bienveillance :

> « – Vous pensez à votre pays (...). Vous travaillez pour sa prospérité, pour sa gloire. Vous avez raison. La patrie !... c'est là qu'il faut retourner ! (...) Vous devez donc tout tenter pour quitter l'île Lincoln et pour revoir le sol où vous êtes nés »[163].

Nouvelle preuve de la dialectique au travail, quand bien même ces révoltés, qu'il s'agisse de Nemo ou de Robur, voire de Roch, sont *in fine* enfoncés par la société, le texte vernien, derrière une fin de convention, invite à ne pas faire si bon marché du potentiel corrosif qui est le leur quant aux valeurs, aux principes de la nation.

Laure LÉVÊQUE
Université de Toulon

---

[160] *Ibid.*, p. 662-664.
[161] *Ibid.*, p. 679. Et, déjà, le Kaw-djer finissait sa carrière sur une révélation divine.
[162] Et notamment à Cyrus Smith, dont le projet est de réclamer l'île Lincoln pour les États-Unis afin, stratégiquement, d'en faire une base de relâche pour leur marine.
[163] *Ibid.*, p. 677.

Jaurès, patriote et internationaliste. La synthèse du socialisme français

« Un peu d'internationalisme éloigne de la patrie ; beaucoup d'internationalisme y ramène. Un peu de patriotisme éloigne de l'Internationale ; beaucoup de patriotisme y ramène »[1] est certainement une des citations les plus célèbres de Jaurès. Mais qu'est-ce à dire exactement ? Comme souvent avec Jaurès, il faut se méfier de la tentation de le limiter à de beaux morceaux d'éloquence. Madeleine Rebérioux[2] confiait souvent son agacement devant l'abus fait des citations de Jaurès, qu'accommodaient de trop nombreuses sauces... Si Jaurès se donnait la peine de parler et d'écrire longuement, c'était sans doute que lui-même se méfiait des raccourcis trop faciles. Essayons donc d'aller voir ce que Jaurès souhaitait signifier en écrivant cette phrase, après un long développement de son livre touffu, mais si dense et plein de lui-même, qu'est *L'Armée nouvelle*.

Le patriotisme

Généralisons et contextualisons d'abord. Il ne faut pas se méprendre sur les sentiments politiques de la plupart des auteurs et militants du socialisme français au XIXe siècle, issus d'une société marquée par un patriotisme très affirmé[3]. Ils y adhèrent d'autant plus que le patriotisme est une valeur issue de la Révolution française et inséparable de la gauche du temps, qu'elle soit politique ou sociale. Cela est bien connu, mais insistons-y, car il peut arriver qu'on l'oublie, au hasard de telle ou telle lecture de motion de congrès ou d'article de presse, qu'il convient de ne pas isoler du contexte général du temps. Cette vérité générale se vérifie au centuple avec Jaurès.

---

[1] *L'Armée nouvelle* [1910], tome 13 des *Œuvres de Jean Jaurès*, édition établie par Jean-Jacques Becker, Fayard, Paris, 2012, p. 418.
[2] Propos souvent tenu, voir aujourd'hui Madeleine Rebérioux, *Pour que vive l'histoire. Écrits*, Belin, Paris, 2017.
[3] Actes du colloque *Jaurès et la nation*, Toulouse, 1964. Publications de la Faculté des Lettres et Sciences Humaines de Toulouse, 1965.

Le fondateur du journal *L'Humanité* est né sous le Second Empire. Enfant encore, il a entendu parler de la gloire et des malheurs de la patrie. Il n'a pu que ressentir durement les angoisses de « l'année terrible » (1870-1871), de la défaite et de l'amputation d'une partie du territoire national, il a alors entre onze et douze ans, âge des impressions fortes. Comme l'a si justement rappelé l'historien Alain Levy, Jean Jaurès est originaire d'une famille et d'une ville profondément militaires et patriotes[4]. À cette époque, Castres est une ville industrielle et agricole active, qui travaille en grande partie pour l'armée et qui accueille bien des soldats en uniforme ; plus de dix pour cent de la population locale. La famille Jaurès se consacre souvent au service des armes. Ce n'est sans doute pas le cas de son père, mais c'est celui des cousins germains de celui-ci, les deux héros et figures tutélaires de la famille, les amiraux Charles et Benjamin Jaurès. Le second commande un régiment lors de la bataille décisive du Mans, à la fin de la guerre de 1870, guerre dont Jaurès voudra se charger du récit pour l'*Histoire socialiste*, malgré la surcharge de ses activités[5]. Tous ses oncles, du côté maternel (Louis Barbaza) comme paternel (Henry et Alphonse Jaurès), sont ou ont été des militaires, sous-officiers ou officiers. Les deux premiers sont passés par Saint-Cyr, le troisième, sergent dans un régiment de zouaves, a participé à de nombreuses campagnes. Enfant, Jean a entendu leurs récits héroïques. Son frère Louis choisit aussi la voie des armes en devenant marin et accédera à son tour au grade d'amiral, le troisième de la famille, un record absolu dans l'histoire de France ! De son côté, Jean ne fait pas son service militaire, en raison de la dispense accordée aux futurs enseignants comme aux prêtres par la loi de 1872. Il n'est vraiment pas sûr qu'il s'en soit réjoui. Il a le goût des choses militaires, à un point que nous pourrions avoir du mal à concevoir près d'un siècle et demi plus tard. Professeur puis jeune député républicain, il manie sans hésitation l'argument patriotique auprès des électeurs. Il brosse le portrait de jeunes conscrits ravis de leur service militaire et il n'hésite pas à répondre avec fierté à des contradicteurs nationalistes qu'« ils sont nombreux, parmi les miens, et depuis un demi-siècle, ceux qui ont porté ou qui portent la croix d'honneur pour avoir versé leur sang sur les champs de bataille ou exposé leur vie dans les mers lointaines »[6]. Admirateur de

---

[4] Alain Levy, « Deux militaires oncles inconnus de Jaurès », *Bulletin de la SEJ*, 48, janvier-mars 1973, « Alphonse Jaurès et son neveu Jean », *Bulletin de la SEJ*, 58, juillet-septembre 1975 et « Les premiers contacts de Jaurès avec l'armée », *Jaurès, pacifique et pacifiste ?*, Colloque de Castres (8-9 novembre 2013), Castres, CNMJJ, 2015.

[5] Jean Jaurès, *La guerre franco-allemande*, Rouff, Paris, rééd. Flammarion, « Science », 1971, préface de Jean-Baptiste Duroselle et postface de Madeleine Rebérioux.

[6] Jean Jaurès, « Conclusion », *La Dépêche*, 6 novembre 1890, repris dans *Le passage au socialisme*, *Œuvres de Jean Jaurès, 1889-1893*, 2, édition établie par Madeleine Rebérioux et Gilles Candar, Fayard, Paris, 2011, p. 569-574.

Gambetta et de Ferry, Jaurès est pleinement partisan d'une politique extérieure de fierté nationale, qu'il ne sépare pas d'une expansion coloniale jugée naturellement bienfaisante et civilisatrice. Les conférences qu'il donne en 1884 pour l'Alliance française dans le Tarn, désormais bien connues, illustrent tout à fait la bonne conscience de l'époque sur cette politique mise en œuvre par la gauche républicaine, critiquée par la droite conservatrice et l'extrême gauche radicale avant que celles-ci ne s'y rallient sans trop tarder[7].

Sans doute pourrait-on dire que tout cela concerne la période où Jaurès n'est pas encore devenu socialiste. Mais justement, Jaurès n'est pas un cas isolé et il n'est pas inutile de connaître les formations et choix antérieurs des responsables du socialisme français sous la IIIe République, qui ne disparaissent pas comme par enchantement avec leur profession de foi collectiviste ou l'engagement dans des organisations se revendiquant du socialisme. En tout cas, surtout pour la sensibilité nationale, l'expérience de l'année terrible ou de la Commune ne peut être ignorée. Il n'est pas anodin que la caricature en faveur du socialisme publiée dans le journal guesdiste *Le Socialiste* présente un prolétariat souquant ferme, sous la conduite de Karl Marx, vers une paradisiaque île du socialisme en laissant se noyer bourgeois capitaliste, politicien à l'effigie de Ferry, évêque ressemblant au pape Léon XIII et militariste... sosie de Bismarck en uniforme d'officier prussien. Le militarisme, c'est d'abord un péché allemand.

Revenons à Jaurès : une des choses qui l'intéresse dans le socialisme lorsqu'il est encore un jeune notable républicain plein d'avenir dans la politique ou l'Université est le soutien que peut apporter à la communauté nationale le mouvement socialiste émergent. Patriote, Jaurès pense toujours à l'Alsace-Lorraine. Le premier séjour qu'il fait hors des frontières consiste en un voyage d'étude parlementaire en Alsace-Lorraine au cours de l'année 1886, qu'il effectue le cœur serré. Les députés transbordent leurs valises de la gare française à la gare allemande pour changer de train et se montrent surpris de voir que les enfants lorrains ne comprennent pas la langue française et prennent ceux-ci pour des immigrants récents[8]. Jaurès ne sait sans doute même pas alors que des Allemands ont protesté contre la politique de force du chancelier Bismarck et qu'ils ont été emprisonnés. Il apprend pourtant bientôt leurs noms : August Bebel et Wilhelm Liebknecht et cette attitude qui lui est sympathique joue son rôle dans l'intérêt qu'il

[7] Pour les conférences, cf. *Les années de jeunesse, 1859-1889, Œuvres de Jean Jaurès*, 1, édition établie par Madeleine Rebérioux et Gilles Candar, Fayard, Paris, 2009, p. 439-451 et pour le contexte: Gilles Candar, « La gauche coloniale en France. Socialistes et radicaux (1885-1905) », *Mil Neuf Cent, revue d'histoire intellectuelle* 27, p. 37-56.

[8] Jean Jaurès, « En Alsace », *La Dépêche*, 14 janvier 1892, repris dans *Le passage au socialisme, op. cit.*, p. 183-185.

manifeste de plus en plus pour la social-démocratie allemande et ses doctrines[9]...

L'élargissement de la patrie : la justice dans l'humanité

Jaurès travaille, lit, réfléchit, rencontre des gens, de tous milieux et de toutes origines. Dans les années 1890, il n'est plus le jeune professeur idéaliste qui pourrait nous faire penser à un précurseur de *Monsieur Smith au Sénat*[10]. Sa lucidité s'aiguise et s'affine progressivement et, pour reprendre une de ses formules, il ne se calomnie point assez pour dire que la vie ne lui a rien appris[11] ! La France, et même la France républicaine, peut se tromper et n'incarne pas nécessairement les valeurs morales de l'humanité. Vérité d'évidence, dirait-on aujourd'hui, mais dont il ne faut pas négliger la portée iconoclaste à une époque où un grand écrivain comme Kipling pouvait adopter comme devise : « Mon pays, qu'il ait tort ou raison ». Jaurès n'est certes pas le premier à la découvrir, mais il se singularise par la portée et l'étendue des conséquences qu'il en tire. Face à Jules Ferry, Georges Clemenceau avait montré avec une puissante ironie que les discours sur les différences de civilisation servaient fréquemment de paravent commode à l'affirmation de la force. Pour autant, homme de pouvoir, il ne se refuse pas non plus ensuite à user de cette force, même brutale et injuste, à l'avantage de son pays. Et il ne serait pas trop difficile de trouver dans la presse d'extrême gauche de l'époque, par exemple le prestigieux *Cri du Peuple* de Vallès et Séverine, bien des indications sur un tranquille sentiment de supériorité nationale.

Jaurès cherche des moyens et des solutions d'humanité, pour son pays comme pour les autres. Le moment fondamental de l'élargissement et de la maturité de sa pensée a lieu autour du changement de siècle. En 1896, grâce à son mandat de parlementaire, Jaurès participe à son premier congrès international socialiste, réuni à Londres. À partir du tout début de l'année 1898, il s'engage avec la vigueur que l'on sait dans l'affaire Dreyfus, insistant sur la nécessité pour le socialisme de s'ancrer dans un combat général pour l'humanité. Sa vision du monde entre en cohérence avec ce postulat. Bon colonial dans sa jeunesse, il prend acte désormais des échecs et des défaillances de son pays. « Nous avons été des tuteurs infidèles du

---

[9] *Ibid.*

[10] *Mr. Smith Goes to Washington*, film américain réalisé par Frank Capra en 1939. La comparaison me paraît très bien tenir pour le Jaurès découvrant le milieu politique dans ses premières années parlementaires (1885-1889).

[11] Préface aux *Discours parlementaires. Le socialisme et le radicalisme en 1885* [éd. E. Cornély, 1904], repris dans *Bloc des gauches*, *Œuvres de Jean Jaurès, 1902-1904*, 9, édition établie par Gilles Candar, Vincent Duclert, Rémi Fabre, Fayard, Paris, 2016, p. 67.

peuple arabe[12] », écrit-il à propos de l'Algérie, et il s'investit dans des combats en faveur de la justice et des droits des « indigènes » en se montrant favorable à ce qu'ils puissent s'exprimer et être associés à la gestion du pays. Sans doute s'agit-il de « réformisme colonial » plus que d'un anticolonialisme complet et de principe, qui serait presque anachronique à l'époque puisque le terme, popularisé en 1905 par le socialiste Paul Louis[13], n'est pas encore apparu. Mais l'évolution se poursuit et, surtout, Jaurès est désormais absolument opposé à toute politique de conquête. Son combat contre les interventions militaires au Maroc se fait sans atermoiement et de la manière la plus vigoureuse qui soit.

Il tire toutes les conséquences du principe fondamental qu'il expose dans un discours prononcé à Saint-Étienne, qui fait sensation à la veille du congrès du Parti Socialiste Français : « Pour nous, socialistes, pour nous, hommes, il n'y a ni opposition de races ni opposition de continents ; mais partout sous des climats divers, avec des nuances diverses, des tempéraments physiques différents, partout la même humanité, à des degrés divers de développement, mais partout la même humanité qui monte, qui grandit et qui a le droit de monter et de grandir »[14]. Désormais, les questions internationales priment pour Jaurès, convaincu des risques de guerre internationale et des conséquences catastrophiques qui en découleraient. En outre, il réfléchit davantage aux conséquences du « pluralisme culturel » de la civilisation humaine, pour reprendre une expression de Madeleine Rebérioux. Le déclic décisif a eu lieu, sans doute, avec l'expédition européenne menée en Chine pour mater la révolte des Boxers, en 1900[15]. Les conseils de répression sauvage donnés par le kaiser Guillaume II à ses troupes, les informations recueillies par Jaurès, lui font prendre conscience de la dureté des méthodes et de la domination occidentale sur le monde. À la Chambre, dans la presse ou en meeting, Jaurès ne cesse dès lors de prendre la défense des peuples et des civilisations non européennes. Certes, il s'intéresse d'abord, à l'instar de Marx ou d'Engels par exemple, aux civilisations qui s'appuient sur de fortes réalités nationales et historiques, sur des États disposant d'une culture écrite déjà connue et étudiée en Europe comme celles de la Chine, du Japon, de l'Inde ou de la Turquie, du monde arabo-musulman.

---

12 Jean Jaurès, « La question arabe », *La Petite République*, 1er juillet 1898, repris dans *L'affaire Dreyfus*, *Œuvres de Jean Jaurès, 1897-1898*, 6, édition établie par Eric Cahm et Madeleine Rebérioux, Paris, Fayard, 2001, p. 198.
13 Paul Louis, *Le colonialisme*, SNLE, « Bibliothèque socialiste », Paris, 1905.
14 Jean Jaurès, discours de Saint-Étienne, 13 février 1904, repris dans *Bloc des gauches, op. cit.*, p. 498-499.
15 Gilles Candar, *Jaurès et l'Extrême-Orient*, Fondation Jean Jaurès, « Essais », Paris, 2011.

Dès lors, Jaurès pense vraiment « internationalement », pour reprendre une expression de George Bernard Shaw destinée à s'opposer au « penser impérialement » de Kipling. Cela se voit d'abord dans le cadre du vieux « concert européen », mais pas seulement. Jaurès se rend de plus en plus souvent à l'étranger, pour des congrès ou des réunions internationales. Il écrit peu, mais reçoit des messages, rencontre et s'informe. Il aurait souhaité pouvoir en faire davantage, mais les conditions de la vie publique ne le permettaient guère. Son voyage en Amérique latine, de la mi-juillet à la fin octobre 1911, lui sera reproché jusque dans les cercles dirigeants socialistes et le parti le pressera de revenir... En tout cas, ce qui est significatif, et que confirme la destination choisie (Brésil, Uruguay, Argentine) pour ce grand voyage, est que Jaurès ne dépasse pas le cadre national pour la seule Europe, mais bien pour une réflexion et une action élargie aux dimensions de la planète. Certes, il pense d'abord coopération et amélioration des rapports entre États européens et il n'est pas difficile de trouver chez lui les premiers linéaments de la construction européenne envisagée par Aristide Briand après la guerre... Mais il ne s'agit pas d'une « forteresse européenne » constituée en défense ou dans la confrontation avec le reste du monde. La pensée internationale de Jaurès est sans doute restée inaboutie. Il devait du reste présenter un rapport sur l'impérialisme au congrès socialiste international prévu en août 1914 dont nous aurions bien aimé connaître les perspectives, mais nous disposons d'éléments suffisants pour les envisager[16].

Jaurès dépasse les frontières. Son patriotisme se concilie avec l'attachement à la « petite patrie » locale, il défend les langues et les cultures régionales, et il espère des solutions inédites pour dépasser les anciens antagonismes[17]. Il ne pense plus que le retour pur et simple de l'Alsace-Lorraine à la France serait la seule solution possible. Il ne ferme pas la porte à des solutions plus originales et, par exemple, dans le cas des crises balkaniques, l'originalité de sa position tient à ce qu'il croit possible, voire nécessaire, de maintenir les éléments turcs et musulmans dans un cadre confédéral et multinational. Peu de socialistes en France ou en Europe centrale vont alors aussi loin que lui en ce domaine. Il est plus modéré dans le domaine colonial, nous l'avons vu, mais intransigeant et d'un courage absolu dans la lutte contre les guerres de conquête et la défense des intérêts des populations souvent spoliées ou exploitées, en Indochine comme en Afrique du nord. Il n'est donc pas abusif de le considérer comme en marche « vers l'anticolonialisme »[18]...

---

[16] Georges Haupt, *Le congrès manqué*, Maspero, Paris, 1965.

[17] Voir *Le pluralisme culturel*, *Œuvres de Jean Jaurès*, 17, édition établie par Jean-Numa Ducange et Marion Fontaine, Fayard, Paris, 2014.

[18] *Ibid.* et Jean Jaurès, *Vers l'anticolonialisme. Du colonialisme à l'universalisme*, textes

Une stratégie internationale

Aujourd'hui encore, le combat suprême mené par Jaurès contre le risque de guerre, hélas finalement perdu à l'été 1914, n'est pas nécessairement bien compris. On n'en retient facilement qu'un aspect. Pourtant, jour après jour, article après article, discours après discours, Jaurès ne cesse de marteler le même discours : il faut maintenir la paix par tous les moyens possibles, y compris révolutionnaires, et sauvegarder l'indépendance de toutes les nations, y compris et d'abord la sienne, malgré les pénibles paradoxes de quelques militants grisés par leur propre rhétorique comme Gustave Hervé ou certains syndicalistes révolutionnaires. Nous pourrions multiplier les citations. Peut-être est-il aussi efficace de donner la courte et éloquente motion votée par le congrès syndical des instituteurs, réuni du 28 au 31 août 1905, que Jaurès approuva totalement : « Les instituteurs français sont passionnément attachés à la paix, ils ont pour devise : Guerre à la guerre ; mais ils n'en seraient que plus résolus pour la défense de leur pays le jour où il serait l'objet d'une agression brutale »[19].

De fait, Jaurès se bat constamment, et réellement, en faveur de cette double position. Pour empêcher la guerre, il pense qu'une stratégie internationale est indispensable. Il presse donc l'Internationale socialiste de se doter de véritables moyens d'action, et d'abord d'exister. D'où le renforcement, en 1905, du Bureau Socialiste International institué en 1900, auquel il appartient depuis les origines, et ses appels à des campagnes d'action, à des réunions, à une existence réelle et politique de l'Internationale. Selon lui, les socialistes doivent mener une action globale, l'action parlementaire évidemment, mais aussi les campagnes d'opinion, les manifestations, et ne pas se refuser les moyens d'action révolutionnaires en cas de crise grave et imminente. C'est pourquoi Édouard Vaillant, responsable des questions internationales à la SFIO, mais aussi ancien membre de la Commune et de la première Internationale, dépose avec l'écossais Keir Hardie une motion qui envisage la grève générale ouvrière internationale coordonnée et préventive contre la guerre. Cette position vaut à Jaurès et à la SFIO l'appui et l'intérêt des secteurs les plus à gauche de l'Internationale. Elle se heurte à un refus implicite des social-démocraties d'Allemagne et d'Autriche-Hongrie. Proposée à Stuttgart (1907), discutée à Copenhague (1910), la motion française doit être ou non adoptée au congrès prévu à Vienne en août 1914. Le moment venu, Jaurès ne disposait toujours

---

réunis et présentés par Gilles Manceron, Les petits matins, Paris, 2015.

[19] Jean Jaurès, « Excellente solution », *L'Humanité*, 5 septembre 1905, article non repris dans *Laïcité et unité*, *Œuvres de Jean Jaurès, 1904-1905*, 10, établi par Gilles Candar et Jacqueline Lalouette, Fayard, Paris, 2015, mais consultable aisément sur BNF Gallica.

pas d'une Internationale acquise à ses vues. Le congrès de Bâle avait été une très belle manifestation de lutte contre la guerre, au souvenir magnifié par l'évocation romanesque d'Aragon[20], d'autant plus que, dans les faits, c'était sans doute le maximum de ce que pouvait réaliser l'Internationale, en espérant que cela suffirait à impressionner les milieux favorables à la guerre. Mais il faut insister : Jaurès était prêt à aller plus loin, à se placer dans une situation révolutionnaire qui n'avait rien pour effrayer cet historien passionné de la Révolution française, à condition qu'il s'agisse d'un mouvement préventif et coordonné qui ne mette pas en péril l'indépendance de la France. Car, comme il l'explique sans cesse, et notamment dans son grand livre, *L'Armée nouvelle*, son combat pour la paix et pour l'entente harmonieuse entre les peuples est celui d'un patriote.

Peu avant les congrès de Nancy et de Stuttgart, Jaurès, qui va se faire traiter d'agent de l'Allemagne et de traître à la nation, n'a pas hésité à déclarer devant la Chambre : « Si noir que puisse devenir le monde, il ne verra jamais cette chose impossible et monstrueuse, la mort de la France »[21]. Ce n'était pas une habileté politicienne ou une concession idéologique, mais l'expression profonde d'un sentiment ancien et intense. Jaurès explique très régulièrement son attachement à la France. Il est convaincu que l'idée de patrie correspond à un progrès de l'humanité, à un moment de formation d'une entité supérieure et d'un progrès moral de l'humanité. Simplement, il ne pense pas que l'Europe des patries ou des nations soit forcément le dernier mot de l'humanité. En se développant, l'idée de patrie se forme et se recompose, progresse et se dépasse. L'idéal est bien celui d'une humanité universelle où coopéreront fraternellement et harmonieusement les patries, dans un processus d'élargissement et de dépassement perpétuels. C'est d'ailleurs pourquoi les nationalistes d'aujourd'hui ont beau multiplier les pirouettes rhétoriques, ils ne peuvent revendiquer pour eux Jaurès, internationaliste, pacifiste, républicain et démocrate, si constamment injurié et menacé par leurs prédécesseurs. Profitons de cette digression pour préciser que Jaurès n'a jamais pu dire ou écrire que la patrie était le seul bien qui restait à celui qui n'avait plus rien (la formule serait plutôt blanquiste), car elle est au rebours de ce qu'il pensait : la patrie est un point de départ, non l'aboutissement ultime de l'évolution historique.

Ce point de départ, il faut le défendre, l'organiser, l'améliorer. Jaurès expose fréquemment ses analyses en vue d'un renforcement des capacités nationales. Il souhaite un développement économique, des réformes sociales

---

[20] Louis Aragon, *Les cloches de Bâle*, Denoël, Paris, 1934, modifié en 1964 et désormais disponible chez Gallimard.
[21] Discours à la Chambre des députés, séance du 11 mai 1907.

et un rayonnement culturel qui peuvent sans conteste être rattachés à cette ambition. Ainsi, il n'est pas très favorable à des investissements trop massifs à l'extérieur des frontières nationales. Il observe le mouvement de concentration du capital, l'internationalisation des investissements, mais il en perçoit les dangers. Là aussi, il convient de ne pas simplifier sa pensée : ce n'est pas un rétrograde, adepte d'un « nationalisme financier » qui séduit alors, comme aujourd'hui, bien des esprits. En dehors même de la question des emprunts russes, et sans refuser toute internationalisation de la finance, il souhaite que le développement de l'appareil productif national soit vraiment ou redevienne une priorité.

Ses formulations demeurent prudentes : il demande « un bon équilibre économique » et il use d'une métaphore familière et quasiment triviale : « Il ne faut pas fermer sa fenêtre. Il ne faut pas non plus se pencher à sa fenêtre si fort que l'on tombe dans la rue. Nous sommes tombés dans la rue »[22]. Lui qu'on présente souvent comme gagné, à l'instar de l'économiste social-démocrate Rudolf Hilferding, l'auteur du *Capital financier* qu'il a lu de près, par une confiance excessive dans le rôle pacifique du développement d'un capitalisme internationalisé, voit clairement les dangers que font également courir à la paix ces poussées capitalistes. En tout cas, il alerte – « je suis frappé et je suis effrayé », dit-il dans ce même discours – le gouvernement et ses collègues de la Chambre pour qu'ils en prennent au moins conscience, conservent ou cherchent à acquérir un minimum de contrôle sur cette finance internationale. Le pouvoir politique ne doit pas s'effacer devant elle, au risque d'être instrumentalisé et de conduire à la catastrophe. De même, son intérêt, sa confiance, son espoir dans le « progressisme » américain, sa sympathie foncière pour la grande démocratie, ne doivent pas être assimilés à un optimisme foncier ou à un aveuglement béat. Il décrit avec une lucidité qu'il serait plaisant de vouloir transposer à d'autres époques, voire à d'autres pays, les transformations du monde économique au début du siècle :

> « la politique des grands organisateurs de trusts américains, c'est de passer du trust national au trust international, c'est d'avoir supprimé la concurrence dans la limite des États-Unis, de la supprimer au dehors. Et comment ? En commençant à pénétrer, par des achats d'actions, dans les entreprises étrangères. Ces achats se font petit à petit, doucement, mystérieusement, de telle sorte que l'opinion ne soit pas avertie. Un jour vient où les capitaux américains, directement ou avec des personnes interposées, ont la majorité dans l'affaire ; et, ce jour-là, l'affaire est conduite de telle manière, ou qu'elle soit obligée de se truster avec les syndicats déjà constitués en Amérique, ou qu'elle fasse aux industries restées indépendantes au dehors, par

[22] Discours à la Chambre des députés, séance du 26 janvier 1911, extraits cités dans Jean Jaurès, *« L'Intolérable »*, Gilles Candar, (éd.), Les éditions ouvrières, Paris, 1984, p. 126-132.

> l'abaissement systématique des prix (...) une situation telle que les industries du dehors indépendantes soient obligées de succomber »[23].

Le raisonnement de Jaurès cherche toujours à prendre le sens du mouvement, à concilier aussi bien les perspectives socialistes à long terme que les évolutions, voire les simples aménagements ou améliorations du court terme, pas seulement dans une perspective de réformisme social, il se préoccupe de son pays dans sa globalité, de ses intérêts économiques, matériels et moraux. Il ne réduit jamais ses horizons au seul prolétariat, mais considère celui-ci comme l'agent décisif d'un progrès historique, aux limites de la nation progressivement élargies à celles de l'humanité. Le député de Carmaux se bat pour une société plus forte, notamment pour les catégories populaires, mais sans exclusive : amélioration des salaires, moindre journée de travail (les dix heures obtenues en 1900, puis l'horizon des huit heures dans une semaine de six jours), la mise en place de retraites ouvrières et paysannes[24], le développement de l'hygiène, des sports, d'un habitat salubre, de l'instruction et de loisirs récréatifs et, enfin, d'un vaste système d'assurance sociale contre les risques de chômage, de vieillesse, d'accident ou de maladie. Ces mesures ne préparent pas seulement un changement social d'envergure du régime de la propriété, elles constituent un moyen d'accroître la force et le rayonnement du pays... Il est même saisissant de voir Jaurès s'investir à ce point dans les questions de défense nationale, y compris les plus techniques. Il s'inscrit à la commission de la guerre et s'y montre assidu, passe de longues heures à préparer son livre sur *L'Armée nouvelle*, s'entretient avec le capitaine Gérard et d'autres officiers républicains[25], dans la mouvance ou non du parti socialiste.

Il faut toujours voir Jaurès dans sa globalité. Ce dirigeant socialiste et internationaliste est aussi un homme d'État, comme l'a souvent expliqué l'historien Vincent Duclert[26]. Certes, il ne gouverne pas. Mais il est une puissance politique personnelle, en partie par son propre rayonnement, mais aussi, comme il l'explique, parce qu'il ne se réduit pas à lui-même, mais qu'il est susceptible d'entraîner un parti actif et puissant : des élus, jusqu'à cent députés dans la Chambre de 1914, des militants, présents dans le monde syndical, coopératif et associatif, souvent relais d'opinion eux-mêmes, des

---

[23] *Ibid.*

[24] Gilles Candar et Guy Dreux, *Une loi pour les retraites : débats socialistes et syndicalistes autour de la loi de 1910*, Le Bord de l'eau, Lormont, 2010.

[25] Gilles Candar et Christophe Prochasson, « Jaurès et le milieu des officiers républicains », Colloque Jaurès et la défense nationale, 22 et 23 octobre 1991, *Cahier Jaurès* 3 / *Bulletin de la SEJ*, 130, octobre-décembre 1993.

[26] Vincent Duclert, *Jean Jaurès. Combattre la guerre, penser la guerre*, Paris, Fondation Jean Jaurès, « Les essais », 2013 et *Jaurès. La République*, Privat, Toulouse, 2014.

sympathisants à la hauteur d'une formation qui rassemble entre 12 et 17 % des suffrages selon les cas, susceptibles de représenter une France jeune, dynamique, capable de peser sur la vie sociale et économique du pays. Ainsi, la stratégie de lutte contre la guerre de Jaurès ne se réduit pas à sa seule action au sein du parti socialiste et de l'Internationale. En tout cas, cette action doit se voir aussi comme un moyen de pression sur le gouvernement, sur les autres forces politiques et sociales qui ne constituent pas un bloc indistinct et uniforme. C'est pourquoi Jaurès, après quelques moqueries initiales, suit de près les conférences internationales en faveur de l'arbitrage. Il soutient parfois publiquement, dans d'autres cas plus discrètement, les efforts du sénateur Paul d'Estournelles de Constant[27]. Il compte bien combiner l'action ouvrière et socialiste avec celles d'autres forces : la démocratie radicale en France, par exemple, mais non exclusivement, le libéralisme britannique de la grande tradition jadis illustrée par Gladstone, qui revient au pouvoir en Grande-Bretagne à la fin de 1905, mais aussi le progressisme américain qui influence alors (localement, mais aussi au sein des administrations Roosevelt et Wilson notamment) bien des secteurs se rattachant autant au parti démocrate qu'au parti républicain...

La stratégie de Jaurès est complexe, mais elle n'est pas dissimulée. Il l'expose à maintes reprises, par exemple à l'occasion de son discours sur la ratification des accords franco-allemands à propos du Maroc et du Congo. C'est pourquoi, lors de la crise fatidique de juillet 1914, Jaurès s'efforce toujours de tenir les divers bouts de la chaîne : participation à la réunion du Bureau Socialiste International de Bruxelles le 29, avancée du congrès international déplacé à Paris et prévu pour le 9 août, pressions pour faire agir la social-démocratie, mais aussi espoir dans une politique de médiation que pourrait tenter le président américain Woodrow Wilson.

Les choses vont néanmoins alors très vite, beaucoup plus que ne l'imaginait Jaurès, et si on ne peut qu'être étonné, avec l'historien Gerd Krumeich, que personne alors ne formalise l'idée d'un recours auprès du tribunal international de La Haye, il faut bien se résoudre à ne jamais connaître ce qu'aurait écrit exactement le directeur de *L'Humanité* au soir du 31 juillet et tenté le lendemain... Il est seulement permis et nécessaire de réaffirmer que, de toute façon, cela se serait situé dans le respect de la double exigence qu'il avait maintes fois formulée.

---

[27] Raymond Huard, « Jaurès et d'Estournelles de Constant. Histoire d'une rencontre atypique », *Cahiers Jaurès*, 211, janvier-mars 2014 et Stéphane Tison (dir.), *Paul d'Estournelles de Constant. Concilier les nations pour éviter la guerre (1878-1924)*, Presses universitaires de Rennes, Rennes, 2015.

Au-delà de certains emballements rhétoriques, il semble peu contestable que cette synthèse jaurésienne demeure la clef de voûte de la pensée de gauche dans le domaine : paix entre les peuples et indépendance nationale, aspirations le plus souvent convergentes ou conciliables, mais hélas pas toujours, ce qui fonde le caractère tragique de l'histoire.

Gilles CANDAR
Président de la Société d'études jaurésiennes

BOURGUIBA ET LA CONSTRUCTION DE LA NATION TUNISIENNE : ANALYSE CRITIQUE

> « D'une poussière d'individus, d'une mosaïque de tribus et de villages, j'ai créé une Nation moderne fière de son passé et confiante dans son avenir ».
>
> Bourguiba, 1978

Bourguiba est considéré par l'histoire officielle comme le fondateur de la Nation tunisienne. Ayant gouverné la Tunisie de 1956 à 1987 en despote éclairé, il n'a eu de cesse d'œuvrer à la construction d'une nation moderne[1], et ce en dépit des obstacles historiques, culturels et politiques rencontrés, notamment le nationalisme arabe de Nasser[2]. Le projet de faire de la Tunisie une nation moderne, ouverte sur le monde, la scolarisation universelle mise en place depuis 1958, l'ont aidé néanmoins à réaliser cet ambitieux dessein. Et si la Tunisie a su plus que les autres pays arabes, réussir sa révolution (janvier 2011) et sa transition démocratique, c'est un peu parce que les Tunisiens ressentent fortement qu'ils appartiennent à une nation qu'il faut défendre malgré les vicissitudes.

Cette communication, dédiée au rôle de Bourguiba dans la construction de la nation tunisienne moderne, abordera les points suivants :

- la « Nation » tunisienne sous la colonisation ;
- l'entreprise de Bourguiba : construire une nation moderne ;

---

[1] Jean Rous, *Bourguiba : l'homme d'action de l'Afrique*, Jean Didier, Paris, 1975 ; Félix Garas, *Bourguiba et la naissance d'une nation*, Julliard, Paris, 1960 ; Ahmed Chabchoub, *Bourguiba et moi*, Tunis, MTL, 2014.

[2] Nasser voulait créer une entité supra-nationale : *la République Arabe Unie*, qui regrouperait tous les pays arabes, du Golfe à l'Atlantique. Cette utopie n'a jamais vu le jour, parce qu'elle était irréaliste. Une nation est une communauté humaine ayant conscience d'être unie par une identité historique, culturelle, linguistique ou religieuse. En tant qu'entité politique, la nation, qui est un concept né de la construction des grands États européens, est une communauté caractérisée par un territoire propre, organisée en État. Elle est la personne juridique constituée des personnes régies par une même constitution.

- les obstacles rencontrés par Bourguiba dans la construction de la nation ;
- l'islamisme radical et le déni actuel de l'État-nation.

La nation tunisienne sous la colonisation

La nation est une idée moderne, apparue au XIXe siècle, dans le sillage de la formation des États-nations en Europe (France, Allemagne, Italie...). Le meilleur théoricien du concept de nation fut sans conteste Ernest Renan, qui nous a laissé le fameux article « Qu'est ce qu'une nation » (1882), dont Bourguiba allait beaucoup s'inspirer[3]. Dans « la société tunisienne » d'avant le XIXe siècle, il n'était pas approprié de parler de nation tunisienne. La seule nation dont parlaient les intellectuels et les juristes de l'époque, c'était la nation musulmane.

À la fin du XIXe siècle, le colonialisme français (1881-1956) nous a apporté dans ses valises la modernité, mais il a oublié de nous inculquer la notion de *nation*, pourtant très française, et ce pour des raisons évidentes. C'est ainsi que les manuels scolaires coloniaux qualifiaient les Tunisiens de « poussière d'individus », et non de nation tunisienne.

Dans l'administration et les statistiques officielles[4], le Tunisien était appelé « musulman », par rapport à l'Israélite. Les Européens, très nombreux dans les villes, étaient en revanche désignés par leur nationalité[5] : les Français, les Italiens, les Maltais, les Grecs...

Dans les livres d'histoire, on trouvait très peu d'informations sur le passé de la Tunisie, à l'exception de la période romaine. En revanche, on apprenait aux jeunes Tunisiens que leurs « ancêtres étaient des Gaulois » et que Charlemagne avait créé l'école...

Il était également interdit d'accrocher le drapeau tunisien sur les bâtiments publics et de le brandir dans la rue. En un mot, la colonisation a tout fait pour empêcher l'émergence de la nation tunisienne, et ce pour les raisons les plus évidentes[6].

Cette situation a perduré jusqu'en 1956, date de l'indépendance de la Tunisie.

---

[3] Cf *infra*.
[4] Étienne Gau, *L'œuvre scolaire de la France en Tunisie*, Imprimerie moderne, Tunis, 1936.
[5] Il est à noter ici que le terme « nationalité » a été traduit (au début du XXe siècle) par l'Académie arabe du Caire par « *Jensia* », ce qui veut dire « genre d'hommes ».
[6] Charles-André Julien, *Histoire de l'Afrique du nord*, Gallimard, Paris, 1992.

L'entreprise de Bourguiba

Pour lancer le mouvement national tunisien, en 1934, Bourguiba, qui a fait des études supérieures poussées à Paris[7], n'avait aucun levier pour réveiller le peuple et le rallier à la cause de l'indépendance nationale. C'est pour cela que nous le voyons utiliser la seule notion qui avait alors du sens pour le peuple tunisien : *la nation musulmane*. Son argumentation de l'époque était efficace car elle jouait sur une dichotomie très mobilisatrice (musulman / chrétien) : nous sommes musulmans et nous appartenons à la nation musulmane ; nous devons nous libérer du joug des Français, qui sont chrétiens. Et cela a fonctionné.

Il faut attendre 1956, date de l'indépendance de la Tunisie, pour voir Bourguiba utiliser l'expression de « nation tunisienne » dans ses discours[8]. Ayant lu Renan, Bourguiba va travailler sur les deux fronts constitutifs de la nation : faire prendre conscience aux Tunisiens qu'ils ont un passé commun riche de 3.000 ans d'histoire et mettre en place un projet de société moderne. Pour construire la nation, Bourguiba, qui a maintenant les mains libres, va utiliser trois leviers essentiels : l'École, la pédagogie (explication de son programme à la Radio) et l'action politique. Il va également utiliser les symboles de la souveraineté nationale, comme le drapeau, la constitution[9], la carte d'identité nationale, la nouvelle monnaie, le service national..., pour convaincre les Tunisiens qu'ils appartiennent tous à une seule et même nation et qu'il faut travailler pour la relever.

L'École

En arrivant au pouvoir en 1956, Bourguiba trouve un pays quasi analphabète, avec un taux d'illettrisme égal à 85 %. L'École ne recevait que 10 % des enfants. La campagne et la femme n'étaient pas scolarisées... Sa première priorité a donc été d'envoyer tous les enfants en classe. Lisons ce qu'il disait de l'importance de l'École, en 1958 :

---

[7] Bourguiba a fait ses études juridiques à la Sorbonne et à l'École des Hautes études politiques (sciences politiques), de 1924 à 1929.

[8] En plus des discours publics, généralement en plein air, Bourguiba prononçait à la Radio un discours par semaine, pour expliquer au peuple un thème de son programme. Il parlait en tunisien vernaculaire pour se faire comprendre par le peuple, majoritairement analphabète à l'époque.

[9] Le premier article de la constitution de 1959 fait de la Tunisie un État « libre, indépendant et souverain » ; l'islam est élevé au rang de religion d'État et l'arabe au rang de langue officielle. La république est choisie comme son régime politique. L'article 2 proclame son rattachement au « Grand Maghreb Arabe » et sa volonté de participer à son unification. Aucune allusion à la Nation arabe que défendait à l'époque Nasser.

> « L'éducation est l'une des tâches les plus urgentes et les plus impérieuses de l'État tunisien moderne. Elle est la base sur laquelle reposent toutes les autres actions de développement du pays » (Bourguiba, 1958).

Et c'est à travers l'École qu'il va faire passer auprès des enfants cette idée complexe de nation. À travers la géographie d'abord : nous appartenons tous à la carte de la Tunisie, mais aussi à travers l'enseignement de l'histoire de la Tunisie aux enfants : ses poètes, ses penseurs, ses hommes illustres...

Le service militaire

En créant l'armée tunisienne en 1958, Bourguiba institue un service national de deux ans. À la Radio, il explique que, contrairement à la conscription française de quatre ans qui envoyait nos enfants combattre en Indochine, en Europe et en Afrique, le service national était au service de la nation tunisienne. Nos enfants doivent protéger leur pays des agressions extérieures. « C'est pour cela », conclut-il, « que je demande aux mamans de pousser des youyous quand le camion de l'armée viendra prendre leur enfant ».

La carte d'identité nationale

En l'imposant à tous les Tunisiens, Bourguiba va consolider chez eux leur sentiment d'appartenir à une seule nation, indépendante et souveraine.

La langue arabe

Élevée au statut de langue officielle par la constitution de 1958, elle va, à travers l'École, la Radio, la TV, supplanter le berbère jusqu'à le faire disparaître complètement[10]. Maintenant, tout Tunisien peut communiquer avec ses compatriotes en arabe.

Par ailleurs, l'hymne national, la monnaie nationale, les nouvelles armoiries, la notion de citoyen[11], sont autant de symboles que Bourguiba va mettre en place et expliquer via la Radio, pour consolider chez les Tunisiens l'idée d'appartenir à une nation indépendante et souveraine.

---

[10] Un collègue du sud, berbérophone, rencontré sur les bancs de l'ENS de Tunis, me racontait qu'il avait appris l'arabe à l'école, comme une langue étrangère.

[11] En arabe, il n'y a pas de mot pour désigner le citoyen. Le vocable « *mouwatene* » signifie, en fait, concitoyen (celui qui partage le pays avec vous).

Un projet commun

Pour ce qui est de l'avenir, Bourguiba élabore pour les Tunisiens un projet mobilisateur pour développer le pays et améliorer les conditions de vie des citoyens : il s'agit de construire une société moderne, instruite, ouverte sur le monde, notamment sur le monde occidental, instruite par les sciences et les techniques, ayant avec la religion des rapports très rationnels. Dans cette société, la femme aura une place de citoyenne à part entière[12].

Bourguiba utilisait souvent l'expression « rattraper les pays avancés » pour résumer son projet. Lisons, à titre d'illustration, ce passage où Bourguiba explique la place et le rôle de la raison, en bon adepte de la philosophie des Lumières, dans la restructuration de la société tunisienne :

> « Dès le commencement de notre action de réforme de la société tunisienne, nous nous faisions un strict devoir d'observer rigoureusement les impératifs de la raison et de nous conformer à ses seules directives. Nous en faisions notre guide dans l'appréciation des faits et l'élaboration des plans d'action ; et nous exhortons nos concitoyens à ne jamais s'écarter des voies de la raison. Ainsi, c'est la raison qui nous conduit à reconnaître le rôle du confort matériel dans toute civilisation et nous impose de donner à cet élément toute son importance dans toute une œuvre de rénovation de la société. Il en découle que nous devons recourir aux sciences et aux techniques que la raison humaine a découvertes et aux méthodes de recherche modernes inventées à cet effet… » (Discours du 25/8/1961).

La pédagogie

Mais il ne suffit pas d'avoir un projet pour la Tunisie, aussi moderne soit-il, encore faut-il l'expliquer aux Tunisiens et les en convaincre. Dès 1956, Bourguiba va trouver la formule : *faire de la pédagogie*. Il va expliquer aux Tunisiens les éléments de son projet pour obtenir leur adhésion au programme social moderne qu'il leur propose. Ainsi, il passe à la radio, tous les vendredis, de 13h à 14h[13], pour expliquer un thème de son programme à ses concitoyens. Pour y parvenir, il s'adresse au peuple en tunisien parlé, utilise des métaphores, des proverbes..., pour s'assurer que son message passe bien[14].

Voici, à titre d'exemple, un passage où Bourguiba explique à ses concitoyens l'intérêt d'adopter le Planning familial :

---

[12] Chedi Klibi, *Bourguiba et la radioscopie d'un règne*, Demeter, Paris, 2012.

[13] L'heure où l'imam fait son prêche à la Mosquée. Il fallait choisir entre Bourguiba et l'imam.

[14] Ahmed Chabchoub, « Le printemps arabe : analyse critique de l'expérience tunisienne » *Interstices*, Université d'Amiens, 2014.

> « Mes chers concitoyens,
>
> Je vais vous expliquer aujourd'hui l'intérêt d'adopter le Planning familial. Vous allez voir, c'est très simple. Quand une famille a deux ou trois enfants, elle peut bien les nourrir, leur acheter de la viande, du lait, des fruits. Elle peut aussi bien les habiller pour aller à l'école. Elle *peut leur acheter les livres et les cahiers pour bien étudier... Elle peut* surtout bien s'occuper d'eux, pour leur apprendre les bonnes manières, la politesse, leur donner une éducation morale et sociale, nécessaire à leur développement harmonieux. Mais quand vous avez 10 ou 12 enfants, comme c'est le cas aujourd'hui, vous ne pouvez rien faire de bon avec eux. Vous serez même dépassés et vous raterez leur éducation » (9/4/1959).

Les obstacles

L'action de Bourguiba pour construire – avec les Tunisiens – la nation tunisienne ne s'est pas faite sans embûches[15]. Nous allons revenir sur les plus importantes.

Le poids de l'histoire

Depuis les Ottomans (XVIe siècle), le territoire tunisien était appelé Tunis, du nom de sa capitale. Aussi parler de « Tunisien » désignait plutôt l'habitant de Tunis. Le Tunisien qui habitait Sfax s'appelait « Sfaxien ». Il n'y avait donc pas de nom générique pour cimenter les différentes composantes de la Tunisie et en faire une nation. Et l'analphabétisme qui régnait dans le pays ne facilitait pas les choses[16]. Sur le plan administratif, la Tunisie s'appelait « Régence de Tunis », accentuant ainsi l'amalgame entre la capitale et l'ensemble du pays. Il fallut attendre l'arrivée des Français pour voir apparaître l'appellation *Tunisie*.

Bourguiba devait imposer à l'administration l'appellation « République tunisienne »[17], pour signifier aux Tunisiens qu'ils appartenaient tous au même pays et, donc, à la même nation[18].

Le juif tunisien est-il un Tunisien ? Fait-il partie de la Nation tunisienne ? Pour Bourguiba, les juifs tunisiens font, sans aucun doute, partie de la nation, au moins parce que la plupart d'entre eux habitent la Tunisie depuis la plus haute Antiquité (pensons à la Kahena, aux Juifs de Djerba, venus en 365 av. J.-C.). Il avait d'ailleurs nommé en 1956 deux ministres

---

[15] Sophie Bessis, Souhayre Belhassen, *Ma vie, mes idées, mon combat*, Jeune Afrique, 1989, rééd. Elzyad, 2012.
[16] Pierre-Albin Martel, *Habib Bourguiba, un homme, un siècle*, Medi, Paris, 1999.
[17] Pour la Poste, il était impératif de mettre en fin d'adresse la mention « République tunisienne », sous peine de voir son courrier ne jamais parvenir au destinataire.
[18] Michel Camau (éd.), *Bourguiba, l'héritage et la trace*, Edisud, Nîmes, 2005.

juifs, très compétents en économie. Mais la guerre israélo-palestinienne de juin 1967 et le pogrom qui l'a suivie à Tunis et à Djerba allaient réveiller les vieux démons des Tunisiens. Bourguiba intervient le soir même à la TV pour rappeler à tous la « tunisianité » des juifs[19].

La Nation arabe

Un autre obstacle est venu entraver l'entreprise de Bourguiba, le « nationalisme arabe » ambiant. C'est une idéologie née au Moyen-Orient (Égypte, Syrie, Irak, Algérie...) et dont le défenseur le plus dynamique fut le Président égyptien Nasser. Construit sur une utopie historique, le Califat arabe allant du Golfe à l'Atlantique, qui n'a, en fait, jamais existé, le nationalisme arabe défendait l'idée d'unir tous les pays arabes en une seule entité : *la nation arabe*. Une telle idéologie allait à contre courant de la définition que donnait Renan de la nation[20] et risquait de faire obstacle à l'entreprise très « renanienne » de Bourguiba[21]. Après la mort de Nasser, en 1970, Kadhafi devait prendre la relève du nationalisme arabe, avec des tentatives d'union, qui ont très vite échoué. Le chaos qui règne actuellement en Libye s'explique en partie par l'absence de sentiment d'appartenance à une nation libyenne.

L'islamisme et l'État-nation

Qu'en est-il aujourd'hui de la Nation, en Tunisie et dans le monde arabe ?

En Tunisie, les cinquante dernières années nous ont permis, grâce, notamment, à l'initiative de Bourguiba, mais aussi à la scolarisation universelle et à l'éducation de la femme, de construire la « nation tunisienne » dans l'esprit d'une grande majorité de Tunisiens[22]. La transition démocratique réussie (2011- 2014) l'a bien démontré.

Mais l'arrivée de l'islamisme radical, dès la fin des années 1990, allait venir perturber cette fragile construction.

Rappelons que, pour l'islamisme radical (Al Qaida, Daech...), l'État-nation est une invention occidentale qui n'est pas adaptée aux sociétés musulmanes. Pour ces dernières, c'est le Califat, un État supranational, qui est à leurs yeux le mieux adapté. Le Califat est un mythe historique que la

---

[19] Sans grand succès, puisque les guerres israélo-palestiniennes ont vidé la Tunisie de ses Juifs. Voir Paul Sebag, *Histoire des Juifs de Tunisie*, Gallimard, Paris, 1991.

[20] Ernest Renan, *Qu'est-ce qu'une nation? Et autres essais politiques*, J. Roman, (éd.) Poche, Paris, 1988. https://archive.org/stream/questcequunenat00renagoog#page/n1/mode/1up.

[21] Cela n'empêcha pas la constitution d'un parti nationaliste, formé pour la plupart par les ex étudiants tunisiens ayant fréquenté les universités du Caire, de Damas et de Bagdad.

[22] À l'exception des islamistes qui prônent le Califat (une supra-nation).

culture arabo-musulmane reprend de siècle en siècle et qui consiste à croire (à tort) qu'un Califat islamique regroupant tous les musulmans du monde a existé au Moyen Âge. Le mythe entretient aussi l'idée que les musulmans ont dominé le monde quand ils étaient unis par le Califat[23]. La décadence actuelle des musulmans procéderait alors de leur désunion... Tous ces mythes fonctionnent et réussissent à convaincre un nombre de plus en plus grand de musulmans, étant donné l'analphabétisme qui règne dans nos sociétés[24], le blocage politique qui marque la plupart des systèmes en place et le nombre de plus en plus grand des déçus de la modernité (et de l'Occident). C'est ainsi que les islamistes peuvent aujourd'hui recruter de jeunes combattants et les enrôler soit dans le terrorisme urbain, soit dans la guerre sainte (Irak, Syrie...), sans grande difficulté[25].

Cette idéologie moyenâgeuse est de nature à bousculer la notion, ô combien fragile, d'État-nation dans les pays du Moyen-Orient. Ce qui se passe actuellement en Afghanistan, en Irak, en Libye, en Syrie et au Yémen illustre bien nos propos. La Tunisie a connu, elle aussi, un petit frémissement lors du passage des islamistes au pouvoir (2012-2014), mais les choses ont semblé revenir à la normale avec l'arrivée au pouvoir, en 2015, d'un parti laïc s'inspirant beaucoup de l'idéologie bourguibienne, qui semble ramener le débat à ses termes originels, c'est-à-dire bourguibiens.

En témoigne l'article premier de la nouvelle constitution (janvier 2014), qui reprend presque terme à terme la Constitution de 1959 (inspirée par Bourguiba) :

> « La Tunisie est un État libre, indépendant et souverain, l'islam est sa religion, l'arabe sa langue et la République son régime. La Tunisie est un État à caractère civil, basé sur la citoyenneté, la volonté du peuple et la primauté du droit ».

Le travail accompli par Bourguiba pour construire la nation tunisienne semble avoir réussi, aidé en cela par le travail de scolarisation tous azimuts qui l'a accompagné. La réussite de la transition démocratique (2011-2014) en est un peu la preuve *a posteriori*. Comparée à la Libye ou au Yémen par exemple, où ce travail de construction de la nation n'a pas été fait, la Tunisie semble constituer une exception, dans ce domaine comme dans beaucoup d'autres, l'émancipation de la femme par exemple.

---

[23] L'État Islamique en Irak et au Levant, Daech, rêve de restituer ce Califat et son idéologie unioniste semble fonctionner auprès des jeunes (même les plus cultivés), qui sont de plus en plus nombreux à rejoindre ses rangs.

[24] Dans le monde arabe, 75 % des adultes sont analphabètes, avec une accentuation du taux chez les femmes (Alecso, 2014).

[25] Un terroriste de Daech peut nuire à son pays, à sa nation, pour instaurer le Califat.

Bourguiba a accompli ce travail immense en despote éclairé (méthode *top-down*), c'est-à-dire sans y faire participer le peuple.

Mais nous ne sommes pas à l'abri des accidents de parcours. Étant de constitution relativement récente, la « nation tunisienne » peut être perturbée par des « idéologies supranationales » datant d'un autre temps, comme l'islamisme. C'est pour cela que la société civile, qui s'est beaucoup développée après la révolution de 2011, doit être vigilante pour combattre toute tentative visant à nous faire retourner en arrière.

Ahmed CHABCHOUB
Université de Tunis

PRINTEMPS ET DÉSILLUSIONS : COMMENT ÉCHAPPER AU CHAOS ?[1]

Je viens vers vous pleine des voix que j'ai rencontrées il y a tout juste deux semaines, chez moi, à Djerba. Que dit la majorité de la rue en Tunisie, plus précisément à Djerba, comment voit-elle les choses ? Le chauffeur de taxi qui m'a conduite ce 12 novembre [2015] m'a déclaré n'avoir jamais été pessimiste mais que, là, les temps étaient et allaient être durs. « Quand il y a la crise, la dèche, à Djerba, le seul qui fasse encore rentrer de l'argent est celui qui tient un café où les hommes se regroupent. Mais même lui n'a plus de clientèle ». Puis, il a ajouté : « ça va être la période des grands vols. Il va falloir se protéger ».

Que reste-t-il à la jeunesse tunisienne ? De quoi peut-elle rêver ? La jeunesse citadine militante et porteuse de prouesses urbaines, mais aussi cette jeunesse rurale plus confinée, moins rassurée, qui est allée à l'école et à l'université mais qui se retrouve sans travail, sans avenir ? Comment ne pas sombrer dans le désespoir quand l'horizon se bouche et qu'il ne vous reste que la possibilité de prier pour survivre, de prier pour garder un peu d'espoir ?

Il y a en Tunisie deux visages qu'il faut prendre en considération.

– Celui d'une élite généralement citadine, ouverte et imprégnée d'un idéal de vie plus ou moins occidentalisé. C'est cette élite active qui fait progresser les valeurs de démocratie, travaillant à imposer l'idée de société civile et la notion de citoyen pour remplacer celle de sujet tacite, imposée d*e facto* par une longue dictature. C'est cette masse qui résiste, qui poursuit une lutte acharnée contre le règne des ténèbres et de la barbarie. C'est cette élite qui traîne dans son sillage

---

[1] En l'absence d'Ahmed Chabchoub, qui n'a pu répondre à l'invitation de ces Rencontres, la France ayant refusé de lui accorder un visa, mais qui nous a envoyé l'intervention qu'il avait préparée, je voudrais me faire le truchement de la voix du peuple, une part, en tout cas, de cette voix, avec son ignorance rafraîchissante, sa sagesse obsolète dans ces temps nouveaux et sa léthargie imposée par la disparition d'une agriculture maraîchère et par la mort du tourisme, programmée par Daech.

une partie du peuple des humbles pour refuser le maintien de la subordination, qu'elle soit politique ou religieuse.

Le prix Nobel[2] vient certainement de consacrer la lutte sans relâche de cette partie du peuple tunisien : son élite politique, syndicale, intellectuelle et artistique, car c'est une élite qui croit en cette Tunisie héritée de l'ère de Bourguiba avec une occidentalisation assumée de certaines de nos institutions, avec une place accordée à la femme plus conséquente que dans les autres pays arabes. C'est cette élite qui est et sera présente aux Journées Cinématographiques de Carthage dans une Tunisie en état de couvre-feu. C'est également cette élite qui, à chaque attentat, sur les plateaux des télévisions tunisiennes, s'exerce à l'expression, à la démocratisation de ses questionnements et livre une analyse des situations.

– De l'autre côté, une grande partie du peuple est plongée dans la misère, le chômage et le confinement volontaire qu'imposent les lois implacables des répartitions géographiques (villes / régions rurales) et économiques (richesse / pauvreté). À ces clivages, je ne peux ajouter le discriminant diplômés / non diplômés puisque ce critère n'est plus opérant dans la mesure où nombre de diplômés se retrouvent marginalisés, privés de travail comme de toute présence sur l'échiquier social. Une situation qui provoque des cas de radicalisation, de dépression et, même, d'aliénation. Une situation qui a produit les événements de décembre 2006 pendant lesquels, à Tunis, un groupe de terroristes universitaires en rupture de ban s'est déchaîné. Ces semi-lettrés frustrés sont la conséquence directe d'une société dont la carence, tant sociale qu'économique, renforce l'engagement terroriste de ces jeunes.

Paradoxalement, cette jeunesse tunisienne, rurale comme citadine, malgré sa pauvreté intellectuelle et économique, est une jeunesse connectée, indéfiniment connectée : Facebook et autres réseaux sociaux sont partie intégrante de ce processus accru de marche à la mondialisation. Par là, elle participe activement au rapprochement des hommes et à l'expansion des échanges et des interactions humaines. Mais cette jeunesse portée par le désespoir de l'impasse du présent et tiraillée entre ses différentes injonctions, comme l'analyse Daryush Shayegan dans *Le Regard mutilé*[3], ne peut, faute d'esprit critique, que se replier sur une unique valeur-refuge : la religion.

Avant la vogue de Facebook, Twitter et des blogs et dans le désert intellectuel engendré par vingt ans de dictature, la première ère de

[2] Attribué, en 2015, au quartette tunisien pour le dialogue national.
[3] Daryush Shayegan, *Le Regard mutilé*, Albin Michel, Paris, 1989.

dépersonnalisation s'est manifestée par l'invasion des paraboles satellites qui permettait d'« avoir le monde chez soi », comme dit la rue tunisienne. Des feuilletons mexicains et films indiens, le glissement s'est progressivement fait vers des chaînes de radicalisation qui diffusent des prêches contre l'Occident, « *L'Occident envahisseur* », nés du ressentiment et des frustrations. D'une position de spectateur nourri par ces discours devant son écran, d'aucuns peuvent en venir à un rôle d'acteur sur la toile.

Cette jeunesse radicalisée est le résultat d'une rencontre entre deux mondes : le wahhabisme sunnite et l'américanisation du monde, à travers l'idée de la planète-village qu'Internet incarne formidablement. En l'absence d'exercice de l'esprit critique, le positionnement ne peut que s'opérer dans l'espace ouvert par différents placages : modernité plaquée sur un mode de vie traditionnel ou tradition plaquée sur un mode de vie occidental, dans l'un et l'autre cas, l'impasse est au bout.

Voilà, pour moi, le résumé de la situation : une minorité représentant l'élite et une majorité exaspérée et prête à tous les sillages.

Alors, peut-on parler encore de la nation Tunisie, quand notre terre et nos banques sont vendues par lopins aux riches de ce monde ? Le peuple tunisien, dans la simplicité de son analyse, dit qu'on est en train de vendre la Tunisie. Rappelons-nous du procureur général du Qatar, Ali Ben Fetaïs Al-Marri, remettant au président tunisien un chèque de 28 millions de dollars, montant censé compenser l'argent que Leïla Ben Ali aurait détourné au Liban[4]. Croyons-le ou non. Quelles pressions et quelles attentes en découlent, quand le Qatar prête 500 millions de dollars à la Tunisie, le 20 novembre 2013, « afin de renforcer les réserves de devises de la Tunisie » ?

Depuis sa révolution de 2011, la Tunisie est confrontée à un essor de la mouvance djihadiste, en particulier dans les régions frontalières de l'Algérie et de la Libye. Des dizaines de policiers et de militaires ont été tués. C'est mettre en évidence une vulnérabilité, puisque les frontières, en dépit des contrôles, sont poreuses, laissant pénétrer sur le territoire des individus indésirables, nuisibles à la sécurité des Tunisiens.

Peut-on encore parler de « souveraineté » quand on sait que l'explosion de la situation en Libye draine une population en fuite qui, par les habitudes de son mode de vie jusque-là financé par l'argent du pétrole, participe à la cherté de la vie, du moins dans le sud tunisien ? Nourriture, loyers, achats immobiliers, les prix flambent dans les zones concernées. La rue tunisienne le dit haut et fort : « on ne peut plus rien manger avec eux. Tout flambe, la nourriture, les loyers, l'immobilier ». Le peuple tunisien

---

[4] *Le Monde*, 11 avril 2013.

tourne à la xénophobie, au sens étymologique d'hostilité et de crainte du voisin étranger.

La Tunisie vient d'ailleurs, après le dernier attentat qui a frappé, en plein Tunis, un bus de la sécurité présidentielle[5], d'annoncer la fermeture de ses frontières avec la Libye pour 15 jours. Rappelons que Daech recrute dans le sud tunisien. L'argent du pétrole sert à proposer des sommes faramineuses pour que les jeunes rejoignent les rangs du Djihad.

Sans compter que l'Algérie représente aussi, par ses djihadistes qui se trouvent sur le territoire tunisien, le retour en activité d'une autre source de menace : la date, le mode opératoire (explosion), la cible (un bus), tout avait été annoncé 48 heures avant l'événement sur la page Facebook du « géant algérien », connu pour relayer les intentions terroristes.

Nous sommes confrontés à cette notion de dissémination dont parle Abdelwahab Meddeb à propos des frappes de l'État islamique et de la mondialisation de la terreur, dans ce mois de novembre 2015 où plusieurs pays ont été frappés : le Liban, la France, la Tunisie, le Mali, d'autres encore, imposant d'interroger les concepts de déterritorialisation (Gilles Deleuze) et de dissémination (Jacques Derrida), qui informent sur les modalités d'action des djihadistes.

Reste un espoir : le peuple tunisien est un peuple de rencontres et de cohabitation, et ce depuis la nuit des temps où il a vu passer les Phéniciens, Ulysse, les Normands, les Romains, les Arabes, les Juifs[6]..., présence multiple en héritage, forte d'un vécu en partage que la barbarie et l'obscurantisme ne peuvent ensevelir. Le souvenir de Palmyre résonnera malgré la destruction de Palmyre.

Aussi laisserai-je le dernier mot, « Vouloir Vivre » (*Iradat Ul-hayat*), à Abou el Kacem Chabbi, dans un poème de 1933 :

« S'il arrive au peuple un jour de vouloir vivre,
Il faudra bien que le destin réponde
Il faudra bien que s'ouvre la nuit
Il faudra que cèdent les chaînes.
Celui que le désir de vivre n'a pas étreint à bras le corps
S'évapore et disparaît au grand ciel de la vie.
Ainsi m'ont dit les êtres, tous les êtres.
Ainsi m'a parlé leur esprit caché.
Au sommet des montagnes, au plus secret des arbres,
Dans la mer déchaînée, écoute murmurer le vent :

---

[5] Le 24 novembre 2015.
[6] La synagogue de Djerba est le lieu d'un pèlerinage annuel.

"Que je me tourne vers un lieu du monde,
Et je m'habille d'espoir, et me dépouille de prudence.
Je ne crains la rigueur des sentiers, Ni le feu plus altier.
Refuser la montagne haute,
N'est-ce point vivre, à jamais, au fossé ?" ».

Lobna MESTAOUI
Université Paris-Est Créteil
EA LIS 4395

La nation et l'indépendance algérienne

On m'a demandé d'intervenir sur la relation entre la nation, moyen d'émancipation de la domination étrangère, et le retour contraint au principe de la domination. En fait, quand on parle de cette partie de notre histoire commune, de la relation entre l'Algérie et la France, seul le contexte historique peut l'éclairer. Il me semble nécessaire pour cela de tenter un parallèle entre le regard occidental – en particulier le regard français sur l'Algérie – et la façon dont celle-ci renvoie autre chose en miroir. Ce fonctionnement ne se retrouve pas seulement dans la littérature – y compris dans celle du temps présent –, mais aussi dans les politiques françaises du XIXe et du XXe siècles. Dans cet effet de miroir, quelque chose semble faire défaut. Que manque-t-il donc dans le regard porté en Algérie par la philosophie, la politique et la littérature françaises contemporaines ?

L'absent, c'est le sujet de l'histoire : tant dans le premier roman historique que dans le deuxième, celui qui pense ou qui agit n'est pas celui qui est dominé. On voit, on regarde, on représente, on décrit ce dernier, depuis la période orientaliste jusqu'à celle dite de la « philosophie critique ». Mais en réalité, lui-même n'est en quelque sorte pas là, si bien qu'au point ultime, avec Albert Camus, il devient opaque. L'Arabe n'a pas de consistance humaine, on peut tirer dessus et le tuer sans état d'âme. De même, si on revient au XIXe s., on constate que la pensée la plus avancée, la plus émancipatrice, la plus libérale et la plus démocratique ou révolutionnaire du siècle – y compris la pensée anarchiste et libertaire – parle elle aussi d'un *utopos*, d'un non-lieu, comme si ce lieu-là, l'Algérie, devait être ramené à l'histoire, à l'existence – par les Républicains ou les anarchistes.

Or, l'histoire va dire que ce lieu est habité, qu'il est construit, édifié comme État centralisé représentant un pouvoir souverain, soit régional, comme les Empires almoravide et almohade, soit impérial, comme la Sublime Porte. Et si l'on reprend l'exemple d'Alexis de Tocqueville, maître à penser de la philosophie politique, on voit qu'après avoir publié *La démocratie en Amérique*, il vient en Algérie en tant que représentant du Parlement français, en 1837, pour y faire une enquête. L'occupation a commencé en 1830, la résistance s'est amplifiée et étendue à tout le pays. En

1830 le bey de Constantine continue de lutter pour le maintien de la souveraineté ottomane en Algérie, en tout cas dans le beylik de Constantine, à l'est de l'Algérie. Émerge aussi la figure de l'émir Abd-el-Kader, figure de la résistance autochtone, si ce n'est déjà nationale, qui essaie d'unifier toutes les résistances derrière un seul étendard, celui de la libération de la terre occupée par l'étranger.

Le premier rapport de Tocqueville présenté à l'Assemblée nationale française est construit en quatre chapitres. Le premier traite de la conquête, le deuxième de la domination, le troisième de la colonisation et le quatrième de culture et de civilisation. Ainsi le représentant de la pensée la plus avancée de la démocratie en Europe occidentale, en France en particulier, vient en Algérie où il construit une sorte de plan. En 1837, n'existe pas encore, en effet, le projet d'une colonisation et d'une implantation *ad aeternam* de la France en Algérie.

Ainsi selon Tocqueville, la France vient apporter la culture et la civilisation. Les utopistes, anarchistes ou libertaires viendront eux aussi apporter quelque chose dans cette terre « non habitée », cet *utopos* qui finira par appartenir à ceux qui l'ont « travaillé, labouré, qui en ont fait un lieu de culture, de civilisation et de liberté ». On retrouve un discours semblable dans le deuxième rapport, de 1837 à 1841. Certes, il exprime la pensée libérale mais, au milieu du siècle, se développent également la pensée socialiste, le socialisme utopique et le positivisme d'Auguste Comte, qui trouvent en Algérie, cette colonie naissante, un terrain d'expérimentation pour le progrès. C'est ainsi qu'y sont créés les premiers phalanstères, ceux du socialisme utopique. Or, ce sont les ancêtres ou, du moins, les parents directs des colonies peuplées par les Alsaciens. En 1870, la défaite de la France face à l'Allemagne de Bismarck et de Guillaume de Hohenzollern pousse en effet une partie des populations de l'Alsace et de la Lorraine qui veulent rester françaises à aller s'installer en Algérie.

C'est alors que commence la colonisation de peuplement. On passe de la guerre de conquête et d'une présence militaire au projet impérial de s'enfoncer plus loin vers le Sud saharien et, de là, vers l'Afrique centrale et occidentale. Une autre idée et une autre représentation se mettent en place. Cette « contrée », comme disait Tocqueville, se métamorphose dans la pensée en « un morceau » indissociable de la France.

En 1930, un siècle plus tard, les grands titres de la presse coloniale et métropolitaine de l'époque affichent : « L'Algérie, un morceau de la France plus France que la France »[1]. Comment définir ce progrès, cette démocratie, cette liberté apportés à l'Algérie et aux Algériens ? Ils consistent ni plus ni moins à créer un monde qui serait la réplique exacte de l'Occident, une

---

[1] Cf. *Les Cahiers du Centenaire de l'Algérie*, en ligne.

image de la France, dans une terre qui n'est pas la France. À peupler cette terre, cette contrée, d'une population allogène avec ses traditions, ses référents culturels, juridiques, politiques, ses propres formes de représentation. Mais, comme il n'a pas été possible d'y effacer la présence des indigènes – car, au début, c'était bien l'intention, comme le montre le premier Congrès d'Afrique –, on va commencer à construire un édifice fondé sur la ségrégation des races et des religions.

Autrement dit, toutes les politiques judiciaires, législatives ou économiques qui traitent des salaires, des revenus, de la distribution, de la propriété, sont fondées sur une ligne de partage imprescriptible qui va perdurer pendant toute la période coloniale : d'un côté, les êtres humains, les citoyens et, de l'autre, les indigènes ; d'un côté des citoyens français, ou naturalisés français et, de l'autre, des non-citoyens, des sujets coloniaux.

Tout se bâtit sur ce principe, tout se développe sur cette base : en tant qu'État de droit, la France édifie sur des fondements juridiques la propriété de la terre (sénatus-consulte de 1863, loi Warnier de 1873, loi de 1887 etc.). De la reconnaissance et de la délimitation de la propriété des terres « occupées par des arabes », elle passe ainsi à l'attribution aux nouveaux venus des terres « qui ne sont pas exploitées » par les premiers occupants. Des titres français de propriété sont accordés pour des terres déjà occupées, possédées ou appropriées sur titres par des Algériens. Les personnes qui détenaient ces terres, après avoir été écrasées par les troupes françaises d'occupation, sont ainsi dépossédées « légalement, légitimement ». On trouve parmi les nouveaux occupants des noms de personnages illustres qui figurent dans les dictionnaires, les encyclopédies, et dont on a ensuite baptisé places publiques et avenues. Après avoir chassé les Algériens, on les dépouille de leurs biens, de leurs droits, de leur présence en tant que sujets de droit, en tant qu'êtres pensants et agissants.

On observe le même phénomène dans le domaine de l'éducation et de la scolarisation. En 1892, dans les établissements français en Algérie, 85.700 enfants européens sont scolarisés pour une population européenne estimée à 500.000 personnes. Pour les « musulmans »[2], on en compte 13.000 pour 3 millions d'habitants. Dans l'enseignement secondaire, il y avait 3.500 Européens au lycée, dont 730 filles, et, pour les « musulmans », 90 garçons

[2] Notons ici que dans les statistiques, dans l'historiographie française, comme dans la littérature, ils ne sont plus « algériens » mais « musulmans » car les Algériens ce sont les colons ! Dépossédés ainsi de leur citoyenneté, de l'appartenance à un État ou une nation ou de leur nationalité au bénéfice d'un peuple qui arrive de nulle part et qui les colonise. En arabe, on utilise le terme de « *istitan* » qui représente pour les grammairiens ou les philologues la dixième forme du verbe *watana* en arabe, une forme très agressive. Le terme colonisation en arabe désigne une population qui vient s'installer sur une terre qui n'est pas la sienne et qui en fait sa nation. Au fond, cette terre algérienne devient un élément de la nation française.

et pas une seule fille. En 1930, 132.000 Européens dans l'enseignement primaire et 106.000 « musulmans » ; pour l'enseignement secondaire : 7.300 Européens, dont 3.000 filles, et, pour les « musulmans », 860 au total, dont 100 filles. Au niveau du baccalauréat et de l'enseignement supérieur, les chiffres présentent les mêmes caractéristiques : à l'université on peut considérer qu'en 1958, soit quatre années avant l'indépendance, on compte seulement, à l'université d'Alger, 814 étudiants « français-musulmans » sur une population de neuf millions d'habitants.

En 1962, seuls 750 Algériens allaient à l'université d'Alger et, au total, 2.500 Algériens dans les universités partout dans le monde. Ce qui signifie que l'Algérie allait accéder à l'indépendance avec seulement 2.500 cadres pourvus d'un titre universitaire pour gérer, administrer et gouverner un pays de dix millions d'habitants. À titre purement comparatif, aujourd'hui dans mes amphithéâtres de l'université d'Alger, j'ai plus d'étudiants qu'il n'y en avait dans toute l'Algérie des années 1950. Autrement dit, dans un seul institut ou département de l'université d'Alger, il y a plus d'étudiants que dans toute l'Algérie en 1962.

Ainsi j'anticipe sur la question de l'émancipation en établissant une comparaison avec l'Algérie coloniale, car c'est aussi sur le plan de la répartition des postes de travail, de la maîtrise dans la gestion des affaires, des industries, des sciences de la nature et des sciences exactes que tout se joue. Cette maîtrise-là était européenne, pas algérienne.

Pour terminer cette revue de la situation coloniale, je mentionnerai les problèmes posés par ce qu'on appelle aujourd'hui les standards de base du développement, comme l'électricité, l'eau courante, etc. Moi-même, je n'ai, de ma naissance à mon adolescence, connu ni l'électricité, ni l'eau courante, et n'ai mis mes premières chaussures que pour aller à l'école primaire. C'était dans les années 1950 à Oran, deuxième ville d'Algérie. Au fond, nous avions deux sociétés, deux mondes : l'un qui bénéficiait du progrès, de la culture, de la démocratie, de la représentation parlementaire, et un autre monde, rural à une écrasante majorité, un monde de la nature, de l'économie agro-pastorale, de l'économie d'autosubsistance.

Quand on parle de cette histoire de l'Algérie contemporaine, dans l'ensemble de la littérature et de l'historiographie, ce qui domine c'est « la guerre d'Algérie ». On dit « guerre d'Algérie » en France et, maintenant, « guerre d'indépendance ». Les nuances sont très importantes avec l'évolution de l'historiographie française. Mais en Algérie, on dit « révolution ». Pourquoi « révolution » ?

Là j'interviens en tant qu'historien et non pas en tant qu'Algérien moyen, parce que le nationalisme, la nation, d'une manière générale, sont pour nous tous, un fait éminemment contemporain. Nous avons fait nos classes à l'université d'Alger avec des professeurs illustres venus des établissements français, mais avec un esprit émancipateur, progressiste pour l'époque, tiers-mondiste, révolutionnaire. Nous avons appris avec eux que le mouvement des nationalités en Europe centrale, orientale et méridionale s'étendait du XIXe s.- début du XXe jusqu'au milieu du XXe siècle.

Ainsi, quand on parle de la nation, on doit se poser la question de la définition : comment définir, en effet, le nationalisme révolutionnaire qui naît, non seulement en Algérie, mais aussi dans les banlieues parisiennes, à Gennevilliers, Nanterre, Courbevoie, dans les territoires du nord et de l'est de la France, dans les mines, les usines de tissage, de sidérurgie et de métallurgie françaises, là où naissent le nationalisme, le bolchevisme et le communisme français dans le giron de la Troisième Internationale. C'est elle qui impose aux partis communistes qui y adhèrent l'article 8 : tous les partis et les organisations syndicales qui veulent adhérer à la Troisième Internationale doivent, dans les faits, et non dans les paroles, lutter contre la colonisation, l'impérialisme colonial. Et, position extrême, s'ils sont mobilisés dans l'armée française, il faut qu'ils retournent leurs armes contre l'armée coloniale. Des militants révolutionnaires des années 1920 en France ont payé de leur liberté le prix de ce choix. Pensons au Congrès de Bakou, en 1920.

Bakou, aujourd'hui capitale d'un pays néolibéral, l'Azerbaïdjan, qui ouvre ses frontières à tous les investissements et fait de la publicité sur les chaînes de télévision pour qu'on lui amène des touristes – Bakou où les Bolcheviks ont été encerclés par les troupes de la Russie blanche, aidées par toutes les forces militaires européennes, Français et Allemands enfin réunis contre l'Armée rouge en Russie. Les Bolcheviks avaient besoin d'une alliance révolutionnaire, ils l'ont trouvée chez les peuples colonisés et ont réuni leurs représentants à Bakou.

Quand on lit les comptes rendus et les fac-similés des discours de Zinoviev ou d'autres membres du bureau politique du parti des révolutionnaires russes de l'époque, on s'aperçoit qu'ils finissent souvent par « Allahou akbar », « Dieu est grand », pour haranguer les foules. C'est que nombre de peuples de l'Orient musulman, ceux de l'Asie centrale et de l'Asie du Sud, étaient représentés au congrès de Bakou. Les peuples d'Afrique du Nord étaient représentés par Enver (Anwar) Hodja, un aïeul de l'ex-dirigeant de l'Albanie contemporaine.

« L'Étoile nord-africaine », *Association pour la défense des intérêts des musulmans d'Afrique du Nord*, naît à Paris en 1926. Sa création s'accompagne d'un programme énoncé en quatre points par Messali Hadj au congrès de Bruxelles. C'est la première fois que, dans les terres de l'Occident impérial, se tient un congrès des peuples coloniaux. Messali Hadj y présente un programme en rupture avec le Parti communiste français, qui opérait déjà un tournant préfigurant celui de la fin des années 1920.

Ce nationalisme révolutionnaire visait l'indépendance totale de l'Algérie, le retrait des troupes coloniales françaises d'Algérie, un parlement algérien élu au suffrage universel, et le retour des terres à ceux qui en avaient été dépossédés. Au fond, ce qu'on reprochera au mouvement indépendantiste algérien est d'avoir un projet, un programme effectivement révolutionnaire. L'objectif consistait à se séparer de la France, non pas seulement pour que la bourgeoisie et l'aristocratie algériennes prennent la place de leurs homologues coloniales, mais pour que le prolétariat et la paysannerie dépossédés puissent prendre le pouvoir et construire l'Algérie en fonction de leur utopie à eux.

Ce programme est resté une utopie. Pourquoi ? Parce que l'État algérien a hérité des lois d'exception de l'époque de la guerre d'Algérie et de celle du code de l'indigénat. Quelque chose a bien été transmis en même temps que l'idéologie révolutionnaire, mais ceux qui l'ont portée ont péri dans les maquis, dans les prisons ou ont été condamnés à mort. L'indépendance arrive ainsi avec une petite minorité de personnes porteuses de cette idée. Elles seront remplacées progressivement par ceux qui considèrent que le projet, le programme, consistent désormais à édifier l'État. Ce qui était une révolution nationale de type révolutionnaire devient une révolution de type étatiste avec la formation d'une classe-État. Et aujourd'hui, avec le tournant néo-libéral et la formation d'oligarchies, ce que les Français ont laissé derrière eux en partant a fait place à une nouvelle aristocratie et une nouvelle techno-bureaucratie civile et militaire.

Daho DJERBAL
Université d'Alger 2

Asie centrale :
où le temps des nations coïncide avec le temps de la mondialisation

Il est fréquent de considérer que le XIXe s. fut le siècle des nations, tandis que le tournant du XXIe s. marquerait le triomphe de la mondialisation et des macro-régions. Cette analyse, essentiellement fondée sur la trajectoire géo-historique de l'Europe, ne rend qu'imparfaitement compte de l'histoire moderne et contemporaine des constructions politiques et des configurations territoriales de nombreuses régions du monde où, comme en Asie centrale, le temps des nations coïncide avec celui de la mondialisation.

Indépendants et souverains depuis la disparition de l'URSS en 1991, le Kazakhstan, le Kirghizstan, l'Ouzbékistan, le Tadjikistan et le Turkménistan, qui sont directement héritiers des Républiques socialistes soviétiques (RSS) fondées dans les années 1920 et 1930 dans le cadre de la réforme territoriale menée par les autorités soviétiques après leur accession au pouvoir, s'attachent à consolider leur assise étatique, en suivant le modèle de l'État-nation. Mais ces États, dont l'existence inédite sur la scène internationale découle paradoxalement de l'effondrement du système qui les a engendrés, s'insèrent dans le même temps dans les mécanismes de la mondialisation.

Concomitantes, quoique contradictoires par de nombreux aspects, ces deux dynamiques bouleversent depuis deux décennies les sociétés et les territoires centrasiatiques[1]. Elles découlent de l'engagement des autorités étatiques mais également de l'implication d'une multitude d'acteurs politiques, économiques et sociaux, centrasiatiques comme internationaux.

Être indépendant, asseoir l'État, légitimer la nation

Les pays d'Asie centrale ont accédé à l'indépendance sans avoir connu de mouvements souverainistes puissants, comparables à ceux qui ont animé la vie politique balte et caucasienne dans les années 1980[2]. Loin des *scenarii* élaborés notamment par Hélène Carrère d'Encausse dans *L'Empire*

---

[1] Julien Thorez (dir.), *Asie centrale – des indépendances à la mondialisation*, Ellipses, Paris, 2015.

[2] En décembre 1986, d'importantes manifestations se sont déroulées à Alma-Ata, mais les revendications des étudiants kazakhs portaient sur la place des Kazakhs dans la République socialiste soviétique du Kazakhstan plutôt que sur l'indépendance du pays. Elles dénonçaient la nomination à la tête de la République de Gennady Kolbin, un Russe, en remplacement du leader kazakh Dinmoukham Kunaev, qui avait dirigé le Kazakhstan soviétique depuis 1960.

éclaté[3], les républiques « musulmanes » n'ont pas été à l'origine de l'effondrement d'une URSS qui a finalement autant (si ce n'est plus) implosé qu'explosé. Le Kazakhstan n'a ainsi déclaré son indépendance que le 16 décembre 1991, après que les dirigeants russes, biélorusses et ukrainiens ont constaté la fin de l'existence de l'URSS en tant que « sujet de droit international », le 8 décembre 1991.

Ces conditions d'accession à l'indépendance n'ont pas empêché les dirigeants centrasiatiques d'assumer pleinement le nouveau statut géopolitique de leur pays, en décidant immédiatement d'engager une politique visant à légitimer et à consolider les républiques nationales. Pourtant, les présidents centrasiatiques avaient accédé au pouvoir dans le cadre des institutions soviétiques : Islam Karimov, Noursultan Nazarbaev ou Saparmyrat Niazov ont occupé la fonction de Premier secrétaire du Parti communiste avant de respectivement devenir président de l'Ouzbékistan, du Kazakhstan et du Turkménistan, ce qui témoigne d'une réelle continuité des élites politiques nationales entre la fin de la période soviétique et le début de la période de l'indépendance[4]. Seul le Tadjikistan, qui fut le théâtre d'une guerre civile entre 1992 et 1997, a connu un renouvellement des autorités centrales, quoique la faction méridionale de la région de Kulob, qui s'est imposée, avec à sa tête le président Emmomalii Rakhmon, au détriment des représentants de la région de Khodjent (ancienne Leninabad), située au nord, soit également issue de l'administration soviétique.

Quoiqu'il en soit, dès 1991, les autorités ont mené, dans toutes les républiques, une politique destinée à assurer la pérennité des pays nouvellement indépendants, en obtenant la reconnaissance de la communauté internationale, en s'appuyant sur les institutions héritées de l'administration soviétique pour construire l'État, en refondant l'idéologie nationale pour légitimer et définir la nation ou en réaménageant l'espace pour façonner un territoire national, dans le cadre de la « construction territoriale de l'indépendance »[5].

Entre États et présidents, la fabrication des nations

Les pays post-soviétiques ont connu des trajectoires différentes depuis les années 1990, liées notamment aux choix politiques, économiques et géopolitiques effectués par chacun des gouvernements indépendants. Mais

---

[3] Hélène Carrère d'Encausse, *L'Empire éclaté : la révolte des nations en URSS*, Flammarion, Paris, 1975.

[4] Marie Dumoulin, « Générations et profils de carrière au sein de l'élite politique kazakhstanaise », *Revue d'études comparatives Est-Ouest*, 43, 1-2, 2012, p. 15-45.

[5] Julien Thorez, « La construction territoriale de l'indépendance : réseaux et souveraineté en Asie centrale post-soviétique », *Flux*, 70, 2007, p. 33-48.

l'affirmation des États-nations est un trait commun à l'ensemble de la région[6].

La dimension institutionnelle

La politique nationale des pays centrasiatiques présente les caractéristiques classiques des dispositifs mis en œuvre pour façonner des entités politiques et forger des identités nationales[7]. Face à une situation inédite et instable, les autorités ont, dans un premier temps, cherché à garantir la pérennité des États, en travaillant à la reconnaissance internationale de leur nouveau statut géopolitique et à la consolidation des institutions et des administrations héritées des républiques socialistes soviétiques. Le Kazakhstan, le Kirghizstan, l'Ouzbékistan, le Tadjikistan et le Turkménistan ont établi des relations diplomatiques avec les principales puissances régionales et internationales dans les jours et les semaines qui ont suivi leur indépendance avant d'être admis à l'ONU, le 3 mars 1992. Dans le même temps, les gouvernements ont remodelé l'espace politique national, alors même qu'ils devaient faire face à la crise économique accompagnant la dislocation du système de production et d'échanges soviétique. Les pays centrasiatiques ont chacun adopté une constitution dotée des attributs formels de la démocratie, répondant partiellement aux principes de la « transition » pensée par les organisations internationales pour accompagner la sortie du socialisme et conduire l'Europe orientale et l'Asie centrale vers le modèle de la démocratie libérale occidentale. À l'exception relative du Kirghizstan, dont les présidents Askar Akaev et Kourmanbek Bakiev ont été respectivement renversés en 2005 et en 2010, des régimes présidentiels se sont toutefois imposés dans tous les pays. Ces présidents se sont appuyés sur l'appareil administratif soviétique, depuis les administrations centrales jusqu'aux administrations locales, pour assurer la continuité de l'État, sauf au Tadjikistan, qui était ravagé par la guerre civile. La plupart des pays ont d'ailleurs conservé la carte administrative élaborée dans le cadre du système soviétique.

Les institutions et les administrations centrasiatiques ont toutefois connu d'importants changements liés à la promotion des cadres nationaux au détriment des « russophones »[8], qui avaient conservé durant toute la période

---

[6] Olivier Roy, *La nouvelle Asie centrale ou la fabrication des nations*, Seuil, Paris, 1997 ; Sally Cummings, *Understanding Central Asia. Politics and contested transformations*, Routledge, Londres, 2012, 240 p.

[7] Anne-Marie Thiesse, *La création des identités nationales*, Seuil, Paris, 1999.

[8] La catégorie « russophone » ne fait pas l'objet d'une définition précise et consensuelle (cf. David Laitin, *Identity in Formation, the Russian-speaking Population in the Near Abroad*, Cornell University Press, Ithaca-London, 1999), bien qu'elle soit couramment utilisée dans un registre scientifique et dans les discours politiques et géopolitiques, comme en Ukraine où elle a été instrumentalisée par les autorités russes et par les séparatistes du Donbass. Dans le

soviétique un rôle prépondérant malgré les politiques d'indigénisation. Au tournant des années 1990, dans un contexte d'affirmation nationale commun à l'ensemble du monde (post-)soviétique, les autorités indépendantes ont encouragé l'ethnicisation – kazakhisation, ouzbékisation, etc. – de la vie politique et institutionnelle, en même temps que la promotion de la langue nationale[9]. Ce processus fut lié à l'émigration massive des populations russophones devant la crise politique, économique et sociale : depuis la fin des années 1980, plus de 5 millions de russophones ont quitté l'Asie centrale[10].

Parallèlement à cette dimension institutionnelle, un important travail a été entrepris pour substituer à l'idéologie socialiste soviétique une idéologie capitaliste nationale. Cette entreprise place la nationalité titulaire au cœur du passé et du présent des États, lesquels, héritage soviétique, continuent de distinguer la citoyenneté – kazakhstanaise, ouzbékistanaise, etc. – de la nationalité – kazakhe, ouzbèke, tadjike, karakalpake, russe, juive, etc. – *i.e.* l'identité civique de l'identité ethnique. Les autorités ont ainsi orienté les recherches en sciences humaines sur l'histoire – nécessairement ancienne et glorieuse – de la nationalité éponyme, en s'intéressant particulièrement à l'ethnogenèse de celle-ci et à l'étaticité des constructions politiques passées, dans le but de donner une légitimité historique aux nouveaux États et à leur dimension nationale[11]. De nombreuses publications sont censées avoir démontré l'autochtonie des nations titulaires et l'ancienneté de l'ascendance étatique des pays indépendants, souvent au mépris de toute rigueur scientifique. Des travaux avancent l'idée que les premiers habitants de l'Asie centrale auraient été des Türks, que les Kazakhs, de tradition nomade, auraient développé une glorieuse culture urbaine ou que la formation de la nation ouzbèke se serait achevée au XIe siècle[12] ! Reposant sur une conception naturelle de la nation, cette quête éperdue des continuités historiques empêche toute analyse des dynamiques sociales et politiques qui

---

contexte centrasiatique, ce terme peut se rapporter à l'ensemble des populations arrivées dans la région pendant les périodes tsariste et soviétique, indépendamment de leur nationalité (Cf. Julien Thorez, « *Хорошо где нас нет !* L'émigration des "Russophones" » d'Asie centrale », *EchoGéo*, 2009, http://echogeo.revues.org/index11212.html).

[9] Martine Laruelle, Sébastien Peyrouse, *Les Russes du Kazakhstan – Idées nationales et nouveaux États dans l'espace post-soviétique,* Maisonneuve et Larose, Paris, 2004, 354 p.

[10] Julien Thorez, *op. cit.*

[11] Martine Laruelle, « Continuité des élites intellectuelles, continuité des problématiques identitaires. Ethnologie et "ethnogénèse" à l'Académie des Sciences d'Ouzbékistan », *Cahiers d'Asie centrale*, 13-14, 2004, p. 45-75. http://asiecentrale.revues.org/279

[12] Martine Laruelle, « Ethnologie, question nationale et État dans l'Ouzbékistan contemporain. Analyse de la polémique autour de l'Atlas ethnique d'Ouzbékistan », *Journal des anthropologues*, 100-101, 2005, p. 329-347. https://jda.revues.org/1503

ont présidé à la structuration des identités collectives. Pour ce qui concerne les époques plus récentes, la période tsariste fait l'objet d'une approche très critique, véritable réquisitoire contre le colonialisme, tandis que le traitement de la période soviétique est plus ambigu[13]. Si les travaux contemporains dénoncent vertement le totalitarisme, leur prise de distance est moindre vis-à-vis de la politique des nationalités, qui a notamment conduit à la création des républiques socialistes soviétiques à l'origine des États indépendants, ou vis-à-vis de la grande guerre patriotique (1941-1945), dont la victoire est toujours fêtée, le 9 mai.

L'histoire, l'ethnographie et l'ethnologie ont également été mobilisées, afin de célébrer les « traditions » nationales, aussi bien dans la culture matérielle que dans les pratiques sociales. Des travaux ont ainsi été publiés sur l'« ouzbékité », la « kazakhité », tandis que tous les pays de la région modifiaient le calendrier des fêtes nationales, en y ajoutant notamment norouz, le nouvel an iranien. Face à la proximité de la culture des populations sédentaires des oasis – ouzbèkes, tadjikes –, d'une part, et à celle de la culture des populations nomades des steppes et des montagnes – kazakhes, kirghizes –, d'autre part, la mise à contribution de l'ethnologie devait permettre de fixer les différences entre les populations, entre les nations.

La réécriture du récit national est à l'origine d'une recomposition du panthéon national qui valorise des figures mythiques souvent reléguées pendant la période soviétique. En Ouzbékistan, le grand conquérant Tamerlan est ainsi devenu le héros de la nation, tandis que le Tadjikistan se plaçait sous l'égide d'I. Somoni, figure majeure de la dynastie iranienne qui régna aux IXe et Xe s. sur l'Asie centrale. Leur statue orne aujourd'hui respectivement la place centrale de Tachkent, la capitale de l'Ouzbékistan, où elle remplace celle de Karl Marx, et celle de Douchanbé, la capitale du Tadjikistan, où elle succède à celle de Lénine[14]. Tandis que les représentants du mouvement socialiste international tendent à disparaître du discours mémoriel, les figures soviétiques nationales conservent une place centrale dans l'historiographie. Les dirigeants impliqués dans la création des territoires nationaux, de même que les leaders des années 1960, 1970, 1980, sont célébrés, ce qui témoigne d'une reconnaissance du rôle joué par la période soviétique dans la construction des États-nations : à Tachkent, le *prospekt* V. Lénine a été renommé boulevard S. Rachidov, qui fut Premier

[13] Sergei Abashin, « La désoviétisation dans la politique mémorielle de l'Ouzbékistan indépendant – le Musée de la mémoire des victimes des répressions », *Revue d'études comparatives Est-Ouest*, 43, 2012, 1-2, p. 47-72.
[14] Laura L. Adams, *The Spectacular State: Culture and National Identity in Uzbekistan*, Duke University Press, Durham / Londres, 2010.

secrétaire du Parti communiste d'Ouzbékistan de 1959 à 1983 ; à Almaty, le nom de D. Kunaev, qui occupa les fonctions de Premier secrétaire du Parti communiste du Kazakhstan de 1960 à 1962 puis de 1964 à 1986, a été donné à une artère du centre-ville.

Transmis par l'école, diffusé par les médias, le discours national présente de nombreuses similitudes avec l'historiographie soviétique, malgré la rupture avec l'idéologie socialiste[15]. En particulier, il continue le plus souvent de véhiculer une conception essentialiste de l'identité, tout en reprenant à son compte les théories sur l'ethnogenèse développées dans les institutions académiques soviétiques. Par ailleurs, il témoigne de la persistance du lien de subordination du monde scientifique vis-à-vis du pouvoir politique.

En revanche, les États se sont dotés d'emblèmes (drapeau, armoiries, etc.) rompant formellement avec la symbolique soviétique, en puisant dans la « tradition » nationale. Le Kazakhstan et le Kirghizstan ont ainsi un drapeau se référant explicitement au nomadisme.

Entre mythes fondateurs, figures historiques et hauts lieux, la politique des pays centrasiatiques ne s'est pas affranchie de la liste classique des éléments de base mobilisés dans la fabrication des imaginaires collectifs nationaux. Mais la nature – présidentielle et autoritaire – des régimes politiques institués après les indépendances lui donne un registre spécifique, tant la figure présidentielle occupe désormais une place de choix dans la définition de la nation. Au Kazakhstan, N. Nazarbaev porte le titre explicite de « leader de la nation » (*Elbasy*), de même qu'E. Rakhmon au Tadjikistan (*pešvoi millat*), tandis que le premier président du Turkménistan, S. Niazov, avait été nommé *Türkmenbaşy*, « le chef des Turkmènes ». Parallèlement, des monuments consacrés aux présidents ont été érigés, au Turkménistan, au Kazakhstan, de sorte que le remodelage de l'espace public témoigne d'un glissement de la célébration de la nation vers la mise en scène du régime et, plus encore, vers le culte du président.

La construction des États-nations est aussi une histoire de territoire

La politique d'affirmation étatique et nationale menée depuis les indépendances comprend également un important volet territorial, car les pays centrasiatiques ont hérité d'une configuration géographique contraignante, qu'ils ont dû modifier pour l'adapter à leur nouveau statut géopolitique. Au cœur de l'espace eurasiatique, leurs territoires étaient en effet écartelés et imbriqués, en même temps qu'ils étaient enclavés[16].

---

[15] Martine Laruelle, *op.cit.*
[16] Julien Thorez, *op. cit.*

Ce caractère écartelé et imbriqué des espaces nationaux centrasiatiques est une conséquence de la politique d'aménagement soviétique. Dans les contours des territoires républicains, tels qu'ils ont été dessinés dans les années 1920 et 1930, les principaux foyers de peuplement sont en effet localisés en situation périphérique, séparés par d'importantes discontinuités. Au Kazakhstan et au Turkménistan, des déserts et des steppes occupent le cœur du territoire national, tandis que la population se concentre dans les régions septentrionales et méridionales. Au Kirghizstan et au Tadjikistan, des montagnes, dont la traversée est difficile, voire, quelquefois, impossible en hiver, séparent des piémonts densément peuplés. En Ouzbékistan, l'espace national combine ces deux formes de discontinuité, de sorte que se dessine un peuplement en archipel. Cet écartèlement, qui est une spécificité de l'Asie centrale dans le monde post-soviétique, a pu apparaître, après les indépendances, comme un facteur de fragilité susceptible de menacer l'existence des États. Par exemple, l'interruption de la circulation en hiver sur les principaux axes montagneux entraînait un véritable morcellement de l'espace national au Tadjikistan, alors même que le pays connaissait une guerre civile marquée par un fort ancrage régional des principaux groupes opposés. Toutefois, les combats visaient à conquérir le pouvoir central et à s'approprier les ressources qui lui étaient liées ; le pays n'était pas soumis à des revendications séparatistes.

Plusieurs formes d'imbrication territoriale ont également été révélées, à l'échelle des espaces nationaux par l'accession au statut de frontières internationales des anciennes limites administratives soviétiques[17]. Tout d'abord, les territoires nationaux sont morcelés et perforés par l'existence de nombreuses enclaves localisées dans la vallée du Ferghana, qui est partagée entre l'Ouzbékistan, le Tadjikistan et le Kirghizstan. D'autres formes d'imbrication territoriale naissent des inadéquations entre les frontières et les réseaux, entre le maillage et le treillage. La carte de l'Asie centrale recèle de ce fait des périclaves, c'est-à-dire des portions d'espace situées dans la continuité aréolaire du territoire national mais exclusivement accessible depuis le cœur de l'espace national par un transit *via* un pays voisin. Pour se rendre au sud-ouest du Kirghizstan depuis la capitale, Bichkek, il est nécessaire de traverser un morceau du territoire ouzbékistanais et un appendice du territoire tadjikistanais. De même, les réseaux énergétiques et les réseaux hydrauliques construits durant la période soviétique traversent les frontières, leur tracé s'affranchissant de la carte politique au profit de choix techniques. C'est ainsi que de nombreuses oasis d'Ouzbékistan, dont le delta du Zeravchan, où se situe Boukhara, et la steppe de Karchi, sont alimentées

[17] Julien Thorez, « Les nouvelles frontières de l'Asie centrale : États, nations et régions en recomposition », *Cybergeo*, 2011, http://cybergeo.revues.org/23707

en eau par des canaux dont la tête est située au Turkménistan. Mais, en aval, la partie turkménistanaise du delta de l'Amou Daria est approvisionnée depuis l'Ouzbékistan. Autre exemple, le grand canal du Ferghana serpente sur le versant méridional de la dépression, entre le Kirghizstan et l'Ouzbékistan. Certains considèrent que ces imbrications territoriales sont le résultat du machiavélisme des autorités soviétiques, lesquelles auraient souhaité ainsi empêcher toute velléité d'indépendance[18]. Témoignant plus sûrement du fait que les aménageurs situaient durablement leur action dans un cadre territorial soviétique, cette configuration spatiale introduit dans le nouveau contexte géopolitique des dépendances et des interdépendances entre les pays nouvellement indépendants.

Devant les contraintes politiques et économiques produites par la configuration des espaces nationaux, les autorités ont décidé d'engager une intense politique d'aménagement du territoire. À l'échelle de l'État-nation, la construction territoriale de l'indépendance a été conçue pour répondre à la nécessité d'individualiser et d'unifier les espaces nationaux. Dans ce cadre, les États ont agi sur les frontières et les réseaux[19]. D'une part, ils ont fonctionnalisé les nouvelles frontières internationales, en modifiant les conditions juridiques et pratiques de leur franchissement. Les pays centrasiatiques ont signé, avec l'ensemble des pays de la CEI, un accord en 1992 à Bichkek assurant la libre circulation de leurs ressortissants, mais le Turkménistan, puis l'Ouzbékistan, ont initié un mouvement de fermeture des nouvelles frontières. Ils ont en effet introduit un système de visa, qui limite la circulation des personnes, et instauré des droits de douanes, qui restreignent la mobilité des marchandises, avant d'être pour partie imités par les autres pays de la région. Si les populations frontalières disposent d'un statut spécifique, ces mesures entravent les échanges entre les pays centrasiatiques, notamment au sein des régions communes à plusieurs États, comme le Ferghana. Concrètement, la circulation transfrontalière est affectée par l'équipement des nouvelles frontières, en particulier dans les régions densément peuplées où ont été non seulement édifiés des postes-frontières, mais également des barbelés ou des murs pour barrer les axes secondaires[20]. Ces dispositifs font surgir les frontières dans le paysage centrasiatique ; ils modifient les pratiques et les représentations territoriales, alors même que les

---

[18] Olivier Roy, *op. cit.* ; Daniel Balland, « Diviser l'indivisible : les frontières introuvables des États centrasiatiques », *Hérodote*, 84, 1997, p. 77-123.
[19] Julien Thorez, *op. cit.*
[20] *Id.* 2011, *op. cit.* ; I. Damiani, « Ferghana : les étapes d'une matérialisation frontalière entre intention et réalité », *L'espace politique*, 20, 2013 http://espacepolitique.revues.org/2651 ; Madeleine Reeves, *Border Work – Spatial lives of the State in rural Central Asia*, Ithaca – London, 2014, Cornell university Press.

négociations interétatiques portant sur la fixation des nouvelles frontières ont partout fait l'objet d'un important traitement médiatique. Quelquefois présentée comme une manifestation de l'autoritarisme des nouveaux États indépendants, la fermeture des frontières, de même que la « passeportisation », contribue à la construction des nations, en participant à la prise de conscience étatique des populations centrasiatiques. La fonction idéologique de la frontière est ainsi pleinement exploitée par des autorités qui valorisent l'opposition entre intérieur et extérieur, sien et autre, etc.[21]. L'Ouzbékistan a par exemple régulièrement insisté sur la justice de la voie suivie par le pays sous la houlette d'Islam Karimov, par contraste avec le Tadjikistan qui a connu la guerre civile. Cette politique qui modifie la territorialité quotidienne d'une partie importante de la population a toutefois rencontré des formes de résistance et d'hostilité. L'impossibilité d'accomplir des pèlerinages de proximité, l'interruption de mouvements de transhumance ou les perturbations de la vie sociale nourrissent le mécontentement populaire, tandis que des mouvements islamistes actifs dans la région proposent d'abolir les limites interétatiques.

En même temps qu'ils mettaient en œuvre cette politique frontalière, les pays centrasiatiques ont remodelé les réseaux pour les adapter aux contours des nouveaux territoires étatiques[22]. Depuis la seconde moitié des années 1990, des aménagements sont réalisés pour élever la connexité des réseaux domestiques, c'est-à-dire pour les unifier, et améliorer l'accessibilité des différentes régions. Dans ce cadre, de nouvelles voies ferrées ont été édifiées, de nouvelles routes ont été construites, tandis que d'anciens itinéraires étaient modernisés. L'Ouzbékistan a ainsi achevé la construction de deux voies ferrées reliant les régions centrales aux régions méridionales et occidentales, qui permettent d'éviter de transiter par le Turkménistan. Le Tadjikistan a ouvert une nouvelle route entre les régions centrales, où se situe Douchanbé, et les régions orientales du Badakhchan et du Pamir, de même qu'il a percé des tunnels sur l'axe majeur qui relie Douchanbé à Khodjent. En limitant l'enclavement saisonnier et en réduisant les temps de parcours, ces aménagements ont sensiblement amélioré la circulation entre les différentes régions du Tadjikistan. Il est classique parmi les géographes de critiquer le mythe de « l'infrastructure structurante » et de dénoncer le discours des experts et des politiques destiné à soutenir la réalisation de nouvelles infrastructures[23]. Sans remettre en cause le fondement de cette

---

[21] Nick Megoran, « The Critical Geopolitics of the Uzbekistan-Kyrgyzstan Ferghana Valley Boundaries Dispute », *Political Geography*, vol. 23, 6, 2004, p. 731-764.
[22] Julien Thorez, *op. cit.*
[23] Jean-Marc Offner, « Les effets "structurants" du transport : mythe politique, mystification scientifique », *L'Espace géographique*, 3, 1993, p. 233-242.

position, il faut toutefois remarquer que, dans le cas centrasiatique, les travaux de mise en conformité des infrastructures à la nouvelle carte politique modifient fondamentalement la structure des réseaux de transport, lesquels étaient jusqu'alors segmentés. Concomitants avec la fermeture des frontières, ils permettent le recentrage de la mobilité au sein des territoires étatiques, de sorte que se charpentent, pour la première fois dans l'histoire de l'Asie centrale, des espaces nationaux[24].

La construction territoriale de l'indépendance s'incarne également dans le réaménagement des lieux du pouvoir. Dans des capitales pensées comme des vitrines de l'indépendance, la ville de l'État est transformée par la rénovation des bâtiments soviétiques et / ou l'édification de constructions nouvelles, dans le cadre d'opérations qui articulent nationalisation et modernisation de l'espace public. À Achgabat, les autorités turkménistanaises ont engagé, sous la houlette de S. Niazov, des travaux pharaoniques, financés par la rente gazière et, pour partie, réalisés par l'entreprise française *Bouygues*[25]. À Tachkent, la rénovation du quartier central, qui accueille les principales institutions (cabinet des ministres, sénat, assemblée, etc.), est présentée comme une nouvelle étape urbanistique et politique dans le développement de l'Ouzbékistan. À Douchanbé, un nouveau palais présidentiel a été construit dans le cadre des travaux débutés au milieu des années 2000 pour remodeler le centre-ville. Finalement, seule Bichkek est relativement restée en marge de ce processus qui affecte toutes les capitales post-soviétiques, depuis Vilnius jusqu'à Bakou. Au Kazakhstan, cette politique a été plus aboutie encore, puisque l'État a décidé de transférer la capitale d'Almaty vers Akmola, qui fut à cette occasion renommée Astana[26]. Pour justifier le déplacement du pouvoir depuis le sud-est vers le centre-nord du pays, les autorités ont avancé différents arguments : la nécessité de protéger le pouvoir du risque sismique, de l'éloigner de la frontière chinoise, de recentrer la capitale en la positionnant à un carrefour, etc. D'autres explications, plus ou moins convaincantes, ont également été proposées : la volonté d'assurer la souveraineté du Kazakhstan sur des régions septentrionales très russifiées et de les « kazakhiser », de mettre le pouvoir à distance d'une Almaty perçue comme politiquement dangereuse, de mobiliser l'appareil d'État autour d'un projet-phare ; de faire de l'édification d'une nouvelle capitale une source d'enrichissement ; de réguler

---

[24] Julien Thorez (2011), *op. cit.*

[25] Adrien Fauve, Cécile Gintrac, « Production de l'espace urbain et mise en scène du pouvoir dans deux capitales "présidentielles" d'Asie centrale », *L'espace politique*, 8, 2009, https://espacepolitique.revues.org/1376

[26] Adrien Fauve, « Global Astana: Nation-Branding as a Legitimation Tool for Authoritarian Regimes », *Central Asian Survey*, 34, 1, 2015, p. 110-125.

les relations entre les hordes kazakhes. En tout état de cause, la décision de transférer le pouvoir inscrit dans l'organisation territoriale le changement politique et géopolitique majeur que constituent la disparition de l'URSS et l'accession à l'indépendance. À cet égard, Astana s'inspire d'Ankara ou de Brasilia. La nouvelle capitale n'est pas construite ex *nihilo*, mais des travaux titanesques transforment l'ancienne ville soviétique et urbanisent la steppe et les marais. La nouvelle ville de l'État est construite autour d'une perspective monumentale qui est centrée sur le palais présidentiel. Cet urbanisme démonstratif répond à l'ambition des autorités kazakhstanaises de faire de la capitale un symbole de la réussite de l'État-nation ainsi que de celle du pouvoir nazarbaevien. Certains ont d'ailleurs proposé de renommer la ville du nom du premier président du Kazakhstan.

Les pays d'Asie centrale sont finalement porteurs d'une trajectoire géohistorique qui fait d'eux des États-nations-territoires. Les conditions de la formation de leur territoire, comme celles de leur accession à l'indépendance et de leur exercice de la souveraineté, font en effet du territoire une composante indissociable de l'État-nation. De ce fait, le récit national s'approprie tout le passé du territoire étatique, en même temps qu'il intègre le passé de la nationalité titulaire. Cette combinaison d'une approche ethnique et d'une approche étatique de la nation est également révélée par la politique territoriale des pays centrasiatiques. Alors que les États ont été qualifiés d'« ethnocraties », en raison de la place acquise par la nationalité titulaire depuis les indépendances[27], la politique d'aménagement du territoire développe une approche englobante de la nation. La fermeture des nouvelles frontières contribue à la structuration des identités civiques – kirghizstanaise, ouzbékistanaise, etc.[28]. De même, l'hétérogénéité architecturale d'Astana a été analysée comme la concrétisation de la volonté des autorités étatiques de créer une capitale à l'image de la population multiethnique du pays[29]. De nombreux styles coexistent en effet dans la capitale kazakhstanaise, de l'immeuble se référant à l'esthétique nomade au bâtiment futuriste, du gratte-ciel stalinien à un ensemble néo-haussmannien. En analysant le territoire, en questionnant le paysage, la géographie permet ainsi de souligner combien les recompositions identitaires survenues depuis les indépendances sont complexes, associant valorisation de l'identité ethnique et fabrication de l'identité civique.

Au moment des indépendances, certaines voix, comme celle de M. Bennigsen-Broxup, se sont élevées pour affirmer que la disparition de

[27] Martine Laruelle, Sébastien Peyrouse, *L'Asie centrale à l'aune de la mondialisation*, A. Colin, Paris, 2010.
[28] Julien Thorez (2011), *op. cit.*
[29] Adrien Fauve, *op. cit.*

l'URSS correspondait à la fin d'une parenthèse dans l'histoire de l'Asie centrale ou pour appeler de leurs vœux la fusion des pays nouvellement indépendants dans un « grand Turkestan ». Fondées sur une critique radicale de la politique territoriale soviétique dénonçant tout autant la décision de créer des territoires nationaux que les contours des républiques, ces thèses ont totalement négligé l'appropriation du cadre de l'État-nation-territoire par les sociétés centrasiatiques, et notamment par les élites politiques. Aucun dirigeant n'a en effet émis le souhait de réunir les pays nouvellement indépendants dans un État commun. Et les seules revendications territoriales qui étaient avancées par des mouvements nationalistes ont porté sur la localisation des nouvelles frontières interétatiques, dont le tracé ne correspondaient qu'imparfaitement avec la carte ethnique, du fait même de la nature du peuplement. Avec constance, les autorités œuvrent au contraire à la consolidation des États et des nations, de sorte que la carte politique n'a pas changé depuis les indépendances.

S'intégrer à la mondialisation, entre affirmation nationale et ambitions internationales

L'exercice inédit de la souveraineté a naturellement conduit les autorités centrasiatiques à faire de l'affirmation de l'État-nation un des fondements de leur action. Mais, dans le même temps, les pays nouvellement indépendants se sont attelés, selon des modalités spécifiques à chacun d'entre eux, à entrer dans les réseaux de la mondialisation.

Tous ont affirmé leur rupture avec l'idéologie socialiste au profit de principes capitalistes, au moment où l'implosion du camp soviétique mettait fin au monde bipolaire. Commune à l'ensemble du monde post-soviétique, cette réorientation idéologique fondamentale a été assumée par des dirigeants centrasiatiques qui, quelque temps auparavant, étaient encore les chantres de la planification socialiste soviétique, ce qui confirme la grande habileté avec laquelle les élites politiques ont, dans la plupart des pays de la région, traversé la « transition ». Ce changement de paradigme économique n'a pas conduit les pays centrasiatiques à fidèlement suivre le modèle de la « transition » ni à adopter un système économique commun. Entre libéralisme extraverti et étatisme autocentré, différentes voies capitalistes ont été tracées au cours des dernières décennies[30]. Le Kirghizstan a fait le choix, dans les années 1990, de décollectiviser et désétatiser l'économie, avant d'intégrer en 1998 l'Organisation mondiale du commerce (OMC) ; l'Ouzbékistan s'est engagé dans un processus de transition graduelle,

[30] Richard Pomfret, *The Central Asian Economies since Independence*, Princeton University Press, Princeton, 2006.

caractérisé par la perpétuation du rôle dominant de l'État ; le Kazakhstan, première puissance économique régionale, tente, de son côté, de concilier ces deux approches, en célébrant le patriotisme économique tout en développant les échanges extérieurs, en réaffirmant le rôle de l'État et des entreprises qui lui sont liés tout en discourant sur la liberté d'entreprendre. Il est membre de l'OMC depuis novembre 2015.

Partout, l'adoption des principes de l'économie de marché a été accompagnée de l'essor, à toutes les échelles, des inégalités sociales et spatiales[31]. Tandis que la majorité de la population a essuyé les conséquences de la crise économique, l'élite politico-économique s'est approprié une part grandissante des richesses et a adopté des stratégies d'agrégation socio-spatiale incarnées par l'apparition de quartiers élitaires, quelquefois fermés, dans les grandes villes. Puis, dans les années 2000, l'amélioration de la situation économique, spectaculaire au Kazakhstan, a autorisé l'émergence d'une « classe moyenne », dont le mode de vie s'inspire des pratiques globalisées. Si les dynamiques migratoires ont concentré l'attention de nombreux travaux, ce changement social constitue une autre évolution fondamentale des sociétés centrasiatiques qui, tout en conservant des structures communautaires qui comblent partiellement les écarts de richesse, voient leur organisation socio-économique se rapprocher des sociétés capitalistes globalisées.

Enclavement, développement et mondialisation : s'affranchir des contraintes géographiques ?

Dès que leur existence a été reconnue par la communauté internationale, les pays d'Asie centrale ont exprimé leur volonté de développer de nouvelles relations avec les différents acteurs internationaux, en accélérant le processus d'ouverture initié par l'URSS pendant la perestroïka après la longue fermeture du milieu du XXe siècle. Dans cette quête, ils ont toutefois été confrontés à la généralisation de l'enclavement, phénomène qui accompagne souvent le morcellement des constructions territoriales impériales[32]. La nouvelle carte politique de l'Eurasie fait en effet de l'Asie centrale le cœur du plus vaste ensemble de pays enclavés.

---

[31] O.I. Škaratan (dir.), *Social'no-èkonomičeskoe neravenstvo i ego vozproizvodstvo v sovremennoj Rossii* [Les inégalités socio-économiques et leur reproduction en Russie contemporaine], Moscou, Olma Media Group, 2009 ; J. Thorez, « *The Post-Soviet space between North and South : Discontinuities, Disparities and Migrations* », in S. Hohmann, C. Mouradian, S. Serrano, J. Thorez (eds.), *Development in Central Asia and the Caucasus – Migration, Democratisation and Inequality in the Post-Soviet Era*, London – New York, I.B. Tauris, 2014, p. 215-241.

[32] François Doumenge, *Enclavement et développement*, Agence de coopération culturelle et technique, Paris, 1986.

Or, l'enclavement est une situation géographique contraignante, du point de vue tant politique qu'économique. Tout en refusant toute forme de déterminisme géographique, il faut souligner à quel point ce déficit d'accessibilité, lié tout autant au dessin des frontières qu'au tracé des réseaux, apparaît comme un frein au développement des États indépendants et souverains[33]. D'une part, cette configuration territoriale introduit une dépendance vis-à-vis des pays de transit qui peut limiter l'exercice de la souveraineté. Concrètement, les échanges continentaux des pays centrasiatiques reposent sur une traversée obligatoire du territoire des pays voisins – la Russie, la Chine, l'Afghanistan, l'Iran, l'Azerbaïdjan – qui implique un accord entre les différents États. D'autre part, l'enclavement entrave la croissance économique et, plus largement, le développement. Les économistes ont en effet démontré que cette situation géographique occasionne un déficit de croissance dans les pays enclavés par rapport aux pays littoraux, toutes choses égales par ailleurs[34]. Des coûts de transports plus élevés tendent à limiter le commerce extérieur et, par voie de conséquence, à ralentir la croissance économique. Le déficit de croissance oscillerait entre 0,3 % et 1,5 % ce qui, à moyen et long termes, est une réelle contrainte pour des pays centrasiatiques déjà affectés par la crise consécutive à l'implosion du système économique soviétique.

Face à cette situation, les pays nouvellement indépendants ont donné à la construction territoriale de l'indépendance une importante dimension internationale. L'insertion dans la mondialisation a partout guidé l'action des autorités, quoique la politique économique ait varié selon les États. Mais l'entrée de l'Asie centrale dans la mondialisation est aussi le produit de la diversification des acteurs – politiques, économiques, sociaux – agissant dans la région. D'une part, les changements politiques et économiques ont permis l'émergence de nouveaux acteurs centrasiatiques, économiques et sociaux, formels et informels, dont le rôle est essentiel dans l'arrimage de la région aux réseaux de la mondialisation. D'autre part, la transition géopolitique a incité les puissances régionales et mondiales à s'intéresser à l'Asie centrale, de même que les entreprises transnationales. Ces conditions font de l'intégration de la région dans la mondialisation un processus multiforme, qui articule dynamiques institutionnelles et pratiques informelles.

---

[33] Julien Thorez (2007), *op. cit.*

[34] Gaël Raballand, *L'Asie centrale ou la fatalité de l'enclavement ?*, IFEAC / L'Harmattan, Paris, 2005.

Ouverture et mondialisation : dynamiques officielles et pratiques informelles

De même qu'ils ont fait de la fermeture des nouvelles frontières un élément essentiel de la construction des nations, les États centrasiatiques ont décidé de l'ouverture – maîtrisée – des anciennes frontières de l'URSS, dans la perspective de favoriser leur insertion régionale et internationale. Les gouvernements ont décidé de faciliter la circulation internationale, en amendant les dispositifs contraignants qui existaient pendant la période soviétique, à l'exception du Turkménistan, qui maintient un contrôle très strict sur la mobilité des personnes et des marchandises – la sortie du territoire national est, par exemple, toujours fermement soumise à l'autorisation de l'administration. Les ressortissants du Kazakhstan ou du Kirghizstan peuvent librement se rendre à l'étranger ; l'Ouzbékistan a conservé des dispositifs de surveillance (visa...) qui, cependant, n'empêchent pas la mobilité – le pays est ainsi devenu, comme le Kirghizstan et le Tadjikistan, une terre d'émigration à l'origine d'un intense flux de travailleurs polarisé par la Russie et, secondairement, par le Kazakhstan[35].

La décision d'ouvrir les anciennes frontières s'est concrètement traduite par l'instauration de plusieurs points de passage sur les frontières communes avec la Chine, l'Afghanistan et l'Iran, en complément des quelques postes-frontières ouverts pendant la perestroïka. Désormais, toutes les portions de la longue enveloppe méridionale de l'Asie centrale, y compris la montagneuse frontière entre le Tadjikistan et la Chine, accueillent au moins un poste-frontière. L'ouverture des frontières, qui a également concerné la circulation aérienne, a contribué à changer la géographie des échanges, d'autant qu'elle a été accompagnée de la construction de nouvelles infrastructures de transport. Des voies ferrées ont été réalisées entre le Turkménistan et l'Iran et entre le Kazakhstan et la Chine ; des routes ont été édifiées ou rénovées sur l'ensemble des itinéraires internationaux. La diversification des axes de transport, qui étaient jusqu'alors dirigés vers la Russie, a aussi reposé sur la construction de nouvelles conduites – oléoducs et gazoducs – qui permettent au Kazakhstan, au Turkménistan et, secondairement, à l'Ouzbékistan, d'exporter les hydrocarbures produits dans le bassin caspien, en venant compléter le réseau édifié pendant la période soviétique. En renforçant les voies orientales et méridionales de désenclavement, ce remodelage des réseaux de transport continentaux a permis de réduire le niveau d'enclavement des pays centrasiatiques. À

[35] Ž. A. Zajončkovkaâ et G. S. Vitkovskaiâ (dir.), *Postsovetskie transformacii: otraženie v migraciâh* [*Les transformations post-soviétiques au miroir des migrations*], Adamant, Moscou, 2009.

l'échelle locale, les transformations du système de flux font que, dans l'ancien espace frontalier « soviétique », la logique de confrontation tend petit à petit à s'effacer au profit d'une logique de circulation.

Les anciennes frontières restent cependant des zones militarisées – les pays centrasiatiques assurent notamment une surveillance stricte de leurs frontières avec l'Afghanistan, en raison de l'instabilité de leur voisin méridional[36]. Mais elles ne sont plus le lieu d'une opposition idéologique et politique entre les États. Au contraire, elles tendent à incarner les partenariats politiques et économiques qui se développent en Asie intérieure depuis deux décennies. Depuis leur indépendance, les États centrasiatiques entretiennent en effet des relations bilatérales et multilatérales avec les puissances régionales, y compris le Turkménistan, qui a fait reconnaître son statut de pays neutre en 1995[37]. Ils ont ainsi adhéré à des organisations supra-étatiques – l'Organisation de la Conférence Islamique, l'Organisation de Coopération Économique – mais également, pour le Kazakhstan, le Kirghizstan, l'Ouzbékistan et le Tadjikistan, à l'Organisation de Coopération de Shanghai. La plupart d'entre eux ont aussi conservé des liens privilégiés avec les anciennes républiques soviétiques, au sein des différentes organisations « post-soviétiques » (CEI, OTSC, etc.). Le Kazakhstan et le Kirghizstan, qui soutiennent les mécanismes d'intégration régionale, sont ainsi membres de l'Union économique eurasiatique. Les pays centrasiatiques ont parallèlement établi des relations étroites avec les puissances et les organisations occidentales (UE, OTAN, etc.). Ces coopérations inédites n'ont pas débouché sur un basculement de leur assise géopolitique comparable à celui des pays d'Europe orientale, mais elles ont contribué à leur intégration rapide à la communauté internationale. C'est dans ce contexte que le Kirghizstan, le Tadjikistan et l'Ouzbékistan, qui sont membres du Partenariat pour la Paix, ont accueilli des bases militaires occidentales (états-unienne, française, allemande, etc.) dans le cadre de l'opération engagée par l'OTAN en Afghanistan en 2001. Cette présence, qui n'a pas suscité, dans un premier temps, l'hostilité de la Russie, a perduré au Kirghizstan, jusqu'en 2014, quand les États-Unis ont quitté la base aérienne de Manas, et, en Ouzbékistan, jusqu'au départ des troupes allemandes de Termez, en 2015.

L'intérêt des acteurs régionaux et mondiaux pour l'Asie centrale renvoie tout autant à des ambitions géopolitiques qu'à des stratégies économiques. Outre leur intérêt ponctuel lié à la guerre en Afghanistan, les États souhaitent mettre à profit le « vide » géopolitique laissé par la

[36] Julien Thorez (dir.), 2015, *op. cit.*
[37] Martine Laruelle, Sébastien Peyrouse, 2010, *op. cit.*

disparition de l'URSS pour renforcer leur position au cœur du continent eurasiatique, avec, quelquefois, comme arrière-plan conceptuel l'idée – très discutable – avancée au début du XXe siècle par Mackinder, que la domination de l'Asie intérieure favorisait celle de l'Ancien Monde[38]. De leur côté, les firmes transnationales s'intéressent prioritairement aux ressources du sous-sol centrasiatique (hydrocarbures, minerais, etc.)[39], tandis que les petites et moyennes entreprises appréhendent davantage l'Asie centrale comme un nouveau marché. Tous contribuent à la mondialisation d'une région où ils développent souvent des stratégies rivales. L'évacuation du pétrole de la Caspienne a ainsi fait l'objet de projets concurrents : la Russie a défendu la construction d'un oléoduc reliant l'ouest du Kazakhstan au port russe de Novorossisk sur la mer Noire (*Caspian Petroleum Consortium*), tandis que les États-Unis ont apporté leur soutien à la conduite reliant Bakou, Tbilissi et Ceyhan, port turc situé sur la mer Méditerranée (*BTC*), qui a été inaugurée en 2005. Par ailleurs, la Chine a édifié un oléoduc entre l'ouest et le centre du Kazakhstan et le Xinjiang.

La présence de ces acteurs étrangers aux ambitions concurrentes, voire, dans certains cas, hostiles, a incité de nombreux observateurs à reprendre l'expression du « Grand Jeu », par référence à la lutte qui opposa, au XIXe siècle, les empires russe et britannique pour la domination de l'Asie intérieure. Pourtant, pas plus que l'expression « nouvelle Route de la Soie » ne donne à comprendre l'évolution du système de flux, le « nouveau Grand Jeu » ne rend compte de la situation géopolitique actuelle.

D'une part, les États centrasiatiques sont les premiers acteurs de leur insertion dans la mondialisation[40].

C'est ainsi que, depuis leur indépendance, ils ont fait des choix géoéconomiques et géopolitiques différents qui expliquent la diversité de leurs positionnements dans le monde globalisé – de l'isolement du Turkménistan à l'ouverture du Kirghizstan. Et certains pays, au premier rang desquels le Kazakhstan, revendiquent une place reconnue dans l'espace eurasiatique. Aussi les autorités d'Astana multiplient-elles les actions pour faire du Kazakhstan une puissance régionale, en accédant à la présidence de l'OSCE, de l'OCI, en accueillant des négociations internationales, en

---

[38] Yves Lacoste, « Le "pivot géographique de l'histoire" : une lecture critique », *Hérodote*, 146-147, 2012 p. 139-158.

[39] Le Kazakhstan est désormais le premier producteur mondial d'uranium ; Areva compte parmi les entreprises transnationales présentes dans le pays.

[40] Alexander Cooley, *Great games and local rules: the new great power contest in Central Asia*, Oxford University Press, Oxford, 2012.

organisant l'exposition universelle de 2017 ou en candidatant à l'organisation des jeux olympiques, etc.

D'autre part, aucune puissance, pas même l'ancienne puissance coloniale russe, n'a les moyens ni le projet de soumettre la région à un contrôle exclusif. En revanche, ce recours à une rhétorique impériale passée, qui présente la région comme au cœur des enjeux géopolitiques contemporains, satisfait les États centrasiatiques et justifie, pour partie, l'action des puissances étrangères.

Ces différentes voies – politiques, économiques – d'insertion dans la mondialisation relèvent d'un registre officiel, quelquefois institutionnel. Elles sont complétées par des pratiques informelles qui s'inscrivent dans la « mondialisation par le bas »[41]. Comme l'ensemble du monde postsocialiste, l'Asie centrale a vu se développer des réseaux commerciaux informels qui combinent réactivation des pratiques soviétiques apparues face aux carences (pénuries, etc.) du secteur officiel, réponse à la crise économique et sociale post-soviétique et exploitation des opportunités offertes par l'ouverture des frontières. Dans ce cadre, de multiples commerçants circulent, ainsi que leurs marchandises, entre des hauts lieux du commerce international (la Chine, la Turquie, les EAU, ainsi que la Corée du Sud ou l'Iran) et l'Asie centrale, où leurs produits sont diffusés dans l'ensemble de la région, depuis les grands marchés de redistribution jusqu'aux bazars et magasins ruraux. Ces activités tendent actuellement à se structurer, ce qui n'empêche pas le commerce « informel » de conserver un rôle décisif : au Kirghizstan, la majorité des marchandises importées de Chine n'est toujours pas enregistrée officiellement.

De surcroît, ces réseaux commerciaux, qui acheminent essentiellement des biens de consommation courante, contribuent à faire entrer la mondialisation dans le quotidien de toutes les populations centrasiatiques, à travers leur confrontation régulière avec des produits / objets d'importation nouvellement présents sur les marchés de la région. Plus encore, les « classes moyennes » urbaines adoptent des pratiques de consommation globalisées, notamment au Kazakhstan, où de nombreux *malls* standardisés accueillant espaces de consommation et de loisir ont été édifiés, à Astana et à Almaty. Cette « globalisation » de la consommation entre, à bien des égards, en contradiction avec la célébration des valeurs nationales. Pourtant, sans surprise, les autorités kazakhstanaises promeuvent aussi bien l'une que

---

[41] Julien Thorez, « Bazars et routes commerciales en Asie centrale – Transformation post-soviétique et "mondialisation par le bas" », *Revue Européenne des Migrations Internationales*, 2008, 24, 3, p. 167-189 ; B. Kaminski, S. Mitra, *Borderless Bazaars and Regional Integration in Central Asia*, The World Bank, Washington, 2012.

l'autre, car le Kazakhstan indépendant et prospère est pensé comme une nation dans la mondialisation.

Vingt-cinq ans après la disparition de l'URSS, les pays d'Asie centrale sont entrés dans la mondialisation, indépendamment de leurs divergences nationales. Au tournant du XXIe siècle, des nations mondialisées se sont substituées à une région soviétique, au cours d'une transformation spectaculaire des sociétés, des économies et des territoires, portée aussi bien par des acteurs nationaux qu'internationaux. L'intensification des relations internationales – politiques, économiques, etc. – n'empêche pas la région de demeurer un pôle secondaire dans le monde globalisé. Malgré les discours qui célèbrent la renaissance du commerce transcontinental, l'Asie centrale n'a pas recouvré sa fonction d'interface entre l'Asie orientale et l'Europe occidentale, en raison de la primauté du transport maritime sur le transport continental. Malgré la rhétorique qui exalte la centralité de la région, l'Asie centrale s'apparente à une périphérie largement dépendante des puissances mondiales et régionales, au premier rang desquelles la Russie et la Chine.

Quoiqu'il en soit, affirmation des nations et intégration dans la mondialisation sont des processus indissociables dans la région, car ils procèdent d'une origine commune – la disparition de l'URSS. Ils prennent toutefois des formes contradictoires : à la fermeture des nouvelles frontières répond l'ouverture des anciennes limites ; à la désintégration régionale s'oppose l'insertion internationale.

Les autorités centrasiatiques doivent gérer ces paradoxes, en effectuant des arbitrages qui donnent ponctuellement la primauté à telle ou telle politique, à telle ou telle dynamique. Le choix de fonctionnaliser les nouvelles frontières au milieu des années 1990 a signifié que les autorités centrasiatiques privilégient à ce moment la construction nationale, alors que l'intégration régionale est reconnue comme la principale parade à l'enclavement *i.e.* comme un potentiel levier de développement[42].

Pourtant, la question du développement reste entièrement posée dans une région dont la trajectoire post-soviétique, orientée par la crise des années 1990, est marquée par le glissement du « Nord » vers le « Sud » dans les grandes lignes de partage du monde contemporain.

Julien THOREZ
Chargé de recherche au CNRS
UMR 7528 Mondes iranien et indien

---

[42] Gaël Raballand, *op. cit.*

NATION, QUEL AVENIR ?

La Grèce, la frontière, l'Europe[1]

Dans *Le Prince*, Machiavel débute ses considérations sur l'art de la politique en soulignant qu'un paysage n'apparaît pas de la même façon selon qu'il est vu de la montagne ou d'une plaine. Il en va *a fortiori* de même pour des signifiés comme ceux qui nous occupent ici, « nation » et « mondialisation », qui se réfèrent à des territoires ou à la façon dont sont structurés les rapports entre des configurations politiques ou économiques à forte dimension territoriale et spatiale. Le point de vue où l'on se place peut toutefois se décliner de plusieurs façons, chacune définissant une perspective distincte. Celui que j'adopterai est celui d'une formation nationale particulière, la Grèce, avec laquelle j'entretiens des liens personnels, non pas pour m'y enfermer, mais pour essayer d'appréhender des tendances plus larges, qui concernent le monde dans lequel nous vivons. La Grèce est certes un petit pays, mais, par sa position géographique, politique, géopolitique et économique, elle est un avant-poste de l'espace européen, et aussi sa frontière. On peut donc penser que voir le monde à partir d'un tel lieu permet de saisir avec une acuité particulière certaines des tendances qui sont à l'œuvre. Saisir la Grèce comme avant-poste et frontière signifie la comprendre comme un lieu de délimitation et de contact permanent entre l'« Europe », mais aussi, et la distinction est de taille, l'Union Européenne (UE), et son extérieur, ou plutôt son Autre, à savoir ce par rapport à quoi, voire même ce contre quoi, elle se définit et se construit.

Nul hasard, donc, si c'est en Grèce que la « crise des réfugiés », qui a atteint son moment culminant en 2015, s'est révélée avec une violence spectaculaire qui a placé le pays au centre de l'attention de l'opinion publique européenne internationale. Je mets le terme de « crise » entre guillemets pour souligner qu'il n'est en rien neutre. Pourquoi faudrait-il en effet que l'arrivée, durant l'année 2015, d'environ un million de personnes,

---

[1] Ce texte est une version augmentée et actualisée d'une intervention effectuée aux Quatrièmes Rencontres d'histoire critique, organisées par la revue *Cahiers d'Histoire*, et l'Université populaire 92, tenues à Gennevilliers le 28 novembre 2015. Le thème des Rencontres portait sur « Nation(s) / Mondialisation(s) : toute une histoire ».
Je remercie Pascale Arnaud pour la transcription de mon propos et Marie-Claude L'Huillier, dont l'amicale insistance a permis à ce texte de voir le jour.

« réfugiés » ou « migrants » – là encore les termes ont leur importance –, dans une entité comme l'UE qui compte un demi-milliard d'habitants soit en tant que telle synonyme de « crise » ? En réalité, la construction de cet événement comme une « crise », avant tout par les autorités de l'UE et de ses États membres, puissamment secondées par le discours médiatique, participe pleinement du problème dont la racine se trouve, j'y reviendrai dans un instant, dans la construction de l'« Europe forteresse ». Et de la violence fondamentale sur laquelle repose son rapport avec cet « extérieur », ou cet « Autre » qu'on appelle maintenant le « Sud global », après l'avoir désigné naguère comme le « Tiers Monde ».

Mais la Grèce est également une frontière *interne* de l'UE, une ligne de front dans la lutte de classes qui s'y mène, là encore avec une acuité et une violence toutes particulières depuis l'éclatement de la crise financière de 2008. La Grèce a servi, depuis maintenant sept ans, de laboratoire à une forme particulièrement brutale de politiques d'austérité, dont la mise en œuvre s'est accompagnée d'un régime d'exception, qui organise la mise sous tutelle du pays par ses créanciers, c'est-à-dire par l'UE et, secondairement, par le FMI. Il faut préciser ici que le caractère d'exception de ce régime n'apparaît tel que d'un point de vue disons « ouest-européen », dans la mesure où il est tout à fait familier aux populations qui ont déjà connu les programmes d'« ajustement structurel » menés à partir des années 1980 sous les auspices du FMI dans les pays du Sud global mais aussi de l'Est européen, suite à l'effondrement des régimes du « socialisme réel ». Il importe donc de voir que la frontière extérieure et la frontière intérieure sont indissociables l'une de l'autre, et qu'elles peuvent même se toucher, prenant ainsi le contrepied de ceux qui pensent que « ce genre de choses n'arrive qu'aux autres » – sous-entendu aux « arriérés » –, c'est-à-dire aux ex-colonisés du Sud et aux vaincus de l'ancien camp socialiste.

En ce qui concerne la Grèce, la mise en place des politiques d'austérité et du régime de tutelle a donné naissance à un cycle de résistance sociale et politique étalé sur plusieurs années et qui s'est soldé par une défaite stratégique et tragique en cet été 2015, avec la capitulation en rase campagne d'Alexis Tsipras et de son gouvernement. Or les retombées de cette défaite continuent de peser lourdement sur les rapports de forces, non seulement en Grèce mais dans l'Europe tout entière, notamment en France, et même au-delà.

Ce que je vais donc tenter dans les remarques qui suivent, c'est d'adopter le « point de vue » de la Grèce, c'est-à-dire un point de vue dominé, pour essayer de penser l'espace européen traversé par des formes de polarisation et de hiérarchie, donc par des rapports de domination, qui mettent en jeu des antagonismes et des luttes déployés sur une multiplicité de fronts. J'examinerai dans un premier temps le cas grec en tant que frontière extérieure, sous l'angle de la « crise des réfugiés », puis, en tant que frontière interne, celle de la lutte à laquelle se livrent des forces sociales antagonistes, à une échelle à la fois nationale et européenne et dans laquelle les institutions de l'UE jouent un rôle décisif. Il deviendra alors possible d'avancer en conclusion quelques pistes sur ce qui me semble être le problème stratégique du moment, à savoir celui de la convergence de ces fronts, et le rôle que les niveaux national, européen, transnational ou international peuvent y jouer.

La « crise des réfugiés », le vrai visage de l'« Europe forteresse »

Commençons par la « crise des réfugiés ». Que nous révèle-t-elle ? Pour aller vite, je dirai qu'elle met en lumière d'une façon éclatante une réalité qui, bien entendu, lui préexiste, mais dont la perception était jusqu'alors des plus limitées. Cette réalité est celle de l'« Europe forteresse », plus exactement de la « construction européenne », c'est-à-dire de l'UE, comme entité reposant sur une violence terrible mais, la plupart du temps, peu visible à partir de son « intérieur », celui des populations qui y habitent[2].

L'« Europe » dont il est question est celle devant laquelle viennent s'échouer par milliers des gens qui risquent leur vie et, parfois, la perdent, en essayant d'y accéder, et qui, malgré tout, le plus souvent, y parviennent. Ils le doivent avant tout à leur obstination et à leur ingéniosité, mais aussi, bien que dans une bien moindre mesure, à la pression de secteurs significatifs des opinions publiques qui prennent conscience de l'ampleur du problème. C'est notamment ce qui s'est passé dans la conjoncture particulière de l'année 2015, comme effet d'une crise régionale plus vaste dans l'éclatement de laquelle les puissances européennes portent une responsabilité écrasante. Il convient de le souligner, l'Europe n'est pas extérieure à la crise du Grand Moyen-Orient (GMA).

Sans remonter loin dans une histoire tout entière jalonnée par les guerres impérialistes menées par divers États européens au cours des deux dernières décennies, ceux-ci ont été, à des titres divers, partie prenante des guerres et autres interventions militaires qui ont conduit à la désintégration de l'État irakien, à la fracturation de la Syrie et à l'implosion de la Libye. L'exode des populations, dont une toute petite partie, une toute petite partie

---

[2] Pour une analyse historique de la construction de l'« Europe forteresse », cf. Fran Cetti, « *Fortress Europe : The War against Migrants* », *International Socialism Journal*, 148, 2015, p. 45-74.

seulement, essaie de venir en Europe, est la conséquence directe de ce processus de destruction des États, forme caractéristique de l'action menée actuellement par les puissances impérialistes, différente en cela tant de la conquête territoriale que des stratégies de reconstruction nationale menées par le passé.

Voilà où réside sans doute le premier paradoxe. On parle d'une « crise migratoire », ou d'une « crise des réfugiés », d'une ampleur majeure pour l'Europe et qu'il faudrait considérer comme un problème, voire comme une menace. Regardons un peu quelques données : au cours de l'année 2015, soit le moment culminant de cette crise, environ un million de personnes sont entrées dans l'UE, dont les quatre cinquièmes à partir de la Grèce. Le chiffre peut paraître important mais, en réalité, il ne représente qu'une toute petite fraction de la vague de 50 millions de réfugiés que la crise du Grand Moyen-Orient a provoquée ces dernières années. À titre de comparaison, le Liban, pays de moins de cinq millions d'habitants, en a accueilli près d'un million, et plus de deux millions se trouvent en Turquie. Quand on parle de flux migratoires, même si la comparaison peut paraître naïve, il faudrait également les rapporter à cette migration saisonnière autrement plus significative en termes de nombre qu'est le tourisme. La Grèce s'est félicitée d'une année touristique exceptionnelle avec 25 millions de visiteurs. Donc 25 millions de visiteurs sont entrés dans le pays, ils y ont effectué des allées et venues de façon tout à fait normale sans que cela produise de crise particulière, bien au contraire, puisque c'est considéré comme tout à fait bénéfique pour l'économie mais aussi pour ceux qui ont l'occasion de visiter le pays. Naturellement, un réfugié ou un migrant ne vient pas faire du tourisme, elle ou il vient pour échapper à la persécution et tenter de construire une vie meilleure. On peut néanmoins se poser la question de savoir pourquoi un flux d'un million de personnes qui essaient d'entrer et de s'installer dans un espace de 510 millions d'habitants – c'est la population de l'UE – est censé provoquer une telle « crise ». La réponse est, à mon sens, très simple. En réalité, il n'y a pas de crise des réfugiés mais une crise du « régime des frontières » qui s'est construit autour de ce dispositif de l'Europe forteresse[3]. C'est ce régime, confronté à un événement comme celui de la crise du Grand Moyen-Orient, qui produit cette « crise des réfugiés » et qui, par la suite, la met en scène auprès des opinions publiques.

Comment faut-il comprendre cette idée de régime des frontières que l'on désigne par cette notion d'« Europe forteresse » ? J'utilise cette

[3] Sur cette notion, lire Nicholas De Genova « The Crisis of the European Border Regime: towards a Marxist Theory of Borders », *International Socialism Journal*, 150, printemps 2016, p. 1-54. isj.org.uk/the-crisis-of-the-european-border-regime-towards-a-marxist-theory-of-borders/

métaphore pour des raisons de commodité et parce qu'elle permet de capter une partie de la réalité de la chose, d'en donner du moins une représentation qui frappe les esprits et qui fait sens. Il ne s'agit toutefois que d'une métaphore, qui renvoie à l'idée d'une digue construite pour séparer nettement un extérieur et un intérieur et établir un strict contrôle des mouvements entre les deux côtés de la ligne de partage. Or, la digue en question est en fait une affaire extrêmement complexe, et s'il s'agit d'une forteresse, il faut la concevoir à la façon de ces constructions érigées selon un plan très sophistiqué, qui comporte plusieurs lignes de défense faites, non seulement de murs, mais aussi de tranchées, de casemates, et d'avant-postes en tout genre.

À l'époque contemporaine, et avec les moyens technologiques dont les États disposent, les lignes de fortification sont devenues mobiles, elles comportent notamment toutes sortes de moyens de surveillance électronique. Leurs effets sont démultipliés au moyen de partenariats établis avec d'autres États, ou avec des agences transnationales à l'instar de celles qui dépendent directement de l'UE, qui permettent une mise en commun des moyens de contrôle et de surveillance. De ce fait, loin de se traduire par une quelconque « ouverture », l'« européanisation » des frontières s'est traduite par un renforcement et une « rigidification » considérables de l'arsenal traditionnel de contrôle du territoire à travers une démultiplication des lignes d'inclusion et d'exclusion à la fois vers l'intérieur et l'extérieur. La frontière de l'UE, véritable nom de l'« Europe forteresse », s'étend ainsi d'un espace qui va de l'Arctique au Sahara et de l'Atlantique à l'Irak, puisque les pays du pourtour méditerranéen, pour une bonne partie – à commencer par la Turquie – et, même, de l'Afrique saharienne et subsaharienne, sont transformés en « zone tampon » et annexés ainsi au dispositif de la frontière de l'UE. Selon de récentes dispositions discutées lors du Conseil de l'UE qui s'est tenu le 23 mai 2016[4], il est désormais question d'inclure dans cet espace le Pakistan, l'Irak, le Bangladesh ou le Pakistan, afin de faciliter les « réadmissions », *i.e.* les retours forcés de migrants et des demandeurs d'asile – naturellement dans le mépris le plus complet de l'état des droits humains dans la plupart des pays en question.

La notion de « frontière » se trouve ainsi complexifiée, sans que cela entraîne le moindre relâchement du niveau de contrôle exercé sur les individus ou les populations, bien au contraire. Selon une première approximation, on pourrait dire que le relâchement du contrôle sur les

[4] Cf. Carine Fouteau, « Le plan européen pour éloigner les demandeurs d'asile », *Mediapart*, 30/7/2016 *mediapart.fr/journal/international/280716/le-plan-europeen-pour-eloigner-les-demandeurs-d-asile?onglet=full*. Les conclusions du Conseil de l'UE du 23 mai 2016 sont disponibles sur http://data.consilium.europa.eu/doc/document/ST-9111-2016-INIT/fr/pdf.

frontières des États-membres de l'UE s'est accompagné de son renforcement sur la frontière « externe ». En réalité, ce sont les notions même d'« intérieur » et d'« extérieur » qui sont bouleversées, selon un processus à double sens. Car si, d'un côté, le Mali et la Turquie se trouvent intégrés au régime européen (au sens de l'UE) des frontières, on voit, d'un autre côté, se multiplier, à l'intérieur même du territoire de l'UE, des zones « déterritorialisées », soustraites de façon plus ou moins aboutie à l'ordre légal et aux garanties dérivées des conventions internationales dont les États sont en principe partie prenante. Zones et centre de rétention, à proximité des aéroports, des ports ou d'autres points de passage, camps « provisoires », ou supposés tels, où s'entassent dans des conditions qui rappellent celles de zones de guerre les indésirables à qui, à l'évidence, on dénie la pleine humanité.

En réalité, l'espace « européen » est loin de constituer une réalité homogène. Si l'on examine en effet l'espace européen au sens géographique, sans doute le moins contestable du terme, même s'il n'a rien de « naturel », il faut en effet commencer par distinguer les pays qui font partie de l'UE et les autres, dont la Russie, l'Ukraine, la Biélorussie, la Norvège, plusieurs pays des Balkans, la Suisse et, bientôt, le Royaume-Uni. Si on resserre la focale sur la question qui nous préoccupe ici, celle du régime des frontières, donc des conditions d'entrée, de circulation et de sortie de cet espace, les choses sont encore plus compliquées, car ce régime européen des frontières – au sens cette fois de l'UE – ne coïncide que partiellement avec celui constitué par les États-membres de l'UE, tandis que l'espace extérieur à celle-ci se présente également comme une configuration différenciée et soigneusement hiérarchisée.

On peut ainsi distinguer au moins quatre sous-espaces internes à cet espace géographique européen.

– Il y a tout d'abord ce qu'on appelle l'espace Schengen qui regroupe 22 des 28 membres actuels de l'UE, qui est celui au sein duquel on se rapproche le plus, sur le principe du moins, d'une libre circulation des personnes, donc d'un relâchement des frontières internes. Relevons à ce propos deux éléments importants.

– Tout d'abord, le fait que certains pays, au nombre de cinq, font partie de l'UE mais pas de l'espace Schengen. Le Royaume-Uni est de ceux-là, aux côtés de la Bulgarie, de la Croatie, de Chypre et de la Roumanie, et sa prochaine sortie de l'UE ne change rien au fait qu'il aura fait la démonstration qu'on peut en faire partie pendant près d'un demi-siècle sans adhérer au principe de l'espace Schengen. Il s'agit donc d'un deuxième sous-ensemble, interne à l'UE mais soustrait à l'une de ses règles essentielles.

– D'un autre côté, l'espace Schengen s'étend au-delà des frontières de l'UE, puisqu'en font également partie la Norvège, la Suisse et l'Islande, en plus d'enclaves territoriales du type Liechtenstein, Monaco ou Saint-Marin. Il y a donc là un troisième espace, qui est une sorte d'extension du premier, et qui, tout en étant au-delà de la frontière proprement dite, devient toutefois plus « interne », et, de ce fait, plus proche du premier sous-ensemble, que ne l'est le second.

– Et puis, il y a des pays européens qui ne font partie ni de l'UE ni de l'espace Schengen comme, par exemple, bon nombre de pays des Balkans (Albanie, Serbie, Monténégro, Bosnie, Macédoine), mais aussi la Russie, l'Ukraine, la Biélorussie, la Moldavie, ainsi que la Turquie. Cet ensemble est lui-même loin de constituer un tout homogène puisqu'en la matière il est régi par un ensemble de dispositifs – qui vont du visa d'entrée plus ou moins aisément octroyé aux modalités de surveillance concrète de la frontière. Il est lui-même différencié et fait l'objet d'un permanent rapport de forces entre l'UE, certains de ses États-membres et les États en question.

Ainsi donc ladite « construction européenne », c'est-à-dire celle de l'UE, et le régime des frontières qui en découle, loin d'unifier véritablement l'« Europe », conduit au contraire à sa fracturation sur des lignes nouvelles, qui renouent pour partie avec des lignes de partage antérieures à la guerre froide, si ce n'est à la première guerre mondiale, notamment entre une Europe « occidentale » et une Europe de l'« Est », qui correspond à des pays ayant fait partie de l'Empire ottoman ou de l'aire russophone.

Nul hasard justement si l'aire balkanique se détache clairement dans cet ensemble. En réalité, à l'exception de la Grèce, qui continue à cet égard de bénéficier de son statut d'avant-poste de l'« Occident » du temps de la guerre froide – qui fut, en l'occurrence, tout à fait « chaude » puisqu'elle a conduit à une guerre civile –, cette aire a ceci de particulier qu'elle partage une commune condition d'exclusion de la « liberté de circulation » (des personnes, s'entend) de ses ressortissants, que les États en question fassent ou non partie de l'UE. D'où la question de la « route des Balkans », qui fut la principale voie de passage empruntée par les réfugiés et les migrants lors de la « crise » de 2015, avant sa fermeture progressive scellée par l'accord de mars 2016 entre l'UE et la Turquie.

Prenons ainsi le cas d'un réfugié qui entre dans l'UE en passant par la Grèce, qui fait un détour par la Bulgarie, car il y a un engorgement à la frontière au passage avec la Macédoine, puis qui revient vers la Macédoine, continue par la Serbie, passe par la Hongrie pour aller, enfin, en Allemagne, faisant ainsi un parcours quasi complet de la « route des Balkans ». Ce réfugié aura ainsi traversé sept États et pas moins de cinq régimes frontaliers différents, dont deux strictement nationaux et trois qui relèvent des sous-ensembles listés plus haut.

Les choses se compliquent toutefois encore davantage. Si l'on s'en tient en effet au seul sous-espace Schengen, celui-ci apparaît à son tour comme intérieurement divisé et hiérarchisé. Cette ligne de fracture se joue sur la question du droit d'asile. Ce droit est régi par la convention dite de Dublin, qui stipule qu'un réfugié qui essaye d'accéder à l'asile au sein de l'UE doit déposer son dossier là où il a été enregistré, c'est-à-dire dans le premier pays d'entrée de l'UE, et rester dans le pays en question jusqu'à ce que sa demande soit examinée. Dans le cas contraire, il est passible de renvoi vers ce pays, et devient ainsi un « Dublinois », non pas un personnage de James Joyce mais un paria ballotté d'un pays à un autre, au gré de l'application plus ou moins stricte de dispositifs visant essentiellement à l'empêcher de bénéficier de droits en principe garantis par les conventions internationales.

Cette disposition signifie que les pays du sud européen, à savoir la Grèce, l'Italie et l'Espagne, portes d'entrée « naturelles » de l'UE, deviennent une zone de transit ou, plus exactement, une trappe pour les migrants et des réfugiés des migrants. Ainsi donc, avant même de devenir les « PIIGS » de la crise de la dette publique qui éclate à partir de 2010, ces pays sont déjà constitués en une « périphérie » européenne, dont la fonction est de filtrer les « flux migratoires » et d'en préserver ainsi les pays du centre. Pourtant, nous l'avons vu, si le sud de l'UE devient une « trappe à migrants », la véritable frontière européenne ne se situe même pas là. L'UE et les agences qui en dépendent, en premier lieu Frontex, ont en effet passé des accords avec la plupart des pays limitrophes, et ne cessent de vouloir étendre le périmètre de cette aire. Moyennant quelques avantages financiers, ces pays jouent à la fois le rôle de filtres, de sas de rétention, en bref de zones-tampons de la « forteresse UE ». Il se chargent ainsi de dissuader les départs vers l'UE, mais aussi d'accepter les renvois des personnes qui ont transité par leur territoire puisque, en vertu de ses accords, ces pays, dont la plupart sont des dictatures ou des régimes autoritaires, sont considérés comme des « pays sûrs », vers lesquels on peut donc tranquillement renvoyer réfugiés et migrants indésirables sur le sol européen, ou plutôt « UEien ».

Laisser mourir et faire vivre en Méditerranée

À en juger par la répartition des flux migratoires, le critère sans doute le plus pertinent en la matière, la frontière externe de l'UE est avant tout sa frontière sud, et elle est principalement une frontière maritime, la

Méditerranée. Et cette frontière s'avère particulièrement létale, nous le verrons dans un instant. Elle se présente d'emblée comme le lieu où s'exerce un entrelacement de pouvoirs souverains, ceux des États limitrophes bien entendu, mais auxquels se superposent désormais les autorités de l'UE et des agences, notamment de celle qui est plus particulièrement chargée du contrôle des frontières de l'UE, dont l'action transforme considérablement les modalités de l'action étatique – sur laquelle elle prend appui par ailleurs[5]. Ces pouvoirs se manifestent donc avant tout comme pouvoir de vie ou de mort, pouvoir de faire mourir ou de laisser vivre. Pour le dire autrement, l'objectif poursuivi par les mécanismes de contrôle n'est pas d'affirmer une quelconque impénétrabilité des frontières, *a fortiori* quand il s'agit d'une frontière maritime de cet ordre, de rendre impossibles des traversées dont on sait pertinemment que, pour l'essentiel, elles auront lieu de toute façon, mais de décider si et dans quelle mesure ce sera telle ou telle « voie de passage » qui sera empruntée, avec tel ou tel taux de mortalité correspondant à chacune d'entre elles. De décider si, et dans quelles conditions, on choisit de « secourir » ou de laisser secourir, si le secours ou l'accueil prodigué est jugé trop incitatif ou pas assez dissuasif. C'est la théorie de l'« appel d'air » pour que la gestion du flux, donc l'arbitrage qu'elle implique entre laisser mourir (par noyade) et faire vivre, soit jugée acceptable.

Examinons rapidement quelques données. En 2015, année où la « crise des réfugiés » a atteint son point culminant, on a compté environ un million d'arrivées de migrants et de réfugiés sur le territoire de l'UE, la quasi-totalité par voie maritime, et 3.800 personnes décédées en Méditerranée, un nombre en augmentation de près de 10 % par rapport à l'année précédente où le nombre s'élevait à 3.300[6]. En 2016, année pendant laquelle le nombre d'arrivées a drastiquement chuté (passant d'un million à 363.000) du fait de l'accord conclu entre l'UE et la Turquie, ce nombre a pourtant considérablement augmenté, dépassant pour la première fois le seuil des cinq mille, soit une augmentation de 35 %. C'est précisément cet accord qui est responsable de ce record terrifiant, car il a déplacé les voies de traversée de l'est vers le centre Méditerranée, en d'autres termes de la Grèce vers l'Italie. Or cette voie centrale est bien plus dangereuse que la traversée

---

[5] On lira à ce propos la remarquable compilation des articles de Carine Fouteau rassemblés dans le dossier « La Méditerranée, cimetière migratoire » sur le site de Mediapart, mediapart.fr/journal/dossier/international/la-mediterranee-cimetiere-migratoire.

[6] Les chiffres et ceux qui suivent pour les années 2014 à 2017 sont ceux du *Missing Migrant Project* de l'*International Organization for Migration*. Cf. iom.int/news/mediterranean-migrant-arrivals-top-363348-2016-deaths-sea-5079 et missingmigrants.iom.int/ ainsi que *"Migrant Deaths and Disappearances Worldwide : 2016 Analysis"*, *Global Migration Data Analysis*, *Data Briefing Series*, 8, mars 2017.

de la côte turque vers les îles grecques. Quant à l'année en cours (2017), le chiffre pour les cinq premiers mois de l'année est de 1.570 décès pour un nombre d'arrivées bien plus réduit (60.000 contre 200.000 arrivées et 1.400 décès pour la période équivalente en 2016), ce qui veut dire que, malgré une baisse du nombre de morts en chiffres absolus, la létalité des traversées a littéralement bondi, triplant d'une année sur l'autre.

Poursuivons un instant cette comptabilité macabre : depuis 2014, on ne compte pas moins de 13.700 personnes décédées en traversant la Méditerranée, soit une moyenne de 336 par mois. Mais quels sont les chiffres pour les périodes qui précèdent ? Selon les sources considérées comme les plus fiables, venant d'ONG ou d'observateurs comme *UNITED for Intercultural Action*, le *Missing Migrant Project* de l'*International Organization for Migration* ou encore *Fortress Europe,* on obtient les deux estimations suivantes[7]. Selon la première, entre 1993 et 2012, le nombre de décès est de 17.300 personnes ; selon la deuxième, entre 1988 et 2014, il s'élève à 19.800, dont 14.800 en Méditerranée.

La conclusion est tout à fait évidente : la Méditerranée est devenue un véritable charnier liquide, sans que cela suscite d'émotion particulière, du moins jusqu'à la vague de réfugiés et de migrants de ces dernières années, consécutive au grand chambardement moyen-oriental.

L'évolution temporelle de la courbe est du reste tout à fait instructive. Deux éléments s'en dégagent : tout d'abord un nombre de décès très faible avant 1990, et qui n'augmente que légèrement jusqu'en 1995, date de mise en œuvre des dispositions de l'espace Schengen. Comme le soulignent Tamara Last et Thomas Spijkerboer dans leur étude des statistiques de décès de migrants, « le nombre relativement faible de décès de migrants avant 1990 est sans doute lié au fait qu'il était beaucoup plus facile d'atteindre l'Europe par des moyens réguliers, même en l'absence d'autorisation gouvernementale officielle d'immigrer. L'introduction d'obligations de visa pour de nombreux pays d'origine, conjuguée aux sanctions à l'encontre des passeurs, a entraîné un basculement des moyens de transport réguliers, tels que les avions et les ferries, vers les moyens de transport irréguliers comme les bateaux de pêche »[8]. Il ne fait donc aucun doute que c'est le processus d'européanisation des frontières, en d'autres termes la construction de la

---

[7] Pour une présentation d'ensemble et une discussion des chiffres, cf. Tamara Last, Thomas Spijkerboer, « *Tracking Deaths in the Mediterranean* », in Tara Brian & Frank Laczko (dir.), *Fatal Journeys. Tracking Lives Lost in Migration*, International Organization for Migration, Genève, 2014, p. 85-108. Voir également le site de Fortress Europe fortresseurope.blogspot.co.uk/

[8] Tamara Last, Thomas Spijkerboer, « *Tracking Deaths in the Mediterranean* », *loc. cit.*, p. 88.

« forteresse Europe », qui est responsable de ce carnage sans précédent dans l'histoire européenne en temps de « paix ».

Une autre illustration de cette responsabilité spécifique de l'européanisation des frontières – en d'autres termes de l'affirmation d'un quasi-pouvoir souverain de l'UE – dans l'augmentation dramatique de ce « laisser mourir » en Méditerranée se trouve dans l'abandon par l'Italie de l'opération de sauvetage des migrants en mer *Mare Nostrum* et son remplacement par une opération menée par Frontex, donc du ressort direct de l'UE.

Un naufrage survenu le 3 octobre 2013 au large de Lampedusa, qui a provoqué la mort de 366 migrants, déclenche une profonde émotion en Italie et mobilise fortement l'opinion publique. Enrico Letta, alors premier ministre de centre-gauche, lance une vaste opération de la marine italienne destinée à la fois à secourir les émigrants naufragés et à dissuader les passeurs, avec une claire priorité accordée au premier objectif. Pour ce faire, les bâtiments de la marine italienne naviguent jusque dans les eaux libyennes. En moins d'un an, environ 150.000 migrants sont secourus, chiffre tout à fait remarquable si l'on songe que le nombre total d'arrivées en Italie par la mer s'élève à 170.000 pour l'ensemble de l'année 2014[9]. Or, suite au refus de l'UE de couvrir une partie du coût élevé de l'opération (neuf millions d'euros par mois) et à l'hostilité manifestée par les représentants de la droite berlusconienne au sein de gouvernement, Angelico Alfano – ministre de l'intérieur – en tête, l'opération s'arrête à la fin août 2014. C'est alors l'agence de l'UE Frontex qui prend le relais, et lance l'opération Triton. Les moyens sont bien plus limités – et le coût mensuel à peine un tiers de celui de *Mare Nostrum* –, mais c'est surtout le but de l'opération qui change du tout au tout : il ne s'agit plus désormais de secourir les migrants mais de surveiller les eaux territoriales européennes. Résultat : des naufrages non secourus à répétition, une explosion du taux de mortalité qui passe de 1 pour 50 quand les bateaux de *Mare Nostrum* étaient en activité à 1 pour 14 dès l'arrêt de l'opération[10]. Le très mesuré Haut-Commissariat aux Réfugiés des Nations unies (HCR) parle d'une « hécatombe jamais vue en Méditerranée »[11].

---

[9] Source : *International Organization for Migration* iom-nederland.nl/en/406-migrant-arrivals-by-sea-in-italy-top-170-000-in-2014.

[10] Cf. Carine Fouteau, « Morts en Méditerranée : les dirigeants européens n'ont plus d'excuse », Mediapart, 22 avril 2015. mediapart.fr/journal/international/220415/morts-en-mediterranee-les-dirigeants-europeens-n-ont-plus-d-excuses. Cet article donne également accès à l'intégralité du rapport accablant d'Amnesty International.

[11] Alexandre Pouchard, « Migrants en Méditerranée : après "*Mare Nostrum*", qu'est-ce que l'opération "Triton" ? », *Le Monde*, 20 avril 2015.
En ligne : lemonde.fr/les-decodeurs/article/2015/04/20/migrants-en-mediterranee-qu-est-ce-

Le tollé soulevé par un nouveau naufrage au large de Lampedusa, en avril 2015, encore plus meurtrier que les précédents puisque pas moins de 800 personnes y laissent leur vie, forcera l'UE à réagir et à lancer l'opération Sophia. Mais ces missions sont dans la continuité de celles de Triton : « lutte contre les passeurs » et surveillance des eaux territoriales, en d'autres termes : empêcher les migrants d'atteindre les côtes italiennes et dissuader les départs. En avril 2016, Federica Mogherini, haute représentante de l'UE aux affaires étrangères et à la politique de la sécurité – également membre du Parti démocrate de Matteo Renzi, qui a entre-temps succédé à Letta –, lui accorde un satisfecit et déclare que l'opération Sophia est un « succès » puisqu'elle a permis de stopper 68 passeurs, de « neutraliser et rendu hors d'usage 104 bateaux » et de « sauver en mer » 12.600 personnes, soit moins d'un douzième que ce que l'opération *Mare Nostrum* avait permis[12].

L'évolution temporelle de la courbe des décès recèle toutefois d'autres indications utiles. On constate en effet que le nombre de victimes décolle à partir de 2001 et, surtout, à partir de 2003, avec les guerres d'Afghanistan et d'Irak. Ainsi, avant la hausse brutale due à la crise syrienne et moyen-orientale de 2010, on observe un taux annuel apparemment considéré comme « normal » de plus d'un millier de personnes décédées en essayant d'atteindre l'Europe. Je parle ici de « normalité » car comment interpréter autrement le décalage entre l'absence d'émotion suscitée par la mort de dizaines de milliers d'êtres humains, dans leur écrasante majorité des morts « anonymes », non répertoriées par les autorités et indignes d'une vraie sépulture, au sens propre, avec celle suscitée par exemple par le millier de morts causés par la traversée de la frontière entre l'Allemagne de l'Ouest et la RDA (dont un quart à Berlin) durant la guerre froide ?

Je ne vois qu'une seule explication possible à cet état de fait. Un(e) Africain(e), un(e) Arabe, un(e) Afghan(e) qui meurt noyé(e) en Méditerranée, qui fuit la guerre, l'oppression et / ou l'extrême misère, n'est pas vu(e) comme un être humain au même titre que ces Allemands qui tentaient de fuir le « communisme » et qui étaient accueillis comme des héros de la liberté. Et cela prolonge bien entendu une longue histoire qui est celle du colonialisme et des formes, toutes violentes, de domination que l'Europe et l'Occident ont exercées sur le reste du monde et dans la pleine continuité de laquelle s'inscrit la « construction européenne » et son fruit empoisonné, l'UE.

---

que-l-operation-triton_4619129_4355770.html.

[12] Federica Mogherini, « Nous avons sauvé en mer 12.600 personnes avec l'opération Sophia », Entretien avec Cécile Ducourtieux, *Le Monde*, 16/4/2016, lemonde.fr/europe/article/2016/04/16/federica-mogherini-nous-avons-sauve-en-mer-12-600-personnes-avec-l-operation-sophia_4903554_3214.html

Quel est le rôle de la Grèce dans cette situation ? On peut dire qu'il est double. D'une part, la Grèce fait le gendarme – plus exactement le garde-chiourme – de l'Europe, dont elle est le poste frontière sur le vaste flanc sud-est. Cela ne date pas d'aujourd'hui, même si l'accord entre la Grèce et la Turquie de mars 2016 pérennise cet état de fait.

Il faut remonter au moins à la construction de la barrière barbelée[13], truffée de moyens de surveillance électroniques autour de la rivière Evros, qui constitue la seule frontière terrestre entre la Turquie et la Grèce, et qui, depuis son déminage partiel, permettait d'accéder à peu près en sécurité à la Grèce. La décision de sa construction a été prise par le gouvernement « socialiste » en 2011 et l'ouvrage a été inauguré à la fin de l'année suivante par le gouvernement tripartite dirigé par la droite d'Antonis Samaras. Le gouvernement Syriza, qui accède au pouvoir en janvier 2015, n'a rien fait pour mettre à bas cette barrière de la honte, et il faut dire que, sur ce point particulier, le programme initial de Syriza restait vague, même s'il comportait par ailleurs de nombreux engagements en faveur de l'accueil des réfugiés et des migrants, engagements qui ont, pour l'essentiel, assez rapidement connu le sort du reste de ce programme[14].

Or, le drame qui se produit en mer Égée est le produit direct du fait que, suite à la construction de cette barrière, il n'y a plus d'accès dans des conditions minimales de sécurité par voie terrestre en Grèce. La voie maritime, avec son cortège de noyades, de rackets et de drames, a pris le relais d'une route terrestre devenue impraticable. En tant qu'avant-postes et serviteurs zélés du régime européen des frontières, les gouvernements grecs qui se sont succédé ces dernières années portent ainsi une part écrasante de responsabilité dans le carnage qui se déroule dans leurs eaux territoriales.

Le deuxième aspect de l'implication de la Grèce dans la nouvelle phase de la « forteresse Europe » telle qu'elle émerge de la « crise des réfugiés » des dernières années est consignée dans l'accord conclu entre l'UE et la Turquie en mars 2016. Rappelons rapidement le processus qui y a conduit : à partir de l'automne 2015, les pays qui se trouvent sur la « route

---

[13] Le barbelé en question, conçu dans les années 1970 pour sécuriser les installations militaires de l'OTAN en Allemagne, à l'époque cibles d'attentats de la Fraction Armée Rouge, est indestructible et équipé de lames spéciales conçues pour provoquer des lésions létales à quiconque s'y laisserait piéger. Les tribunaux allemands ont interdit sa vente aux particuliers et la société qui le fabrique (Mutanox) a refusé d'en vendre au gouvernement hongrois qui voulait également l'utiliser pour ériger une barrière anti-migrants. Cf. Giorgos Tsiakalos, « La barrière d'Evros et les morts en mer Egée », *Efimerida Syntakton*, 6/11/2015, efsyn.gr/arthro/o-frahtis-toy-evroy-kai-oi-thanatoi-sto-aigaio.

[14] On trouvera un bilan détaillé de la politique du gouvernement Syriza sur les questions des migrants et du droit d'asile dans cet entretien : Mania Barsefski et Thanassis Kourkoulas, *« Europe's Border Guards »*, *Jacobin*, 2/5/2016, jacobinmag.com/2016/05/europe-refugees-migrants-greece-turkey-eu-syria/.

des Balkans » ferment les uns après les autres leur frontière, sous l'impulsion du « groupe de Visegrad » (Hongrie, Pologne, Tchéquie, Slovaquie) agissant en étroite liaison avec l'Autriche et des secteurs du gouvernement allemand hostiles à la politique d'accueil qu'Angela Merkel a mise en œuvre pour une durée limitée. Suite à ce naufrage de toute notion de politique européenne d'accueil des réfugiés, la Grèce cesse *de facto* d'être une zone de transit et devient un camp de rétention à ciel ouvert. Près de 60.000 personnes se trouvent ainsi, du jour au lendemain, prises au piège et des situations intolérables se créent, notamment dans les zones frontalières du Nord du pays et dans les îles les plus proches de la côte turque.

La coordination européenne ayant magistralement échoué s'agissant de l'accueil d'un nombre pourtant fort réduit de réfugiés ne tardera pourtant guère à se remobiliser, cette fois pour les contenir fermement aux portes de l'Europe. En mars 2016, l'UE et la Turquie signent un accord pour sceller définitivement la « route des Balkans ». Chaque disposition de cet accord, accueilli avec un lâche soulagement par Alexis Tsipras et son gouvernement, constitue une violation du droit d'asile tel qu'il est défini par les conventions internationales. La Turquie s'engage ainsi à ne plus permettre les traversées « irrégulières » à partir de ses côtes, en contrepartie d'une promesse de levée des restrictions des visas pour l'UE accordés à ses ressortissants, de l'ouverture d'un nouveau chapitre des négociations sur l'adhésion de la Turquie à l'UE ainsi que d'une aide financière destinée à couvrir une partie du coût de l'accueil des réfugiés sur son sol. Les réfugiés et migrants qui pourraient malgré cela atteindre les îles grecques se verront refouler vers la Turquie. Précisons que si les engagements turcs ont été tenus, ceux de l'UE ne l'ont pas été, élément sur lequel Erdogan ne cesse de jouer.

L'une des dispositions les plus scandaleuses de l'accord UE-Turquie se trouve dans la règle du « un contre un » concernant les réfugiés syriens, à savoir que ceux-ci ne seront acceptés sur le sol de l'UE qu'en tant que contrepartie d'un nombre égal renvoyés sur le sol turc, et ce dans la limite de 72.000 personnes. Par ailleurs, l'accord se traduit par une dégradation dramatique des conditions de séjour des soixante mille réfugiés et migrants piégés en Grèce : les centres d'accueil, tout particulièrement ceux situés dans les îles, se trouvent transformés en centres de rétention fermés tandis que des milliers de fonctionnaires de Frontex sont dépêchés sur place pour prêter main-forte aux autorités grecques et renforcer la militarisation de la frontière. Le renvoi massif des demandeurs qui se voient refuser l'asile a été jusqu'à présent évité, suite aux nombreux recours devant les tribunaux, mais cet acquis est fragile, car les autorités grecques, sous l'étroite supervision de l'UE, renforcent les pressions pour que l'accord UE-Turquie soit intégralement appliqué[15]. Quant aux conditions matérielles de séjour, elles demeurent intolérables, démonstration évidente de la faillite d'une politique conjointement menée par l'UE et le gouvernement grec qui consiste à sous-traiter aux ONG – ou, plus exactement, à des ONG sélectionnées en fonction de leur disposition à « coopérer » avec les autorités – les fonctions que l'État grec défaillant n'est plus en mesure d'assumer.

Pour conclure sur ce point, l'accord entre l'UE et la Turquie ne constitue pas une faute, une transgression des soi-disant « valeurs européennes » car celles-ci ont depuis longtemps sombré dans les eaux de la Méditerranée avec les dizaines de milliers d'êtres humains qui y ont péri. Elle s'inscrit dans le droit fil de la logique qui a présidé dès le départ à la « construction européenne » et qui a fait de la frontière entre l'UE et le reste du monde une ligne qui sépare en fin de compte la pleine humanité, blanche et européenne, de la sous-humanité vouée à une vie précaire et à une mort anonyme dont les eaux de Lampedusa ou de Lesbos sont devenues les éternels témoins.

La Grèce sous le régime de la Troïka, moment de vérité de l'UE

J'en viens maintenant à quelques remarques sur la Grèce comme « frontière interne » de l'Europe, comme avant-poste ou, si vous préférez, comme laboratoire de la lutte des classes telle que les classes dominantes la mènent avec une vigueur renouvelée.

Quand on parle des politiques appliquées à la Grèce, on utilise souvent les mots de politiques d'austérité. C'est juste, bien entendu, mais c'est aussi en partie trompeur car, de l'austérité, il y en a partout, en Grèce comme en France aussi bien qu'au Royaume-Uni, qui s'apprête à quitter l'UE, et cela pour une raison simple. L'austérité et, plus généralement, l'approfondissement des politiques néolibérales, désignent la stratégie de sortie de crise adoptée depuis 2008 par les classes dominantes pour faire face

[15] Suite à un amendement approuvé par le parlement en mars dernier, le ministre de la politique migratoire, Yannis Mouzalas, a repris en main les instances d'appel auprès desquelles les demandeurs d'asile déposent les recours et dont le refus de considérer la Turquie comme un « pays sûr » a jusqu'à présent bloqué les reconductions massives. Ce même ministre a également accordé un rôle décisif dans la procédure d'examen des demandes d'asile à EASO (*European Asylum Support Office*), une agence de l'UE chargée d'appliquer les directives restrictives en la matière. Par ailleurs, la poursuite du blocage des reconductions en Turquie des demandeurs d'asile est suspendue à la décision imminente de la Cour Européenne des droits de l'homme qui délibère sur un recours déposé. Cf. Dimitris Angelidis, « La procédure d'asile est livrée à l'EASO », *Efimerida Syntakton*, 10/3/2016 efsyn.gr/arthro/i-diadikasia-asyloy-paradidetai-sto-easo ; Dimitris Angelidis, « Deuxième avertissement pour les expulsions de réfugiés », *Efimerida Syntakton*, 30/5/2017, efsyn.gr/arthro/deytero-kampanaki-gia-tis-apelaseis-prosfygon.

aux contradictions du régime financiarisé qui se sont manifestées ces dernières années. Il y a pourtant une spécificité grecque comparable à celle dont il a été question à propos du régime des frontières. Cette spécificité, c'est un régime politique d'exception instauré sous la forme la plus achevée et la plus durable en Grèce et, sous une forme plus diluée, dans la périphérie du sud de l'Europe. Ce régime s'est construit par étapes successives, il s'est institutionnalisé autour d'un dispositif dont le signifiant est utilisé par les Grecs pour nommer la période que traverse leur pays depuis sept ans : les mémorandums, en l'anglais, langue-reine en la matière, *Memorandums of Understanding* – ou MoUs comme ils ont parfois été désignés.

En quoi consistent ces mémorandums, au nombre de trois depuis 2010 – sans compter les multiples accords et trains de mesures qui en réactualisent les principales dispositions ? Au cœur de la crise grecque, ainsi que de celle des pays de la périphérie européenne, se trouve le surendettement, à la fois privé et public, qui traduit lui-même des tendances lourdes à la polarisation économique au sein même de l'UE et, tout particulièrement, de la zone euro. Ainsi, la Grèce, le Portugal, l'Irlande et, dans une moindre mesure, l'Espagne ont connu des situations de surendettement alors que l'Allemagne ne cesse de crouler sous les excédents. En arrière-fond de la crise de la dette se trouve donc une configuration européenne qui tend à creuser de plus en plus clairement les écarts entre des pays du centre et une périphérie, ou plutôt des périphéries, car à la périphérie sud interne à l'UE vient s'ajouter la seconde, celle de l'est, de pays depuis longtemps réduits à un statut de Mezzogiorno européen, pourvoyeur de main d'œuvre bon marché. Surendettés, les pays de la « première » périphérie se sont ainsi trouvés dans l'impossibilité d'emprunter sur les marchés, comme les y obligent les règles de la zone euro, et ont dû recourir à des « plans d'aide », c'est-à-dire à des emprunts accordés par les institutions de l'UE, avec la participation du FMI. Les mémorandums ne sont pas autre chose que les accords signés par ces pays, en commençant par la Grèce, en contrepartie des prêts obtenus et qui visent à assurer qu'ils continuent à rembourser leurs dettes. Le mécanisme qui s'est mis en place consiste ainsi à s'endetter de nouveau pour rembourser une dette préexistante, quitte à se retrouver, au bout de l'opération, avec un niveau d'endettement encore supérieur – ce qui s'est effectivement réalisé dans le cas de la Grèce.

Les mémorandums ne sont pas autre chose que la liste des conditions imposées par les créanciers en contrepartie des emprunts accordés. Ce sont des documents qui font des milliers de pages, à peu près un millier pour le texte de l'accord à proprement parler, complété de milliers de pages d'annexes. Ils ont été votés par le parlement grec selon des procédures expéditives, véritable simulacre de débat parlementaire, lequel n'a jamais excédé 48 heures. Ainsi le troisième mémorandum, fruit de la capitulation de Tsipras de juillet 2015, a été voté par le Parlement grec en moins de 24 heures, un mois plus tard. Il y avait même, non seulement, comme à l'accoutumée, une date butoir, mais également une heure précise fixée par l'UE pour que le Parlement vote le texte. Le débat par lui-même a duré environ sept heures, pour un document d'un millier de pages, communiqué aux parlementaires par mail la veille à 17 heures, sans même avoir été traduit, l'essentiel du texte ayant été expédié en anglais. Il en a été de même pour les paquets de mesures d'austérité votés depuis 2010, tous approuvés selon les mêmes procédures expéditives par un Parlement réduit au rôle de chambre d'enregistrement des conditions dictées par les créanciers.

Pour humiliante qu'elle soit, la procédure n'est pas simplement de l'ordre du symbole. Ce qui est en jeu ici, c'est bien le démantèlement de la souveraineté nationale et populaire. J'insiste sur les deux termes : pour imposer la « thérapie de choc », massivement rejetée par la population, il fallait détruire la démocratie, y compris sous sa forme représentative, fort limitée et problématique par ailleurs, donc bafouer toute notion de souveraineté populaire. Mais, pour y parvenir, il était indispensable d'utiliser la machinerie de l'UE pour démanteler la souveraineté nationale, remodeler en profondeur l'État grec lui-même, son fonctionnement institutionnel et la matérialité même de ses moyens d'action les plus essentiels.

La logique de ces mémorandums n'a rien de bien original, ce n'est pas autre chose que les programmes d'ajustements structurels auparavant appliqués dans les pays du sud, sous les auspices du FMI. Leurs ingrédients de base sont invariants : limitation drastique de la dépense publique, dérégulation massive de l'économie, à commencer par celle du marché du travail, diminution drastique du « coût du travail », c'est-à-dire des salaires et des prestations sociales, privatisation de ce qui reste de ressources et d'entreprises publiques. La seule originalité, c'est qu'ils s'appliquent pour la première fois à un pays européen « occidental », et non à la seconde périphérie issue du camp socialiste. Et, pour ce faire, le FMI joue un rôle essentiel, mais relativement auxiliaire, puisqu'il a été appelé à la rescousse par ce qu'on appelle la Troïka, qui réunit les bailleurs de fonds de la Grèce depuis la mise en œuvre des « plans d'aide », c'est-à-dire la Commission européenne, la Banque Centrale Européenne et le FMI. Avec le troisième mémorandum, la Troïka est devenue le « quatuor », du fait de la participation du Fonds monétaire européen de stabilité, et elle est maintenant désignée comme « les institutions » pour faire oublier le nom initial, devenu difficile à porter.

Le but recherché par la mise en œuvre des mémorandums est de dégager des excédents budgétaires élevés – actuellement de l'ordre de 3,5 %

du PIB, appelés à perdurer au-delà même de 2018, date à laquelle vient à échéance l'accord actuellement en cours. Ces excédents sont intégralement consacrés au remboursement de la dette et visent à la rendre « soutenable », à savoir remboursable sans recours à de nouveaux plans d'aide. Par ailleurs, la baisse du coût du travail et la dérégulation de l'économie sont censées apporter des gains de compétitivité, attirer des investissements et conduire, à terme, à un redressement de l'économie.

Le résultat, on le sait, est un désastre sans précédent depuis les années 1930, pire que celui provoqué par la dernière guerre mondiale. En sept ans, la Grèce a perdu plus d'un quart de son PIB, elle est descendue du 28e au 38e rang mondial dans le classement correspondant, derrière la Slovénie, le Portugal et la Tchéquie et dans le voisinage immédiat des pays baltes, mais également de plusieurs pays latino-américains (Uruguay, Barbade, Trinidad, Chili). Dit autrement, en 2009, le PIB par habitant de la Grèce représentait 71 % de celui de l'Allemagne, 69 % de celui de la France, et était supérieur de 62 % à celui de la Corée (du Sud). En 2016, il était estimé à 43 % de celui de l'Allemagne, à 47 % de celui de la France, et il était devenu inférieur de 31 % à celui de la Corée[16]. Le pays se trouve toujours plongé dans la récession, dont seul le rythme s'est atténué, et ce malgré des années touristiques exceptionnelles du fait de l'évolution du contexte géopolitique régional. Le taux de chômage officiel est de 23 %, supérieur à 50 % pour les jeunes. Plus d'un tiers de la population se trouve exposé au risque de pauvreté (35,7 %), seules la Roumanie et la Bulgarie enregistrant un taux supérieur au sein de l'UE[17]. Signe infaillible des situations de détresse, le pays se vide de ses forces vives. Plus de 400.000 Grecs ont quitté le pays depuis 2010, auxquels ils convient d'ajouter plus de deux cent mille travailleurs immigrés qui s'y étaient installés. Près de 70 % des Grecs qui émigrent sont titulaires d'un diplôme universitaire et plus de la moitié appartiennent à la tranche d'âge des 25-39 ans, la plus cruciale dans la pyramide de la population active[18].

Dernier élément – mais certainement pas le moindre – à ajouter à ce terrible tableau : la faillite de cette politique ne se mesure pas seulement à l'étendue des effets destructeurs qu'elle a provoqués, mais à sa totale

---

[16] Source FMI, *World Economic Outlook Database* : imf.org/external/pubs/ft/weo/2016/01/weodata/index.aspx

[17] Source Eurostat : ec.europa.eu/eurostat/statistics_explained/index.php/People_at_risk_of_poverty_or_social_exclusion

[18] Cf. Sofia Lazaretou, « Fuite du capital humain : la tendance actuelle à l'émigration des Grecs durant les années de la crise », *Bulletin de la Banque de Grèce*, 43, 2016, p. 33-57 [en grec] ; Lois Labrianidis, Manolis Pratsinakis, *Outward Migration from Greece during the Crisis, Final Report, London School of Economics' Hellenic Observatory*, Londres, 2014.

incapacité à régler la question de la dette publique de la Grèce, qui fut pourtant à l'origine du recours à ces « plans d'aide », dont il est devenu évident qu'ils n'ont profité qu'aux créanciers du pays, banques grecques et européennes et institutions de l'UE qui, flanquées du FMI, ont pris le relais[19]. D'un ratio de 120 % du PIB lorsque, en 2010, la Grèce a conclu le premier mémorandum, la dette publique s'élève actuellement à 180 % du PIB, et ce malgré un effacement partiel – par ailleurs plutôt avantageux pour la plupart des créanciers – survenu en 2012. Déclarée « hautement non soutenable » par le FMI lui-même, elle est devenue le symbole de l'absence totale d'issue positive de la politique d'asservissement et de pillage ininterrompus menée durant ces années.

Vers un néocolonialisme interne

Ces données suffisent, il me semble, à suggérer, autant que des chiffres le permettent, la violence et la dévastation qui se sont abattues sur ce pays et qui continuent sans cesse à produire leurs effets mortifères. Il ne faut pourtant pas s'arrêter là, car ce qu'il s'agit de comprendre, c'est le mécanisme qui a permis à un tel rouleau compresseur de poursuivre son œuvre, avalant de la sorte trois gouvernements successifs issus de la quasi-totalité du spectre politique, du social-libéralisme bon teint de Georges Papandréou à la droite dure de Samaras puis, au prix d'une volte-face sidérante, à la gauche radicale de Syriza. L'institutionnalisation des mémorandums, leur transformation en un véritable régime contournant l'ordre constitutionnel normal, s'appuie sur un certain nombre de mécanismes qui ont altéré en profondeur la substance même de l'État grec et du fonctionnement des institutions.

Tout d'abord, conséquence immédiate des objectifs macro économiques, listés de façon exhaustive dans les pages du document, qui touchent à la totalité des dépenses de l'ensemble des lignes budgétaires – de l'État central jusqu'à la moindre administration communale – la politique budgétaire est désormais placée sous pilotage automatique. Les dispositions contenues dans les milliers de pages des mémorandums détaillent les mesures que le gouvernement s'engage à appliquer et, surtout, fixe un échéancier précis, au mois près.

---

[19] Sur la question de la dette grecque, on se reportera aux indispensables travaux de la Commission pour la vérité sur la dette grecque mise en place au printemps 2015 par Zoé Kostantopoulou, alors présidente du Parlement grec, et dont les travaux ont été coordonnés par le porte-parole du CADTM, Éric Toussaint. Une synthèse est disponible sur le site du CADTM, http://www.cadtm.org/Synthese-du-rapport-de-la et le rapport intégral est publié sous forme d'ouvrage : CADTM, *La vérité sur la dette grecque*, Les Liens qui libèrent, Paris, 2014.

Mais, l'essentiel réside peut-être dans le dispositif de surveillance de la mise en œuvre de ces mesures. Tous les trimestres, se déclenche la procédure des « revues », barbarisme servant à traduire le terme anglais *review*, qui signifie « évaluation ». La Troïka envoie donc ses fameux hommes en noir à Athènes, qui épluchent les comptes de l'ensemble des administrations et organismes publics. Dans un premier temps, ils se déplaçaient eux-mêmes pour fouiner dans les divers locaux ministériels. Depuis le gouvernement Syriza, ils sont cantonnés à l'hôtel Hilton et sont devenus, dans le parler populaire, le « gouvernement du Hilton ». En réalité, ils ont placé de façon permanente, dans des positions stratégiques de l'appareil d'État, des gens de confiance qui leur fournissent l'information requise à intervalles réguliers. L'une des choses que le premier gouvernement Syriza a découvert quand il a pris ses fonctions, c'est que la Troïka connaît beaucoup mieux que n'importe quel gouvernement grec ce qu'il en est du moindre poste de dépense, de la moindre administration publique dans le pays. Ce n'est que si les envoyés de la Troïka estiment que les objectifs assignés sont bien tenus que la « revue » peut être considérée comme validée et que l'Eurogroupe donne le feu vert pour le versement de la tranche des prêts prévue dans l'échéancier du mémorandum.

Si le feu vert n'est pas accordé, pas de versement ! Et pas de versement signifie *ipso facto* faillite, car la Grèce n'est toujours pas en position de financer le remboursement de sa dette en empruntant sur les marchés et se refuse obstinément à prendre l'initiative d'une cessation de paiements qui, comme le démontre l'expérience historique, est le point de départ indispensable de toute négociation de la dette en faveur du débiteur. À chaque fois, il a donc fallu se plier à la lettre aux exigences des créanciers, qui, à l'occasion de chaque procédure d'évaluation, ont exigé – et obtenu – l'adoption de mesures d'austérité supplémentaires, rendues « nécessaires » par l'incapacité de tenir des objectifs d'autant plus irréalistes qu'ils se heurtent à chaque fois aux effets récessifs que le cadre austéritaire a engendrés. Tel est donc le mécanisme infernal qui s'est mis en place dès le premier mémorandum, et qui n'a connu qu'une brève période de suspension, quand le premier gouvernement Syriza a tenté, entre janvier et juillet 2015, de façon dramatiquement inadéquate et autodestructrice, de résister à la Troïka.

La capitulation de Tsipras et de la majorité de son équipe, en juillet 2015, a conduit à la signature d'un troisième mémorandum, qui représente un approfondissement qualitatif dans l'entreprise de destruction de la souveraineté nationale de l'État grec.

C'est en fait à un véritable démantèlement du cœur même de l'appareil d'État qu'on assiste. Relevons-en rapidement les principaux axes :

de politique budgétaire autonome, il ne saurait de toute façon être question, les mémorandums s'y sont d'emblée substitués. La politique monétaire est depuis longtemps décidée à Francfort, c'est le bazooka pointé par M. Draghi, et, avant lui, par M. Trichet, sur tout État soupçonné du moindre écart par rapport aux politiques dictées par l'UE – rappelons ici qu'avant le goulet d'étranglement des liquidités appliqué à la Grèce, l'Irlande et Chypre avaient déjà fait l'objet de menaces du même type.

Mais ce dernier mémorandum, celui que met en œuvre un gouvernement de « gauche radicale », prévoit d'aller bien plus loin. C'est maintenant le « secrétariat général aux recettes publiques », c'est-à-dire l'équivalent du service du Trésor public chargé de la collecte de l'impôt, qui devient une instance « indépendante », dont le responsable est nommé par le gouvernement seulement après avoir recueilli l'assentiment de la Troïka / Quatuor. Le principe est ici le même que celui qui a présidé à la création de banques centrales « indépendantes », c'est-à-dire non soumises au contrôle du politique et directement reliées à des instances supranationales, en l'occurrence celles qui représentent les intérêts des créanciers, dont elles se chargent en fin de compte d'exécuter les commandements.

Cette agence « indépendante » de collecte de l'impôt se voit accompagner d'un « conseil fiscal » composé de cinq membres, dont la nomination doit de nouveau être approuvée par la Troïka / Quatuor qui, au moindre soupçon de déviance par rapport aux objectifs d'excédents budgétaires, peut décider de coupes dans les dépenses publiques automatiquement exécutoires, à savoir sans nécessiter l'approbation du Parlement. De surcroît, la totalité des biens de l'État grec sont placés sous séquestre afin d'être privatisés. En charge de l'opération se trouve encore un fonds « indépendant », chargé de mener des privatisations du patrimoine public à hauteur de 50 milliards, un montant totalement inatteignable, même en vendant jusqu'au dernier tapis de ministère. Cet organisme, dont la tête est constituée de personnes de confiance des créanciers, est clairement d'inspiration allemande car il a été modelé sur la fameuse Treuhand, qui fut chargée de liquider le patrimoine public de l'ancienne RDA. Et les affaires vont déjà bon train, avec la privatisation des aéroports de région, du port du Pirée, des terrains de l'ancien aéroport d'Athènes, de segments idylliques de la côte, et la liste de la braderie est encore fort longue.

Pour compléter le tout, l'ensemble du système bancaire, dont la recapitalisation avait déjà coûté 40 milliards, entièrement couverts par des emprunts aux frais du contribuable grec, a été bradé à des fonds spéculatifs pour le dixième de ce montant.

Dépossédé de tout contrôle sur sa politique budgétaire et monétaire, l'État grec se voit à présent privé de tout levier d'action, y compris sur des attributions régaliennes telles que la collecte de l'impôt. Les institutions représentatives, à commencer par le Parlement, sont réduites à un décorum, dépossédées même de la capacité de suivre l'exécution d'un budget dont les lignes échappent de toute façon à son contrôle. Cette destruction de la souveraineté étatique s'accompagne de la mise en place d'une variante particulièrement brutale d'« accumulation par dépossession », pour utiliser le concept de David Harvey[20], basée sur le bradage du patrimoine public et le saccage des ressources naturelles et de l'environnement dont bénéficient à la fois des fractions prédatrices de capitaux nationaux et étrangers. Pour le dire de façon abrupte, la Grèce se transforme en néo-colonie, la fonction de son gouvernement national, quelle que soit sa couleur, ne différant en rien de celle d'un administrateur colonial, le simulacre de négociations auquel se livrent les deux parties à l'occasion de cette interminable série de réunions de l'Eurogroupe et de sommets européens ne servant qu'à maquiller superficiellement cet état de fait.

Ce néo-colonialisme doit toutefois être compris dans sa spécificité : il ne diffère pas simplement du colonialisme classique, basé sur la conquête militaire et l'occupation territoriale.

Il est également distinct du modèle postcolonial de maintien de relations multiformes de dépendance politico-économique entre l'ancienne puissance coloniale et les nations devenues indépendantes, même si des points communs existent, notamment dans l'appropriation prédatrice de ressources diversifiées du pays.

L'asservissement de la Grèce s'inscrit bien sûr, comme l'a montré Éric Toussaint[21], dans la longue histoire d'utilisation de la dette comme « arme de dépossession » des classes populaires et des nations dominées, et cela avant même l'ère capitaliste. La Grèce n'est toutefois pas une colonie de l'Allemagne, même si l'Allemagne est la force hégémonique en Europe et le protagoniste incontesté dans la gestion politique de la crise grecque. Il est par ailleurs difficile de parler d'un « impérialisme européen » au sens d'une entité unifiée dont l'UE serait l'expression politique, même si, nous l'avons suggéré, la structure de l'UE conduit à une polarisation et à une fracturation croissante de l'espace économique et politique sur lequel s'étend son emprise.

---

[20] David Harvey, *Le nouvel impérialisme*, Les prairies ordinaires, Paris, 2010.

[21] Cf. Éric Toussaint, « Cinq mille ans de dette comme arme de dépossession », article du 3/4/2017 disponible sur blogs.mediapart.fr/cadtm/blog/030417/5000-ans-de-dette-comme-arme-de-depossession.

Le régime néocolonial doit ici être compris comme « colonialisme interne », un régime de subordination qui résulte des contradictions fondamentales qui traversent l'entreprise de « construction européenne », dont la bourgeoisie grecque est pleinement partie prenante. Confrontée à une crise majeure qui, partie de l'économie, s'est généralisée et étendue vers le système politique, celle-ci a préféré, une fois de plus, accepter la destruction partielle de sa base économique et la vassalisation de son État national pour contrer efficacement la déstabilisation potentielle portée par la révolte des classes populaires.

Le schéma se rapprocherait ici davantage de celui de l'intégration subalterne du Sud italien dans l'État national constitué sous le *Risorgimento*, dont Gramsci a montré les bases structurelles, fruit d'un compromis entre les élites méridionales de propriétaires terriens et la bourgeoisie commerçante et industrielle du nord[22]. C'est ce compromis, effectué aux dépens de la paysannerie et de la réforme agraire, qui aurait permis son émancipation, qui explique pourquoi le Mezzogiorno est voué à reproduire, fût-ce sous des formes renouvelées, le « sous-développement », la position subalterne qui est la sienne dans le cadre du nouvel État national.

Malgré ces limites, car l'UE n'est précisément pas, à l'instar d'un État national, une entité unifiée, expression d'un « peuple européen » (au sens d'un *démos*, d'un sujet souverain) décidément introuvable, ce parallèle avec le colonialisme interne du Mezzogiorno permet de mieux saisir la signification des représentations racistes qui ont resurgi avec force à l'occasion de la crise grecque. On a vu en effet revenir les stéréotypes orientalisants visant à stigmatiser les « cigales » du Sud, paresseuses et corrompues, qui en appellent à la générosité du Nord vertueux pour maintenir leur rente de situation.

Ce qu'il faut pourtant souligner c'est que, même s'il réactive un répertoire préexistant de représentations dévalorisantes, ce racisme n'est ni une survivance ni une régression vers un passé que l'on croyait avoir surmonté, mais bien le produit des contradictions nouvelles qu'engendre précisément le processus de « construction européenne ». C'est parce que celui-ci se fonde sur la dénégation permanente des écarts polarisants qu'il engendre, et parce qu'il dénie non moins vigoureusement l'examen critique des représentations qui fondent la version dominante de l'« européanité », issues d'une longue histoire de domination coloniale et impérialiste, que ce processus alimente les flambées actuelles de racisme et rend compte de leur

[22] Cf. notamment Antonio Gramsci, « Quelques thèmes de la question méridionale » (1926), disponible sur marxists.org/francais/gramsci/works/1926/10/gramsci_19261000.htm. Gramsci donnera une grande ampleur à ces thèmes dans les *Cahiers de prison*.

labilité[23]. Le racisme européen actuel cible ainsi tant les Européens de seconde ou troisième catégorie des périphéries internes (le « Grec paresseux » voisine ici avec le « Polonais qui vient voler le travail d'autrui » dans une sorte d'unité des contraires) que, avec une violence encore supérieure, l'Autre non Européen, non Blanc et « musulman ».

Pour revenir aux catégories gramsciennes, la catégorie de « révolution passive », dont le *Risorgimento* fournit un cas paradigmatique, me semble adéquate pour analyser les processus menés actuellement sous les auspices du « césarisme bureaucratique » que génère la gestion de la dernière crise capitaliste par les institutions de l'UE[24]. En ce sens, il faudrait comprendre la capitulation de Syriza et sa digestion rapide par le régime néocolonial, dont il constitue actuellement le principal – mais ô combien fragile – pilier politique, comme un cas typique de « transformisme », d'écrémage et de cooptation des groupes dirigeants issus des groupes subalternes dans le dispositif existant de la domination. Rappelons ici que, pour Gramsci, le transformisme servait précisément de substitut à un véritable compromis social, impliquant des concessions aux classes subalternes et leur intégration comme force active dans les dispositifs de la société civile, fût-ce dans un cadre délimité et compatible avec la reproduction de leur position dominée. Il constitue, en d'autres termes, l'indice d'une « domination sans hégémonie », qui désigne bien la « composition organique du pouvoir », pour reprendre le terme de Ranajit Guha[25], dont l'UE est l'exemple parfait.

Ce que montre le cas de la Grèce, c'est que le régime d'exception mis en place à l'occasion de la crise de surendettement a instauré une nouvelle ligne de fracture, à l'intérieur même de cette aire qui, juste avant la crise, faisait partie de l'ensemble relativement homogène des pays de l'Europe de l'ouest. Latente lors de la phase antérieure, pendant laquelle la croissance économique a servi à masquer les disparités croissantes, cette frontière interne surgit lors de la crise et renvoie toutefois à un phénomène qui excède la simple dimension économique. Frontière interne et frontière externe ont de fait convergé dans un régime néocolonial chargé de gérer aussi bien la thérapie néolibérale de choc infligée à un pays à la dérive qu'un flux de

---

[23] Sur ce thème, cf. Céline Cantat, « *Narratives and Counter-Narratives of Europe. Constructing and Contesting Europeanity* », *Cahiers Mémoire et Politique*, 3, 2015, p. 5-30 popups.ulg.ac.be/2295-0311/index.php?id=138.

[24] Cf. Cédric Durand, Razmig Keucheyan, « *Bureaucratic Caesarism. A Gramscian Outlook on the Crisis of Europe* », *Historical Materialism*, 23.2, 2015, p. 23-51 erensep.org/images/pdf/2015-04-01_keucheyan_durand1.pdf.

[25] Ranajit Guha, *Dominance without Hegemony. History and Power in Colonial India*, Harvard University Press, Cambridge, 1998.

population migrante mettant à l'épreuve le régime de frontière de la « forteresse Europe ».

Le « point de vue de la Grèce » permet ainsi de capter dans toute son acuité la vérité de l'« État sécuritaire »[26] qui émerge de l'intérieur de l'UE en tant que celle-ci réalise la constitutionnalisation des politiques néolibérales à travers un dispositif soustrait à toute forme de contrôle démocratique. La prolifération à tous les niveaux d'instances échappant aux règles des institutions représentatives, auxquelles est confié un nombre grandissant de fonctions étatiques, et le recours croissant à des méthodes répressives constituent deux aspects majeurs de cette forme politique, version radicalisée de l'« étatisme autoritaire » dont Nicos Poulantzas avait diagnostiqué la montée dès la fin des années 1970[27].

Les méridionaux de la périphérie interne, Européens de seconde zone et Blancs déjà imprégnés d'Orient, sont ainsi appelés non seulement à consentir à vivre sous un régime de dépossession indéfinie de leur souveraineté politique et économique mais, de surcroît, à bien vouloir continuer à jouer les garde-chiourmes de la forteresse pour épargner aux pays du centre le désagréable spectacle de hordes de nécessiteux et de persécutés venant s'échouer sur ces rivages.

Si l'on resserre la focale sur le cas de la Grèce, le constat de son succès s'impose, même si, à moyen terme, son maintien est loin d'être assuré. Ce régime a néanmoins réussi à s'institutionnaliser et à se stabiliser, donc à engendrer une forme de « normalité », ce qui constitue un succès d'autant plus remarquable que la faillite des politiques économiques mises en œuvre est patente. La clé de ce succès réside dans la capacité dont il a su faire preuve pour passer le test de l'arrivée au pouvoir d'une force politique qui se présentait à l'origine comme un adversaire, et qui, par un processus alliant coercition économique et persuasion, en est devenue un serviteur efficace. Cette expérience, unique dans sa radicalité, de transformisme politique exerce un effet dévastateur et durable sur les capacités de résistance des classes subalternes et obère, pour une période au moins, la possibilité de formation d'une contre-hégémonie des subalternes.

Le deuxième succès de ce régime réside dans le fait qu'il a pu remplir son rôle de laboratoire des politiques néolibérales radicalisées dont l'aire d'application, sous des formes certes différenciées, n'est nullement restreinte à la Grèce, ou même aux pays de la périphérie de l'UE. En ce sens, il est clair que, pour prendre cet exemple, la politique de « réformes structurelles »

---

[26] Tony Bunyan, « *Just Over the Horizon : the Surveillance Society and the State in the EU* », Race & Class, 51.3, 2010, p. 1-12.

[27] Nicos Poulantzas, *L'État, le pouvoir, le socialisme*, Les prairies ordinaires, Paris, 2012 (1e édition 1978).

exigées de la France par les instances bruxelloises, au premier rang desquelles figure la liquidation du code du travail, est dans le droit fil de ce que les mémorandums ont mis en place dans le sud Européen. À entendre le programme du candidat Fillon par exemple, une oreille grecque distingue sans peine la familière musique des mémorandums, et même une bonne partie des paroles. À une différence près toutefois, qui est de taille : il manque la Troïka au sens strict. Bien sûr, les pactes européens, celui dit « de stabilité et de gouvernance », celui pour l'euro (dit « Euro plus »), ainsi qu'un ensemble de réglementations (*Six Pack* et *Two Pack*) ont resserré davantage encore le corset néolibéral, et ce pour l'ensemble des pays. Les marges de manœuvre ne sont toutefois, à l'évidence, pas du même ordre selon qu'on se trouve à Athènes ou à Paris ou à Amsterdam.

Pour le dire autrement, le régime néocolonial ne peut se généraliser, ni, *a fortiori*, être transposé en tant que tel dans un pays du « centre » européen. Il reste le signe distinctif du statut de « périphérie interne », dont le « centre » a toutefois besoin s'il veut maintenir ce qu'il reste de crédibilité à un projet d'« intégration européenne » déjà considérablement malmené par le rejet venant d'en bas, dont le Brexit est l'un des symptômes les plus éloquents. Par ailleurs, ce régime remplit une fonction idéologique de « disciplinarisation » fort utile pour les classes dominantes. La façon dont la Grèce turbulente a été matée, et dont ses dirigeants supposés rebelles sont devenus de dociles – bien que très peu fiables – serviteurs de l'ordre néocolonial en fait un cas d'école. Si l'on ne veut pas connaître les déboires des Grecs, mieux vaut se tenir à carreau et obéir aux injonctions bruxelloises, qui finiront de toute façon par s'imposer, comme l'illustre de façon éclatante la gloire fanée d'Alexis Tsipras.

Là réside sans doute le cœur de la question. Car c'est bien entendu par ce qu'elle a révélé de l'impuissance et des illusions de la gauche dite « radicale » que l'expérience grecque nous intéresse au premier chef. C'est par son incapacité à comprendre les mécanismes extrêmement puissants qui ont façonné ce nouvel espace hiérarchisé, polarisé, radicalement soustrait à toute possibilité de contrôle populaire, que les forces de la gauche qui ont essayé d'impulser des ruptures, même partielles, avec ce régime, ont lamentablement échoué. Cette absence de compréhension ne relève toutefois pas d'une simple bévue intellectuelle. Son fondement est politique, il renvoie au refus d'un véritable affrontement avec les forces dominantes, lui-même dérivé de l'intériorisation par la gauche de sa défaite historique. L'aveuglement européiste a joué à cet égard un rôle capital : le ralliement au discours dominant, qui présente l'adhésion au projet de l'UE comme preuve d'« internationalisme » et de défense de « valeurs d'ouverture », a interdit de penser à la nécessité de ce que l'on appelle un « plan B », qui comportait la sortie de la zone euro, comme outil indispensable pour résister au chantage de la Troïka.

Telle est donc la leçon amère de la Grèce pour les forces de la transformation sociale et de la lutte anticapitaliste. Si l'on n'est pas disposé à aller jusqu'au bout dans une logique de confrontation et de rupture avec la cage de fer qui s'appelle Union Européenne, on est fatalement conduit vers la capitulation. La vaine recherche d'une troisième possibilité n'a fait que préparer la voie à cette débâcle aux conséquences écrasantes, pour le peuple grec bien sûr, mais aussi pour les peuples européens. Aucune réflexion stratégique ne peut sérieusement débuter si n'est pas posée d'emblée la nécessité d'une confrontation avec la structure institutionnelle de l'UE politique, expression concentrée de la violence des politiques néolibérales et impériales qui condamnent à une vie précaire déshumanisée, quand ce n'est pas à la mort pure et simple, de populations entières.

La destruction de l'UE s'impose ainsi comme l'une des tâches les plus urgentes, les plus radicales, mais aussi les plus compliquées du combat pour l'émancipation de notre temps.

Stathis KOUVÉLAKIS
King's College, Londres

DES NATIONS DANS LA MONDIALISATION : QUEL AVENIR ?

Avant de présenter la question nationale à Cuba, je voudrais soulever une interrogation absolument « clé » sur laquelle nos réflexions portent de nouveau : quelle est la place de la question nationale, celle de la nation, de l'État-nation dans la mondialisation ?

Première réflexion, et je serai brève par manque de temps : on entend très fréquemment des discours très idéologiques liés à la construction de l'Union européenne et aux modalités de cette construction : la fin de l'État-nation, le dépérissement des nations..., des poncifs rebattus des années durant. Ainsi des pronostics illustrés par Michael Hardt et Antonio Negri, auteurs d'*Empire*[1], mais également par le philosophe Jürgen Habermas. Ces analystes supposent, de manière très schématique, que puisse finalement se construire une démocratie transnationale, dite « post-nationale », des entités politiques nouvelles, en somme. Ce que, parfois, on a appelé – Habermas[2] en particulier – un « patriotisme constitutionnel », une entité politique dont les fondements seraient les droits de l'homme, l'État de droit. Cela n'aurait plus rien à voir avec ce qui avait été historiquement la construction de la nation, avec ses références, sa mémoire, sa culture, ses traditions, mais aussi avec ses crimes, ses massacres dans les colonies et l'expansion impérialiste de la part de ces nations dominantes et opprimantes. On a de fait tenté d'escamoter un processus historique avec ses contradictions, ses zones d'ombre et de lumière et, surtout, on l'a considéré comme étant en voie de disparition.

Néanmoins, ce pronostic est bel et bien démenti par les événements auxquels on assiste aujourd'hui. Ces États, ces nations, persistent et sont même à l'origine de processus de libération nationale. Le discours médiatique critique cependant leur protectionnisme et leur « souverainisme » : ils seraient en fait l'incarnation d'un nationalisme réactionnaire, « ethnique », selon l'expression d'un sociologue. Mais, comme Janus, cette histoire a deux faces, et l'autre visage est celui d'un nationalisme civique, qui a encouragé et encourage encore des prises de conscience dont témoignent les luttes populaires, les luttes ouvrières.

---

[1] Michael Hardt, Antonio Negri, *Empire*, Exils, Paris, 2000.

[2] Jürgen Habermas, *L'intégration républicaine*, Fayard, Paris, 1998 et *Sur l'Europe*, Bayard, Paris, 2006.

Voilà qui interroge. Comme interrogent les difficultés du marxisme avec cette question nationale, un internationalisme prolétarien s'y étant opposé à de multiples reprises. Cela dépend évidemment des interprétations, mais le marxisme a eu du mal à traiter cette question, comme en témoignent les textes des théoriciens. Il semble aujourd'hui capital de reprendre cette réflexion parce qu'en découlent une série de démarches politiques en réalité profondément réactionnaires. Pensons par exemple à la façon dont on a légitimé le droit d'ingérence ou traité les questions du libre-échange. Ou dont M. Strauss-Kahn a accusé de « protectionnisme » ceux qui se dressaient contre les traités libre-échangistes. Ou encore dont on a utilisé l'accusation même de « souverainisme »... Partons donc de ce qu'est devenue l'Union européenne par rapport aux espoirs qu'elle avait pu susciter au début[3] et au vu de ce qu'est devenu le processus de mondialisation aujourd'hui. C'est à dire tout sauf un processus de véritable internationalisation.

Pourquoi ai-je voulu commencer par là ? Parce que je vais parler de Cuba et formuler plusieurs remarques rapides : tout d'abord, la révolution cubaine est incompréhensible si on ne voit pas que la question nationale est au centre de celle-ci. Si elle n'avait pas été une question brûlante depuis des années, la révolution n'aurait pas eu lieu. La conquête de l'indépendance et de la souveraineté est un combat centenaire qu'on a cru terminé et qui ne l'est pas. La révolution cubaine est en effet une anomalie géopolitique : il suffit de prendre une carte et de regarder cette petite île à 150 km des côtes américaines. Elle se situe dans le « périmètre de sécurité des États-Unis », leur « arrière-cour ». Dans la « Méditerranée américaine », pour reprendre la caractérisation de Humboldt. Elle est donc considérée d'un point de vue géopolitique comme vitale pour la sécurité nord-américaine. En Amérique latine, au XIXe et, surtout, au XXe siècle, circulait dans les discussions – et je l'ai encore constaté dans certains comptes rendus de réunions pendant la révolution cubaine – l'expression de « fatalisme géographique », qui écartait ainsi la possibilité de tout processus révolutionnaire. Un vocabulaire utilisé notamment par les partis communistes, mais pas seulement... De plus, à l'époque, la situation économique dans un pays de six millions d'habitants se caractérisait par un contexte très particulier : peu de ressources, et surtout des exportations de café, de sucre et de tabac. Le sucre sous forme brute, non raffinée, était exporté aux États-Unis à hauteur de 80/85 %, le prix étant fixé chaque année par le Congrès américain.

---

[3] Voir, *supra*, les réflexions de Stathis Kouvélakis.

Ensuite, Cuba est formellement indépendante en 1902. Une indépendance tardive car la presque totalité des États latino-américains sous domination espagnole ont conquis la leur au début du XIXe s. Et cela à l'issue de deux guerres d'indépendance qui sont probablement – on peut en discuter pour le Mexique – les plus dures, les plus coûteuses en hommes des guerres latino-américaines. Mais ces guerres fondatrices contre l'Espagne débouchent au début du XXe s. sur une indépendance capturée et dévoyée par les Américains. Finalement, Cuba devient « indépendante » pendant un demi-siècle, de 1902 à 1959, date de la victoire castriste. En réalité un demi-siècle de républiques, de dictatures, que les Cubains appellent d'une expression très jolie mais difficile à traduire en français : « la république médiatisée ». Je traduirais par « la république croupion », tellement diminuée que, dans le dictionnaire Larousse de 1924, alors que Cuba est indépendante depuis 22 ans, elle est présentée comme une colonie américaine.

C'est dire comment est vécue cette soi-disant « indépendance cubaine », véritable néo-colonie dont je n'ai pas le temps de détailler les caractéristiques : corruption, mafias, dictatures, etc. Un État dont on pourrait dire, jusqu'à la dictature de Batista établie en 1952 et renversée par Fidel Castro et Che Guevara en 1959, qu'il n'est pas éloigné de la définition donnée par Engels d'une « bande d'hommes armés ». Définition qui vaut également pour d'autres États d'Amérique centrale... Ce demi-siècle de « République croupion » est vécu par des catégories assez larges de la population comme une trahison des idéaux nationaux qui avaient fait l'objet des deux guerres d'indépendance précédentes. 1959 marque la victoire de la lutte armée et de la guerre de guérilla. Mais pas seulement.

Car il y a une grille de lecture de ce processus révolutionnaire qui est fausse, et dont la direction cubaine porte une part de responsabilité. Ce n'est pas d'abord une guérilla avec les « barbus » qui a finalement vaincu la dictature, mais un mouvement civique national d'une profondeur et d'une radicalité rarement vues. Je pense qu'il n'y a eu ni en Union soviétique, ni même en Chine je crois – on peut en discuter pour le Viêt Nam – un mouvement civique national de l'ampleur de celui qu'a connu Cuba. En 1959, portées par ce mouvement, la lutte armée et la guérilla jouent un peu le rôle de ce que le président Mao appelait « l'étincelle qui met le feu à la plaine », c'est-à-dire le rôle de déclencheur, permettant la victoire sur la dictature de Batista. Ce mouvement national révolutionnaire est appuyé – et tout le monde en est d'accord, y compris les Américains, ce qui explique leurs graves erreurs – par 80 à 90 % de la population en 1959.

Ce mouvement d'une ampleur exceptionnelle a une caractéristique très spécifique, pas seulement à Cuba, d'ailleurs, mais dans d'autres mouvements révolutionnaires latino-américains. Il est national mais aussi internationaliste car beaucoup de dirigeants, dont l'Argentin Che Guevara, n'étaient pas Cubains. Dans les guerres d'indépendance, parmi les principaux dirigeants de la lutte armée, on relève aussi la présence de divers Latino-américains – Dominicains, Haïtiens, combattants de toutes origines. Dans la guérilla de Fidel Castro, outre le Che, de nombreux latinos rejoignent ce combat. Un fait très important et assez rare pour être souligné, qui a toujours été présent à Cuba. Il s'agit bien d'un mouvement civique national, d'une victoire révolutionnaire qui se déroule, en dépit de contraintes géopolitiques majeures, dans un pays où il suffit de voir ce qui s'est passé depuis. Et une question vient à l'esprit tout naturellement : « comment Cuba a-t-il survécu ? ». La gauche cubaine l'affirme : « en 1959-1960, si nous avons survécu, c'est parce qu'à ce moment-là, en pleine guerre froide, nous avons bénéficié de l'aide soviétique ».

L'aide de l'Union soviétique, et je le dis d'emblée pour qu'il n'y ait pas de malentendu, a été à la fois une condition de la survie, une bouée de sauvetage et un nœud coulant autour de la révolution, tout cela ensemble. En 1959-1960, quand les États-Unis coupent les vivres à Cuba, 85 % des importations et des exportations dépendent du marché américain. Comme le dit un historien cubain célèbre : « À cette époque, le problème terrible de Cuba était que nous avions un seul débouché pour le sucre, 85 % des exportations, et un seul débouché pour les importations de pétrole, les États-Unis, ce qui constituait évidemment un étranglement ». Quand tout cela s'effondre, entre 1959 et 1960, à qui Cuba peut-elle acheter du pétrole ? À qui peut-elle vendre son sucre ? Pas à l'Union européenne, qui en a plus qu'il n'en faut. Pas non plus, à l'époque, à la Chine. Elle vend son sucre à l'Union soviétique, et le pétrole est payé avec le sucre.

Voilà qui explique comment Fidel Castro, avec des méthodes dont on peut discuter – car un certain nombre de fois, c'est avec des conceptions politiques discutables, mais en grand stratège qu'il est –, réussit, par le jeu des rapports de force, à préserver pendant des années, jusqu'en 1989-1990, la survie du pays. Avec toutes les contraintes absolument terribles que cela implique.

Dernière remarque : 1989-1990-1991, nouvelle séquence dure, lorsque l'URSS s'effondre... Il y a une certaine analogie entre la situation vécue par Cuba alors et celle connue par l'île en 1959-1960 : toute l'économie du pays s'était reconstruite, dans de mauvaises conditions, mais toujours en dépendant très largement de l'Union soviétique. Or, je peux témoigner qu'à ce moment-là, en l'espace d'un an, la rupture effectuée par Moscou à l'égard de ce tout petit pays est une chose inimaginable. La situation est comparable à celle de la Yougoslavie de Tito. Le pays aurait dû s'effondrer à ce moment-là, car c'est une nouvelle fois le problème de la survie qui est posé. Mais la survie serait incompréhensible si on ne prenait pas en compte la profondeur du sentiment national, de la dignité nationale, qui existe dans ce pays. Il est inexplicable que les Cubains aient survécu à une telle situation, qui se répète pour la seconde fois. On pourrait même dire que c'est la troisième fois en un siècle, parce qu'après les guerres d'indépendance de 1898, à la fin du XIXe siècle, ils se sont déjà en partie effondrés. Mais de nouveau, il y a un sursaut, une résistance, dans des conditions épouvantables qui marquent, à partir de 1990, ce qu'on a appelé à Cuba la « période spéciale » en temps de paix. Il est très difficile de se rendre compte des difficultés dans lesquelles les Cubains ont vécu et de comprendre comment, en dépit de conditions extrêmement dures, ils ont pu réussir à finalement faire mentir ce que disaient à l'époque les exilés à Miami : « On sera l'an prochain à La Havane ». Ils ne sont pas à La Havane pour le moment, ils ne sont toujours pas revenus. Tout cela s'explique par la force d'un sentiment national tellement bafoué, par l'humiliation ressentie par ce peuple au cours de décennies, mais toujours accompagnée d'une résistance forgée par les conquêtes sociales et nourrie par la solidarité latino-américaine.

Il y a là un exemple – et je terminerai sur ce qu'on observe en Amérique latine – de nationalisme internationaliste qui n'a rien à voir avec le chauvinisme. Il est important de souligner que les principaux dirigeants des guerres d'indépendance latino-américaines se sont toujours vécus comme d'abord latino-américains. Et Che Guevara n'est pas non plus une exception. Dans cette situation de crise, surgissent en même temps un espoir et un élément de résistance venant du Venezuela, avec l'élection d'Hugo Chavez. Ici cette situation est mal comprise : Chavez et le Venezuela ne sont pas un paradigme du socialisme. De même, d'ailleurs, qu'aucun des processus en cours en Amérique latine, qui rencontrent beaucoup de difficultés, en Bolivie, au Brésil, en Équateur, au Venezuela ou au Nicaragua, ne représente le paradigme du socialisme.

Mais l'essentiel est de comprendre comment la politique internationaliste de Chavez dans un pays, le Venezuela, a, là aussi, éveillé dans les catégories les plus pauvres de la population des éléments de solidarité sociale et nationale très forts. Il a développé un sentiment d'internationalisme qui s'est nourri du côté tant cubain que vénézuélien et a adopté une politique exceptionnelle en livrant du pétrole, non seulement à Cuba, mais aux petits pays des Caraïbes et aux petits États d'Amérique centrale, à des conditions absolument nouvelles de délais, de prix et autres. Il a évidemment privilégié Cuba et sa décision, à partir de son élection en

1998, lui a permis, malgré la crise, de survivre à nouveau et de repartir dans des conditions qui sont quand même de plus en plus difficiles.

L'Amérique latine, notamment l'Argentine, a subi, dans la première décennie du XXIe s., des plans d'ajustements structurels à peu près comparables à ce que la Grèce est en train de subir[4]. Les révoltes qui ont succédé à ces périodes de libération économique sauvage, qu'on a appelées le « consensus de Washington », vont porter au pouvoir des présidents comme Evo Morales en Bolivie, Rafael Correa en Équateur ou Hugo Chavez. Ces pouvoirs issus de révoltes populaires ont mis en œuvre des processus de démocratisation qui ont en même temps permis des conquêtes sociales toujours très importantes. Mais le processus économique général de modernisation économique se situe dans un cadre d'économie de marché, ce qui pose de nombreuses questions.

Ce processus, qui connaît aujourd'hui de nouveau des écueils, pose une grande question : quelle stratégie, quel modèle de développement peut-on avoir dans ces pays, et en particulier à Cuba ? Ce qui a permis à Cuba de gagner dans une première décennie, puis de survivre au XXIe siècle, rencontre actuellement de grandes difficultés. Même constatation pour les autres pays latino-américains et leurs gouvernants avec la chute des matières premières et, je le répète, parce qu'ils sont restés dans une économie de marché en bénéficiant de prix de matières premières très élevés pendant une douzaine-quinzaine d'années, mais sans avoir changé leur modèle de développement. La conséquence pour Cuba est que l'île est de nouveau entrée dans une période difficile. Malgré le processus de normalisation diplomatique engagé par Raul Castro et Barack Obama, l'avènement de Trump aux États-Unis en 2017 laisse sans doute assez mal augurer de la suite pour Cuba. Et la légitimité nationale de cette révolution, qui a été incarnée par sa direction jusqu'à maintenant, va se reposer de manière très différente à l'avenir, avec la disparition de Fidel Castro[5].

Après une légitimité révolutionnaire sur une période de plus d'un demi-siècle, il a fallu commencer à construire une légalité institutionnelle, ce qui s'avère très compliqué. Tout cela coïncide avec la normalisation diplomatique avec les États-Unis, qui n'est certes pas une « gentillesse » de la part du gouvernement américain, mais fait partie d'un bras de fer déjà à l'œuvre entre les deux pays.

---

[4] Stathis Kouvélakis le rappelle, *supra*, p. 95.

[5] Note de l'éditeur : Fidel Castro disparaît le 25 novembre 2016 et, en 2018, Raul Castro quittera ses fonctions à la tête de l'État cubain.

Autrement dit, l'indépendance, la souveraineté nationale cubaines, qui expliquent que ce petit pays ait tenu et lutté si longtemps, et qui est le socle de son combat, sont de nouveau menacées. C'est donc une question pendante, un point d'interrogation sur l'avenir.

Janette HABEL
Institut des Hautes Études de l'Amérique Latine

NATION ET MONDIALITÉ

Il y a trente ans, on aurait pu affirmer que c'en était fini de la nation et qu'on allait passer de l'ère du national à celle du post-national et du supranational. Le temps des États-nations était irrémédiablement clos, affirmait-on[1]. Mais depuis, le supranational a montré bien plus que ses limites. La mondialisation capitaliste, au lieu de rapprocher les hommes, les a déchirés car elle les écarte, les sépare, les oppose. Les institutions supranationales sont en panne, l'ONU n'est même plus le « machin » dont parlait le général de Gaulle, elle a disparu de la scène publique. Quant à l'Union européenne, point n'est besoin ici de faire un long exposé[2].

Partant de là, si l'on considère que le supranational est en panne, négatif ou calamiteux, faut-il relancer la mécanique du côté des nations ? On l'entend ici et là, y compris à gauche. Par exemple, un penseur radical comme Frédéric Lordon, dont la lecture est passionnante et stimulante, affirme dans un de ses ouvrages récents, *La Malfaçon : monnaie européenne et souveraineté démocratique*[3], que le cosmopolitisme est sympathique mais inefficace, qu'il ne débouche sur rien, que les seules possibilités de mobilisation politique et civile se font dans un cadre national. Et qu'il faut donc partir de ce cadre pour se reconstruire et reconstruire de l'inter-nation. Or, en dépit de l'estime que je porte aux travaux de Frédéric Lordon, je suis en désaccord, non pas sur tel ou tel aspect de sa démonstration, mais sur sa globalité, et je ne pense pas que l'on puisse retenir son hypothèse.

La première raison en est que le monde, aujourd'hui, a une épaisseur qu'il n'avait pas à l'époque où se sont constituées les nations. Il constituait alors une abstraction pour l'immense majorité de la population. Seuls les élites et les savants savaient ce qu'il était. Les gens du commun, comme on disait, ignoraient cet espace et, pour eux, il fallait trouver quelque chose qui était un peu un intermédiaire entre un monde inaccessible et impensable, et

---

[1] Cf. Janette Habel, *supra* p. 121.

[2] La démonstration nourrie de Stathis Kouvélakis a clairement souligné le désastre que constitue cette institution. Cf. *supra* p. 89 *sq.*

[3] Frédéric Lordon, *La Malfaçon : monnaie européenne et souveraineté démocratique*, Les Liens qui libèrent, Paris, 2014.

un « local » trop étroit. À cette époque, la nation a fonctionné comme un intermédiaire entre ce monde insaisissable et un milieu étouffant.

Mais nous n'en sommes plus là : le monde a non seulement acquis une épaisseur symbolique, au travers du développement des communications et des savoirs, mais aussi une épaisseur réelle, en raison de la structuration de l'économie et de la société à l'échelle supranationale. La première question qui nous est posée est dès lors très simple : à l'heure actuelle, quels sont les facteurs, les lois de régulation de cette « mondialité », comme dit le poète Édouard Glissant ? Trois choses : la concurrence « libre et non faussée », la « gouvernance », c'est-à-dire le pouvoir des technocrates, et le jeu des puissances. Si le monde devient structurant, s'il l'est aujourd'hui même, va-t-on pour autant le laisser aux forces dominantes ou va-t-on leur disputer le terrain de la mondialité ? Je tends à penser que, si l'on en reste à l'idée d'un combat avant tout national, on laisse le terrain de la mondialité aux forces dominantes aujourd'hui, et que ceux qui ont à cœur la transformation sociale ne peuvent pas se situer dans cette option.

La deuxième raison qui m'éloigne du point de vue de Frédéric Lordon, c'est qu'il affirme que le supranational a structuré nos défaites politiques et que l'Union européenne en a été la cause. Je pense qu'il est dans l'erreur. Nos défaites, ce sont nos défaites, elles se sont construites chez nous. Et, pour une bonne part, l'Union européenne n'en a pas été la cause mais le prétexte. C'est chez nous que nous avons été battus sur le terrain du service public, de l'égalité, de la mise en commun. Et cela parce qu'à droite, la droite extrême a pris la main et imposé ses thèmes identitaires. Et qu'à gauche, c'est une gauche de résignation qui est devenue dominante, alors que, dans la période antérieure, la gauche de transformation donnait le ton. Les batailles que nous avons perdues l'ont été nationalement et, aujourd'hui, il n'est pas plus facile de battre les forces dominantes à l'échelle nationale qu'à l'échelle supranationale. C'est une illusion de penser que c'est plus facile dans notre pays.

La troisième raison de mes réticences tient au fait que la question de la nation n'est pas inscrite dans n'importe quel contexte idéologique. Ce qui domine aujourd'hui tout particulièrement la scène européenne, mais aussi internationale, c'est la (re)montée d'un nationalisme de rétraction, défensif, partant de l'idée que « nous ne sommes plus chez nous » et qu'il faut reconquérir la volonté d'y être à nouveau contre ceux qui nous menacent. L'idée prévaut qu'à la lutte sociale, la lutte des classes, s'est substituée celle des identités et que le face à face du « eux et nous » a succédé à celui des classes sociales et des projets de société. C'est bien cette opinion qui donne le ton aujourd'hui, il faut l'admettre. Stathis Kouvélakis évoque ici la question de la frontière et il a raison de dire qu'aujourd'hui, de plus en plus, elle devient un mur infranchissable, le mur matériel, le mur technologique[4]. On nous parle de construction des murs, de tout un travail technique, et de dépenses sur la frontière – j'allais dire « immatérielle » – avec drones et systèmes de surveillance tout aussi contraignants et dangereux qu'une frontière concrète.

On peut certes dire aujourd'hui, comme Régis Debray[5], que la frontière se justifie car elle permet à chacun de valoriser les espaces dans lesquels il existe. Que mettre en avant la frontière peut avoir aujourd'hui un noyau de vérité absolue. C'est tout à fait juste. Toutefois, il ne faut pas oublier que la frontière, aujourd'hui, n'est pas ce qui rapproche mais ce qui sépare, ce qui oppose, qui conduit – et j'y reviendrai – à ce qui se rapproche de l'état de guerre.

Voilà les raisons pour lesquelles je ne me reconnais pas complètement dans la réflexion de Frédéric Lordon, pourtant solide et profonde. Mais il me semble qu'il faut avoir à l'égard de la question nationale un point de vue différent, que je formulerai rapidement en trois points.

Le premier, c'est que nous vivons une réalité contradictoire. Et quand on est dans ce cas, qu'on veut transformer la réalité, rien ne sert de passer par-dessus la contradiction. Il faut la maîtriser, l'assumer et la travailler sur le long terme. Tout en sachant qu'il n'y a pas de solution immédiate sans une longue lutte autour de projets de transformation, qui doivent être à la fois nationaux et supra nationaux. Cette contradiction toute simple, on peut l'énoncer de la manière suivante : ce qui structure de plus en plus aujourd'hui l'économie et la société, c'est le supranational. Mais ce dernier n'est pas un espace de politisation démocratique : c'est le territoire par excellence des financiers et des technocrates, du marché libre, de la mondialisation capitaliste, de la « gouvernance ».

À l'inverse, le cadre national reste un espace privilégié de politisation et, donc, d'exercice décisif pour les avancées démocratiques. Mais d'une part, il est aussi celui d'une démocratie bien malade qui laisse à l'écart de la vie publique, par exemple de l'exercice de la citoyenneté, la moitié de la population. Une démocratie à bout de souffle dont les institutions subissent une crise profonde.

D'autre part, cet espace national ne peut plus à lui seul faire face aux enjeux planétaires contemporains. Nous observons ainsi, d'un côté, un élément structurant mais qui n'est pas un espace de politisation et, de l'autre, un espace de politisation mais qui rencontre des limites. Il faut assumer la

---

[4] Stathis Kouvélakis, *supra*, p. 95.
[5] Régis Debray, *Éloge des frontières*, Gallimard, Paris, 2000.

contradiction, ce qui signifie que dès maintenant, et pas dans l'avenir, il faut disputer aux forces dominantes le terrain de la supranationalité. Mais tant que le supranational n'est pas devenu un véritable lieu d'exercice de politisation démocratique populaire, il ne faut pas casser le cadre national, comme le proposent ceux qui veulent aller dans le sens d'une supranationalité sans rivale. Voilà ce que j'appelle « maîtriser la contradiction ».

Deuxième idée : on ne peut pas négliger l'État-nation, dans un monde qui repose sur la puissance, notamment quand on est soi-même classé parmi les puissants, je pense à la France. Un État-nation comme le nôtre, avec ce qu'il représente à l'échelle européenne et planétaire, peut beaucoup pour orienter dans le sens d'une transformation démocratique humaine des espaces supranationaux, à commencer par l'Union européenne. Donc, se priver des ressources de l'État-nation, ne pas se dire qu'on va les utiliser pour peser à l'échelle supranationale, serait folie. Mais il faut que cet usage s'insère dans une vision qui ne soit pas, comme on disait autrefois, « avant tout nationale ». Ce qui impliquait l'idée de n'agir qu'en second lieu sur l'extérieur. Nous devons avoir l'ambition d'agir en même temps à tous les niveaux de territoires, du plus petit, du local, jusqu'au planétaire, autour d'un projet transformateur cohérent. Et d'intervenir à tous les niveaux – de la commune jusqu'à la planète – pour passer d'une société reposant sur l'accumulation infinie de la marchandise et des profits à une autre visant le développement des capacités humaines individuelles et collectives. Et évidemment, économe en ressources...

Troisième et dernière idée : doit-on disputer la nation à l'extrême droite ? Je pense que c'est un piège car, aujourd'hui, nous vivons dans un univers mental construit sur 30 ans, qui n'est pas une fatalité et qui articule divers éléments. On avance que, depuis ces trois décennies, la lutte des classes a cessé d'être l'opérateur dominant et que, désormais, la question de l'identité structure la vie collective et l'histoire humaine. Qui sommes nous ? Devons nous être véritablement « chez nous » pour pouvoir bien être ce que nous sommes ? Cette question de l'identité deviendrait dès lors primordiale et il en, découlerait une autre affirmation : les identités se feraient face et en réalité, s'opposeraient. C'est ce qu'on appelle la « guerre des identités » ou « guerre des civilisations ». L'argument que les nations s'opposent par la force et la violence a été largement popularisé il y a une trentaine d'années. D'abord aux États-Unis, du côté des conservateurs américains, puis relayé en France par l'extrême droite, sur le thème du « conflit de civilisations » et, par là même, d'une guerre des identités.

S'il y a bien une guerre des identités, c'est donc qu'il existerait des identités menaçantes et d'autres menacées. Il en résulterait un état de guerre, la guerre ne pouvant dès lors être évitée. Dans ce monde d'incertitudes, ce monde turbulent, il reste au moins un pivot, qui peut être « l'identité nationale ». C'est la raison pour laquelle, en 2007, Nicolas Sarkozy à peine arrivé au pouvoir, avait décidé de lancer ce grand débat sur l'identité nationale, qui a été un fiasco chez les intellectuels, les chercheurs, les savants et un désastre dans la population ! Sans doute, ce ne sont pas les idées les plus rétrogrades qui l'ont emporté, chez les historiens par exemple, toutefois, les succès de librairie ne vont pas à l'histoire critique, mais bien à l'histoire contre-révolutionnaire d'un Lorant Deutsch.

Tout cela est dans l'air du temps aujourd'hui. On ne battra pas l'extrême droite en lui disputant le terrain de l'identité et de la nation, mais en promouvant des projets fondés sur d'autres valeurs, qui peuvent conduire, à un moment donné, vers une société rassemblée et vers la transformation sociale. Ces valeurs se condensent dans la vieille trilogie de l'égalité, de la citoyenneté et de la solidarité. C'est la seule manière et la seule issue.

Roger MARTELLI
Co-directeur de *Regards*

MIGRATIONS ET MONDIALISATION

MIGRATIONS FÉMININES ET DÉVELOPPEMENT EN AFRIQUE SUBSAHARIENNE OCCIDENTALE ET CENTRALE[1]

Sources et méconnaissance

La plupart des chercheurs doivent admettre qu'on connaît bien peu de choses sur les femmes africaines au sud du Sahara. Jusqu'à il y a peu, on estimait que les sources, singulièrement les sources coloniales, étaient particulièrement pauvres sur le sujet. Plus que partout ailleurs, les femmes constituaient la moitié oubliée de l'humanité, parce que les colonisateurs s'étaient intéressés quasi exclusivement aux hommes, c'est-à-dire à ceux qui payaient l'impôt et que l'on pouvait recruter comme travailleurs ou comme soldats. Or, depuis quelques années, des chercheurs et, surtout, des chercheuses ont démontré qu'il existait sur les femmes africaines beaucoup plus de sources que ce que l'on soupçonnait. Le moment décisif fut celui de la « Décennie des Nations unies pour la femme », proclamée de 1976 à 1985.

Néanmoins, il existe encore peu de travaux sur les migrations africaines féminines, en particulier à l'époque coloniale. Quant aux temps qui ont précédé la colonisation, nous n'en savons encore presque rien. Les choses ont commencé à changer depuis peu. Les sources sur les migrations existent, mais elles sont encore peu exploitées. Nous disposons pour l'instant essentiellement de trois études, dont deux en anglais, les plus anciennes, celles de Meghan Vaughan[2] sur les travailleuses rurales au Nyasaland (aujourd'hui Malawi), et peut-être surtout celle de Jeanne Penvenne[3], qui a

---

[1] Une première version de ce texte a été traduite à l'occasion du colloque *Rethinking Gender and Migration in Africa, Institut für Afrikanistik der Universität Wien*, Université de Vienne (Autriche), 2006 et, sous une forme révisée, a été présentée au colloque tenu au Maroc sur *L'Afrique comme horizon de pensée* par l'Académie royale du Maroc, Rabat, 8-12 décembre 2015. Seuls des fragments en ont été publiés en français.

[2] Meghan Vaughan, *The Story of an African Famine. Gender and Famine in Twentieth-Century Malawi*, Cambridge University Press, Cambridge,1987.

[3] Jeanne Penvenne, *Making our Own Way: Women Working in Lourenço Marques, 1900-1933*, Boston University, Papers on Africa, Boston, 1986 ; *id.*, *African Workers and Colonial Racism. Mozambican strategies and struggles, 1877-1962,* J. Currey, Londres, 1995.

étudié à fond les migrations féminines rurales au Mozambique vers la ville de Lourenço Marques (aujourd'hui Maputo). À part l'ouvrage général de Kenneth Little sur les femmes en ville[4], ce fut la première étude de cas précise sur la question.

En France, les premières études sont issues d'un congrès international qui a fait date, organisé en 1999 par le laboratoire SEDET de l'Université Denis Diderot-Paris VII : *Être étranger et migrant en Afrique au XXe siècle.* Il s'agissait des migrations internes à l'Afrique tout entière davantage que des migrations outre-mer. Nous avons reçu plus d'une centaine de communications dont la moitié a été publiée (L'Harmattan, 2003). Mais, sur ce nombre, seule une demi-douzaine d'articles concernait les femmes. Un seul traitait des femmes au temps colonial : un excellent papier effectué en collaboration entre un démographe et un historien. Le champ privilégié était celui de la Haute-Volta (aujourd'hui Burkina Faso, en Afrique occidentale), haut lieu d'émigration africaine. La plupart des migrants, mais pas tous et de loin, venaient de l'ancien royaume Mossi, et étaient massivement utilisés comme travailleurs et travailleuses agricoles par les planteurs de cacaoyers de Gold Coast (Ghana) et de Côte d'Ivoire. Toutes les autres communications traitaient de femmes contemporaines ayant migré depuis l'indépendance.

Des études sont parues depuis lors. Parmi les plus remarquables, il faut citer celle de Marie Rodet[5] sur les migrations féminines du Soudan occidental (aujourd'hui Mali) des années 1900 à 1946[6]. Lili Mafela s'est aussi signalée par plusieurs articles sur les migrantes du Botswana (en Afrique australe) à l'époque coloniale et postcoloniale, des années 1840 à 1980. J'ai, pour ma part, recensé tout ce que j'ai pu glaner quand je travaillais à mon ouvrage sur les femmes africaines, en 1994 et 2003[7]. Car, si les migrations féminines ont été peu étudiées, ce n'est pas le cas des migrations masculines, bien analysées, notamment en raison de l'utilisation systématique de travailleurs migrants sur contrat périodique de durée assez brève (de un à trois ans) sur les chantiers et, surtout, dans les mines.

---

[4] Kenneth Little, *African Women in Town. An Aspect of Africa's Social Revolution*, Cambridge University Press, Cambridge, 1973.

[5] Marie Rodet, *Les migrantes ignorées du Haut-Sénégal (1900-1946)*, Karthala, Paris, 2007.

[6] Lili Mafela, « Batswana Women and Law. Society, Education and Migration (c. 1840 – c. 1980) », *Cahiers d'Études africaines*, XLVII (3-4), n° 187-188, 2007, p. 523-566.

[7] Catherine Coquery-Vidrovitch, *Les Africaines. Histoire des femmes d'Afrique du XIXe au XXe siècle,* Desjonquères, Paris, 1994, trad. anglaise : *African Women. A Modern History,* Westview Press / Harper Collins, New York, 1997 ; *id.*, « Des femmes colonisées aux femmes de l'indépendance », *Cahiers de l'INED, De la condition des femmes à l'emprise du genre en Afrique*, chapitre 2, p. 69-99.

Malheureusement, les chercheurs ont la fâcheuse habitude d'utiliser le masculin pour le tout, ce qui rend l'expression neutre, en français comme en anglais : les migrants, ou la migration, sans mentionner un aspect pourtant essentiel du phénomène : le genre. En fait, la plupart du temps, les recherches portent sur la migration masculine. Ceci dit, un fait est désormais acquis : il est possible de rassembler toute une série de détails concernant la migration proprement féminine. Cela permet de dresser un tableau relativement satisfaisant de la migration des femmes en Afrique depuis le début du XXe s.

Les types de migrations

Un essai de définition

Premier point : à qui réserver le qualificatif de migrant, ou plutôt de « migrante » ? Il s'agit de femmes qui, pour une raison ou une autre, ont quitté de façon définitive ou temporaire leur lieu de résidence. Elles se trouvent dès lors arrachées à leur mode de vie antérieur. Celui-ci pouvait se définir par l'existence d'une communauté donnée, dans un village ou dans une ville. La migration se produit à la fois dans l'espace et dans le temps. Elle peut être locale, régionale, inter-coloniale à l'époque de la colonisation ou internationale aujourd'hui, à l'intérieur de l'Afrique ou au dehors. La migration implique donc un mouvement qui transcende les frontières administratives et / ou politiques. Cela inclut les migrations saisonnières, périodiques, aussi bien que définitives. La migration peut aussi être définie en fonction de la durée de l'éloignement et du séjour.

Si, jusqu'à présent, on s'est peu interrogé sur les migrations féminines en Afrique, c'est qu'on a postulé que le processus était démarqué du modèle européen, et même « victorien », à l'époque coloniale : selon ce modèle, les femmes dépendent des hommes, et la plupart sont mariées. Ce seraient des migrantes passives se déplaçant essentiellement pour suivre ou, plutôt, accompagner leur époux, celui-ci étant le travailleur migrant *stricto sensu,* et ce seulement quand il était autorisé à se faire accompagner par sa famille. La migration passive ne « libérait » pas les femmes, cela augmentait plutôt leur dépendance vis-à-vis du mari, puisque l'épouse devait quitter sa propre société pour se trouver isolée au sein d'un milieu plutôt hostile. La plupart du temps, jusqu'à il y a peu, et surtout à l'époque coloniale, les Africaines étaient surtout des travailleuses rurales, des cultivatrices sur lesquelles reposait la subsistance de l'ensemble de la maisonnée. Les plus nombreuses travaillaient la terre à la houe, instrument aratoire dont on pense qu'il était aussi féminin que la charrue, importée par les missionnaires et les colonisateurs, était masculine[8]. C'est l'homme qui partait, souvent seul, en raison des lois ségrégatives qui régnaient sur une grande partie de l'Afrique coloniale, surtout en Afrique centrale, orientale et australe. Là où, comme en Afrique de l'ouest, la ségrégation résidentielle n'était pas imposée par le pouvoir colonial, les femmes se déplaçaient davantage pour suivre leur mari ou un autre membre de la famille : il s'agissait alors de jeunes hommes encore célibataires qui allaient en ville précisément pour gagner de quoi se marier, la dot, en pays africain, étant due par l'époux à la famille de la femme. Or, ces jeunes travailleurs avaient toute une série de besoins que seules les femmes étaient supposées assumer : faire la cuisine, le lavage, tout ce qui concernait le travail dit domestique, incluant, bien entendu, les besoins sexuels, d'où la montée de la prostitution, d'autant plus inévitable que nombre d'épouses n'avaient ni le droit ni les moyens de suivre leur mari en ville.

Ce qui précède explique pourquoi, pour la plupart, les chiffres proposés par les statistiques des Nations unies concernent les migrations passives de femmes, qu'il s'agisse de migrations par mariage, par famille ou par association. On entend par *migration par mariage* celle pratiquée par une femme qui se déplace pour contracter un mariage planifié, ou pour se mettre en quête d'un époux, ou bien, à l'opposé, une femme qui quitte son mari après dissolution du mariage. La *migration familiale* désigne un ensemble de personnes, composant une famille ou un groupe de dépendants qui se déplacent pour rejoindre le chef de famille qui a migré antérieurement. Enfin, la *migration associative* concerne des migrantes individuelles, mais qui ne migrent pas par décision personnelle : il s'agit de femmes ou de jeunes filles qui vont accompagner un membre masculin de la famille. Ceci dit, dans tous les cas cités plus haut, on présume que la plupart des femmes ont migré soit pour suivre leur famille, soit pour se marier.

Des migrations individuelles précoces

Cette assertion est-elle toujours vérifiée, ou bien des migrations individuelles de femmes ont-elles vraiment existé ? D'évidence oui, et ce depuis les débuts de la colonisation. Les recherches les plus récentes contredisent les vues traditionnelles qui font des hommes les migrants privilégiés et des femmes des « bêtes de somme » restant à la campagne. Il est sûr que, au début, le pourcentage des femmes migrant volontairement fut faible. Mais il est prouvé.

Le premier phénomène bien repéré est celui des femmes esclaves « libérées » par le pouvoir colonial, dès la fin du XIXe siècle en Afrique

[8] Ester Bosserup, *Women's role in Economic Development*, Londres, New York, 1970, traduction française, *La femme face au développement économique*, PUF Paris, 1983.

occidentale française. Cela a donné lieu à ce qu'on a appelé les « villages de liberté »[9]. Les chercheurs ont naguère supposé que ces esclaves libérés étaient des hommes : le mot esclave faisant partie de ces termes asexués dont on ne précise pas le genre. Dès le milieu du XIXe siècle en Afrique centrale, le missionnaire et explorateur britannique David Livingstone s'était fait le spécialiste du rachat d'esclaves, qu'il mettait au service des fermes qu'il entendait créer pour supprimer l'esclavage. Dans son cas, il s'agissait effectivement surtout d'hommes. Mais Marie Rodet, déjà citée, a démontré, sur le cas de Kayes (dans le Mali d'aujourd'hui), qu'au début de la colonisation française, ces esclaves libérés étaient surtout des femmes. Car ces femmes esclaves accomplissaient, dans leur société d'origine, la majeure partie des travaux les plus pénibles ; elles cultivaient à la houe et, en sus, exécutaient nombre de travaux domestiques : portant l'eau sur la tête, le bois de chauffe, les récoltes, s'occupant des enfants, faisant la cuisine, etc., sans oublier, évidemment, les besoins sexuels de leurs maîtres. Elles travaillaient deux fois plus que les femmes libres, et quatre fois plus que les hommes. Elles eurent vite fait de découvrir que ces nouveaux « villages » français de liberté pouvaient les faire échapper à leur misérable condition. On trouve exactement le même phénomène en Afrique australe, où l'historienne Marcia Wright[10] a dépouillé les archives d'un magistrat britannique en poste à Abercorn, un petit centre administratif colonial situé au cœur de l'Afrique, à la frontière entre la Zambie et la RDC d'aujourd'hui, entre 1897 et 1903. La plupart des plaignants qu'il recevait étaient des plaignantes, jeunes femmes fuyant la campagne, qui venaient implorer sa protection contre leur mari qui les battait, ou exigeait trop de travail, ou était un vieux et riche polygame. Une raison qui revenait souvent était aussi un mariage forcé, ou bien l'usage du lévirat : le fait, pour une veuve, d'être cédée au frère ou au neveu du mari défunt. Dès lors, les toutes premières migrantes volontaires furent des femmes jeunes en quête de sécurité qui revendiquaient leur liberté individuelle et cherchaient leur émancipation.

Le fait fut fréquent au moins au début de la période coloniale, au tournant du XXe siècle, au moment où l'administration n'avait pas encore décidé de collaborer avec les chefs et les notables. Ceux-ci, en effet, étaient soucieux de préserver leurs privilèges dits traditionnels, qu'ils entendaient maintenir aux dépens de la désobéissance de leurs femmes qui leur

---

[9] Denise Bouche, *Les villages de liberté en Afrique noire française, 1887-1910*, Mouton & co, Paris-La Haye, 1968.

[10] Marcia Wright, « *Justice. Women and the social Order in Abercorn, Northeastern Rhodesia, 1897-1903* », in M. J. Hay et M. Wright (eds.), *African Women and the Law*, Boston University, p. 35-40.

« manquaient de respect ». Cela fut et demeure une des raisons de la migration rurale des femmes.

Le cas surprenant de l'Afrique du Sud

De façon assez étonnante, un des endroits où il était le plus aisé pour les femmes de migrer était l'Afrique du Sud, pourtant si ségréguée. En effet, pour se déplacer dans le pays, les hommes devaient légalement posséder un permis ou passe de travail, et ce dès le début du XXe siècle. Mais les femmes noires étaient tellement ignorées par les autorités qu'elles en furent oubliées. Les Africaines ne furent donc pas soumises à l'obligation du passe. L'administration sud-africaine tenta pourtant, périodiquement, de le leur imposer, mais les militantes se montrèrent si déterminées qu'elles parvinrent longtemps à maintenir leur privilège de pouvoir circuler librement à travers le pays. L'État de l'Orange, le plus conservateur, essaya bien de le leur imposer dans les années 1920, mais elles ripostèrent par des pétitions et organisèrent manifestation sur manifestation, y compris dans la capitale fédérale de Pretoria, qui céda alors. Il fallut attendre le régime de *l'apartheid* (1947) pour enfin obtenir par la force leur soumission, après une longue lutte qui dura de 1950 à 1955, où les femmes firent des autodafés de passes, avant d'avoir à se résigner à les subir. C'est en luttant contre les passes, qui réduisaient leurs initiatives économiques de survie dans l'informel urbain, qu'elles entrèrent en politique[11].

Dans l'Afrique tout entière, la liberté de migrer eut tendance à s'amenuiser pour les femmes au fil de la colonisation, en raison de l'esprit rétrograde des administrateurs coloniaux, renforcé par les réticences de missionnaires tout aussi conservateurs en matière d'autonomie féminine ; entre les deux guerres, triompha l'esprit victorien de la « vertu domestique ».

Ce constat permet de proposer une périodisation de la politique migratoire adoptée envers les femmes.

Une périodisation des migrations coloniales

Une tolérance originelle

Au tout début de la colonisation, pendant une brève période, à un moment où ni les Africains ni la société coloniale n'admettaient le principe de la migration du travail pour les femmes, un certain nombre d'entre elles manifestèrent néanmoins leur volonté d'émancipation ; les premiers administrateurs coloniaux eurent tendance à être sensibles à leur demande. Ceci intervint de bonne heure, là où la colonisation démarra plus tôt

---

[11] Cherryl Walker, *Women and Resistance in South Africa*, Onyx Press, Londres, 1982.

qu'ailleurs, notamment en Afrique du Sud, dès le milieu du XIXe siècle, mais beaucoup plus tard quand la colonisation fut tardive, par exemple au Mali (alors dénommé Soudan) ou au Kenya, à l'aube du XXe siècle. Au tout début, les femmes migrèrent même parfois plus volontiers vers la ville ou les chantiers que les hommes, qui furent, eux, souvent réfractaires aux recrutements forcés. Ceci dit, durant la période coloniale, on a calculé que la présence d'un colon impliquait la mise en œuvre de six à dix travailleurs mâles, qui n'étaient guère pris en charge ni pour leur logement ni pour leur ravitaillement.

Or ces hommes, il fallait bien les nourrir, les entretenir, satisfaire leurs besoins sexuels : autant d'incitations à partir pour des fillettes ou de toutes jeunes femmes qui trouvaient ainsi une échappatoire à la très dure condition rurale qui leur était réservée. Le travail dit « informel » des femmes a suppléé à tous les besoins des travailleurs mâles : subsistance, lavage, commerce, sexe. Leur migration en ville a donc commencé de bonne heure.

Les réactions anti migratoires

Assez vite, néanmoins, il y eut un renversement de tendance : durant l'entre deux guerres, il devint beaucoup plus difficile pour une femme de migrer à la ville que pour un homme, en raison des obstacles désormais issus à la fois de la conception coloniale conventionnelle et du conservatisme social des élites coutumières. En effet, si les femmes travaillaient très dur – et plus elles étaient jeunes, plus elles travaillaient dur – au sein de leur lignage, où elles appartenaient successivement à leur père et oncles, à leurs frères, à leur mari puis à leurs fils, il était considéré comme inconvenant qu'elles le quittent pour aller travailler ailleurs : une femme qui s'engageait comme employée de maison chez le colon, ce qui restait exceptionnel, ou comme ouvrière là où c'était possible, était considérée comme une femme de mauvaise vie. Gagner un salaire restait, aux yeux du colon aussi bien que des Africains, un privilège du migrant mâle. Cela n'empêcha pas des femmes décidées de migrer de façon indépendante, mais c'était difficile et mal vu.

Les migrations rurales

Ce qui prédomina longtemps chez les femmes, ce sont les migrations de zone rurale à zone rurale, à la différence des hommes qui parvenaient plus vite en ville. 75 % des femmes étaient concernées par les migrations rurales et, pour les trois quarts, celles-ci s'effectuaient au sein du même territoire colonial. Marie Rodet, déjà citée, a montré qu'une part importante de ces migrations rurales relevait des structures mêmes du mariage : celui-ci était en règle générale patrilocal (la femme allant résider dans la famille du mari) ; le mariage était surtout un acte social et politique négocié par des familles qui entendaient ainsi élargir leurs alliances, donc souvent délocalisé. De plus, il s'agissait bel et bien d'une migration du travail dans le cadre coutumier, puisque le cas était quasi général de la charge de travail de la femme, la seule à manier la houe dans les champs, à porter sur la tête le bois de chauffe et les cuvettes d'eau, outre, bien entendu, les produits de la récolte que les femmes avaient à stocker dans les greniers du village puis à cuisiner, toutes charges qu'il était impensable d'imposer à un homme. Les femmes, de par ces migrations longtemps non considérées comme telles, ont joué et continuent de jouer dans les campagnes un rôle essentiel de lien interrégional et aussi de conciliation : car la plupart des épouses dans une collectivité villageoise, étant originellement étrangères au village, peuvent de ce fait jouer un rôle de médiation non négligeable dans les conflits locaux.

De la migration urbaine à la migration du travail

Les hommes, au contraire, étaient recrutés par les Blancs pour travailler sur les chantiers forestiers ou de travaux publics ou bien dans les mines, sur des sites pour la plupart du temps situés loin de leur résidence. Le plus souvent, ils migraient donc vers un autre territoire. En outre, entre 1900 et 1930, à la veille de la grande dépression, ils migraient encore nettement plus que les femmes ; par exemple, en Haute-Volta, haut lieu de migration du travail des Mossi vers les plantations de cacaoyers de Gold Coast et de Côte d'Ivoire, les migrantes ne constituaient qu'un cinquième du total. Avant la Seconde Guerre mondiale, seulement 12 % des migrantes mossi, et seulement 18 % à l'indépendance, migraient en ville. À Kinshasa (Léopoldville), au Congo, on comptait encore en 1960, à l'indépendance, deux hommes pour une femme. C'est que, dans les villes, quasiment aucun travail salarié n'était proposé aux femmes. Elles étaient préposées au travail domestique informel pour les jeunes mâles célibataires. D'où l'essor d'une prostitution féminine longtemps non contrôlée par les autorités. Des anthropologues comme Janet Bujra (1975) ou Luise White (1990)[12], sous le titre de « Femmes d'affaires à Nairobi des origines », ont expliqué comment ces jeunes femmes indépendantes, surnommées « femmes libres » par les colonisateurs, réussissaient en somme, à la force du poignet, à « s'embourgeoiser », gagnant de l'argent dans ces activités dites « informelles » où la prostitution occupait une place certaine. Cela leur permettait d'acquérir une maison où elles pouvaient offrir à leurs clients tous services, sexe inclus, mais pas nécessairement. Elles finissaient par obtenir

[12] Janet Bujra, « *Women Entrepreneurs in Early Nairobi* », *Journal canadien des Études africaines*, IX, 2, p. 213-234 ; Luise White, *The Comforts of Home, Prostitution in colonial Nairobi*, The Chicago University Press, Chicago, 1990.

une certaine respectabilité, que ce soit à Nairobi, à Stanleyville (aujourd'hui Kisangani)[13] ou ailleurs. On constate un phénomène analogue en pays musulman, en pays hausa où les jeunes fugitives venaient, pour échapper au carcan rural, se réfugier dans des maisons closes sous le nom de *karuwai* (courtisanes).

Le côté étrange de l'affaire est que les *karuwai* s'enorgueillissaient ainsi de respecter les usages de pudeur et de claustration exigés des femmes. Une minorité d'entre elles finissaient par devenir citadines à part entière. Certaines ont acquis un véritable statut de femmes d'affaires. Les plus riches ont obtenu, toujours par le truchement de leurs relations, des contrats de l'État. Ce sont elles qui, en 1973, possédaient 71 des 123 maisons de Katsina occupées par des *karuwai*, selon Janet Bujra et K. Okonjo[14].

Progressivement, à partir de la grande crise des années 1930, la migration féminine augmenta. Jusqu'alors souvent passive, la migration des femmes devint active, si bien que l'on peut dès lors parler de migration du travail, et ce pour des raisons économiques. Dorénavant, les femmes avaient besoin de trouver un travail rémunéré.

Ceci intervint plus tôt en Afrique de l'ouest, où existait depuis longtemps une tradition féminine d'activités commerciales, en particulier dans les zones côtières où s'activaient des « *marketwomen* » souvent étrangères à la ville où elles exerçaient sur les marchés leurs activités, surtout axées sur les biens vivriers de subsistance. Des entrepreneuses de commerce indépendantes se mirent à développer leurs affaires dans les principaux ports. Un des cas les plus connus est celui des « Nana Benz » de la ville de Lomé, au Togo[15]. C'était de grosses commerçantes en pagnes, très impliquées dans le commerce de gros et de demi-gros, qui voyageaient pour le commerce tout le long de la côte. Une des manifestations de leur opulence consistait, et consiste encore, à s'acheter une automobile Mercedes-Benz, d'où le surnom qui leur fut donné. Les femmes tenaient le commerce des pagnes depuis le pays Igbo et Yoruba, au Nigeria, jusqu'à la Gold Coast (aujourd'hui Ghana). Au Sénégal, ce sont les femmes qui se chargeaient du commerce du poisson, acheté sur la plage aux hommes de retour de la pêche. Elles s'occupaient éventuellement à le sécher (comme à Mbour ou Kayar, au Sénégal) et affrétaient – et affrètent toujours – des camions pour le distribuer dans toute la Sénégambie.

---

[13] Valdo G. Pons, *Stanleyville: an African urban community under Belgian administration*, Oxford University Press, Londres, 1969.

[14] K. Okonjo, « *Sex roles in Nigerian politics* », in C. Oppong (ed.), *Female and Male in Western Africa*, Londres, p. 211-222.

[15] Rita Cordonnier, *Femmes africaines et commerce. Les revendeuses de tissus de la ville de Lomé*, L'Harmattan, Paris, 1987.

L'évolution actuelle

Ces activités ont gagné l'ensemble de l'Afrique de l'ouest ; depuis les années 1960, le taux de migration des femmes au Burkina Faso (ex Haute-Volta) est supérieur à celui des hommes. Jusqu'aux années 1970, elles ont continué de migrer surtout vers les zones rurales. Mais ceci a bien changé : depuis cette date, le taux de migration urbaine des femmes n'a cessé de s'accroître aux dépens de celui des hommes. Dans la capitale même du Burkina Faso, Ouagadougou, où, en 1985, les femmes migrantes représentaient encore moins de 48 % du total, elles en constituent aujourd'hui plus de la moitié. En Afrique centrale, le processus a démarré plus tard, car la dépendance des femmes dans le système coutumier était nettement plus accentuée. La migration ne s'accélère qu'à l'indépendance. Les conditions sociales n'ayant guère changé avec l'indépendance, l'activité des migrantes n'a fait que se démultiplier avec l'explosion urbaine depuis un demi-siècle. Aujourd'hui, les femmes migrent en ville plus que les hommes. Cette inversion s'est produite la plupart du temps autour des années 1970, et s'est accentuée avec les problèmes liés à la récession durable qui a démarré avec les chocs pétroliers.

Le boom migratoire urbain

La migration urbaine féminine a augmenté massivement depuis les années 1980-90 et le début des programmes dits d'ajustement structurel (PAS), qui ont provoqué une énorme crise sociale. C'est à ce moment-là que la migration féminine se met à l'emporter pratiquement partout dans les villes africaines, où la population féminine dépasse désormais la population masculine : c'est le cas dans toutes les métropoles, sauf celles qui offrent une véritable activité industrielle. C'est pourquoi le nombre de citadins n'excède celui des citadines, en Afrique intertropicale, qu'à Lagos, au Nigeria. Plus la ville, même grande, est en perte d'activités, et plus le ratio entre les sexes est favorable aux femmes : ainsi, par exemple, la ville de Saint-Louis du Sénégal où, au pire de la crise, le ratio était de l'ordre de 840 hommes pour 1000 femmes[16].

Aujourd'hui, la quasi totalité des femmes, 4 sur 5, affirment toujours migrer en ville pour des raisons familiales. À l'origine, comme nous l'avons vu, entre 1900 et 1931, la plupart des migrantes travaillaient dans l'informel domestique. Néanmoins, on ne doit pas négliger le fait que, déjà à cette époque, 2 % des migrantes urbaines faisaient partie de la classe la plus éduquée : ces jeunes migrantes allaient en ville pour aller à l'école. Depuis lors, évidemment, ce pourcentage s'est envolé. Les liens familiaux font que

[16] Régine Bonnardel, *Saint-Louis du Sénégal. Mort ou naissance* ?, L'Harmattan, Paris,1992.

la partie rurale de la famille confie ses enfants à la famille urbaine où la scolarisation est réputée meilleure. Mais le phénomène concerne surtout les fillettes, censées compenser la dépense ainsi occasionnée par leur participation à l'entretien de la maisonnée urbaine ou l'aide apportée au commerce de la chef de famille. Cela devient, dans certains cas, de l'esclavage domestique déguisé.

L'essor du salariat féminin

On note une évolution dans les familles depuis les années 1970 et, surtout, les années de crise 1980 : le travail salarié des femmes est accepté. Ce sont désormais, la plupart du temps, des filles qui travaillent comme employées de maison chez les « expatriés » de la coopération ou la bourgeoisie locale, alors que ces postes étaient, au temps colonial, réservé aux hommes (les « *boys* », comme le nom l'indique). Il est même devenu normal, pour les jeunes Casamançaises du sud du Sénégal, souvent chrétiennes, de « monter » à Dakar pour gagner le pécule nécessaire au mariage, ce qui autrefois ne concernait que les jeunes hommes. De même, il y a eu retournement dans les emplois de bureau : jusqu'alors, les secrétaires étaient quasiment toujours des hommes. Maintenant, ce sont en général des femmes, dont l'appoint de traitement est nécessaire pour la survie du foyer. De même, le travail du couturier, naguère effectué par les hommes qui étaient les seuls à disposer de l'argent nécessaire à l'achat d'une machine à coudre, se féminise de plus en plus sur les marchés.

Jusqu'à présent, il reste d'usage que la femme ne migre pas seule mais en famille ou avec de la parenté. Néanmoins, désormais, au moins 10 % de la migration concerne des jeunes filles ou des jeunes femmes indépendantes qui migrent seules ou en groupe de femmes, dans le but reconnu de chercher un travail salarié. La nouveauté n'est pas qu'il existe des femmes indépendantes, ce qui a toujours existé, c'est qu'elles reconnaissent sans complexe qu'elles viennent en ville pour gagner leur vie. 60 % d'entre elles sont salariées, 20 % sont établies à leur compte, et seulement 20% ne gagnent pas leur vie (ce qui signifie qu'elles sont femmes au foyer).

Depuis les débuts de la colonisation, la migration féminine concerne une majorité de jeunes femmes. Avant 1930, la plupart d'entre elles (96 %) avaient entre 15 et 19 ans. Ceci reste vrai. La plupart de ces jeunes filles vont en ville pour se marier, alors qu'autrefois elles partaient une fois mariées, ce qui n'est plus aujourd'hui le cas que pour un tiers d'entre elles. Les jeunes migrent de plus en plus. Avant la Seconde Guerre mondiale, le pourcentage des femmes de la campagne migrant en ville était de 70 % ; ce pourcentage est passé à 85 % à la veille de l'indépendance, et à 92 % dans les années 1970. Les femmes qui migrent en ville le font plus jeunes que les hommes.

Leur séjour en ville est plus stable, les hommes ayant davantage tendance à se déplacer de lieu en lieu. Les femmes vont en ville et y restent[17].

La migration féminine transcontinentale

Enfin, un nouveau phénomène s'est produit : celui de la migration internationale des femmes. Il existe toutes sortes de migrations internationales en Afrique, sans même compter celles vers l'Europe qui, en définitive, ne concernent qu'un pourcentage mineur du total. Nous avons évoqué ci-dessus les activités marchandes des femmes, à travers le continent et au-delà. Par exemple, encore, le trafic de l'or et des diamants poursuivi à l'occasion des pèlerinages vers La Mecque. Il existe d'autres migrations qui sont, elles, tragiques, en particulier les réseaux modernes de prostitution. À la différence de la prostitution en Europe, les réseaux étaient en général en Afrique aux mains de femmes âgées, des « matrones », qui recrutent leurs victimes de préférence en pays étranger. Par exemple, la plupart des prostituées qui travaillent à Abidjan (Côte d'Ivoire) proviennent du plateau central du Nigeria, particulièrement pauvre[18], et le quartier des prostituées à Ouagadougou est surnommé le « quartier ghanéen ». Un autre trafic dramatique est celui des fillettes, de 6 à 11 ou 12 ans, utilisées comme main d'œuvre domestique corvéable à merci par la petite bourgeoisie urbaine, comme, par exemple, à Ouagadougou, d'où elles sont importées du Mali par des matrones qui prétendent qu'elles sont leurs filles ou leurs nièces.

On constate que, comme dans les autres parties du monde, les migrations féminines deviennent de plus en plus complexes. Or, en dépit de l'importance économique et sociale dans l'économie africaine, en particulier urbaine, de ces femmes souvent en incessants déplacements, aussi surprenant soit-il, le thème n'a pas encore donné lieu à une importante littérature, en tout cas sous la forme d'ouvrages complets, même si plusieurs études de qualité ont fait date. Un premier inventaire, en 2007, m'a permis de comptabiliser moins de cent titres relatifs à ce sujet depuis les années 1970. Ces travaux continuent de privilégier les activités du « petit commerce » dit informel, qui met en mouvement un échange actif de subsistance entre les campagnes et la ville, les marchés vivriers étant désormais entièrement pris en charge par les femmes, aux dépens de la modernité féminine en pleine expansion. À proprement parler, on ne peut comprendre comment pourraient survivre les habitants de ces métropoles plusieurs fois millionnaires où les

---

[17] M. Compaoré et A. Ouattara, « Mobilité féminine et insertion urbaine des migrantes à Ouagadougou, Burkina Faso », in *Être étranger et Migrant*, *op. cit.*, II, *Dynamiques migratoires, modalités d'insertion urbaine et jeux d'acteur*, 2003, p. 353-379.

[18] Benedict B. Naanen, « *Itinerants Gold Mines: Prostitution in the Coast River Basin of Nigeria, 1930-1950* », *African Studies Review*, 34, 2, 1991, p. 57-59.

activités informelles couvrent parfois plus de 70 % des activités, sans l'activité inlassable de milliers de femmes qui assument la plus grande partie de la subsistance et de l'approvisionnement de ces villes.

Les migrantes, et plus particulièrement celles qui migrent en ville, ont toujours fait partie, et continuent de faire partie de deux groupes principaux : le premier comprend les plus pauvres, paysannes, veuves, femmes divorcées ou épouses stériles, ou vieilles femmes sans enfant vivant susceptible de les prendre en charge. Celles-ci migrent pour survivre. Dans les zones rurales les plus démunies, les familles peuvent même vendre leurs filles pour qu'elles aillent travailler en ville. Comme la dot est traditionnellement payée par la famille du mari, c'est le subterfuge qu'utilisent les matrones proxénètes : elles envoient de jeunes hommes déscolarisés qu'elles ont recrutés pour promettre un mariage à venir contre le paiement immédiat de la dot : en fait, à proprement parler, l'achat de la jeune victime. Il s'agit alors de jeunes femmes peu éduquées, plus analphabètes que les garçons, qui n'auront donc, au mieux, d'autre choix que de s'investir dans le travail informel urbain.

Mais, à l'autre bout de la chaîne, l'ambition de décrocher un bon diplôme est un puissant incitateur à migrer en ville, voire à l'étranger. C'est évidemment le cas dans les familles aisées, qui veillent à donner à leurs filles une éducation similaire à celle de leurs fils. Ceci est un fait nouveau. Autrefois, marier une fille représentait un bénéfice, du fait du paiement par la famille du promis de la compensation matrimoniale, et faire éduquer sa fille revenait surtout à augmenter sa valeur au mariage, donc le prix de la dot. Cela se développa en particulier en Afrique centrale et australe christianisée : les milieux influencés par les missionnaires ont alors volontiers accepté de laisser enseigner à leurs filles les éléments considérés par eux comme nécessaires pour faire une bonne épouse (l'hygiène, la couture, la broderie, la cuisine). Or, depuis quelques décennies, apparaissent de plus en plus fréquemment, non seulement des « businesswomen » d'envergure, mais aussi des femmes hautement diplômées, sorties du MIT ou d'ailleurs, et donc formées aux techniques les plus modernes, informatique incluse, bien entendu.

Autrement dit, la migration féminine ne doit pas être réduite à un phénomène de misère. Depuis les débuts des contacts avec l'Occident, migrer fut pour les filles le seul moyen d'acquérir un début d'autonomie, fût-ce par des moyens réprouvés par les mœurs sociales, plus tard d'ambitionner une promotion culturelle et professionnelle. Ceci se développe de plus en plus de nos jours, où l'on voit désormais, dans nombre d'universités africaines, presque autant de filles et, dans certaines matières, plus de filles que de garçons. Comme partout ailleurs, les filles, qui ont plus à prouver que leurs homologues masculins, travaillent davantage et réussissent mieux, tout en étant moins contraintes par les préjugés sociaux dominants que, dès le départ, elles ont appris à devoir transgresser. Pour l'instant, les femmes de responsabilité, mobiles et sans complexes, ne constituent encore qu'une petite minorité. Mais les structures même de la société risquent de s'en trouver profondément modifiées d'ici une génération ou deux.

Catherine COQUERY-VIDROVITCH
Université Denis Diderot-Paris VII

Les étudiants subsahariens chrétiens et la société marocaine. La révélation du contraste culturel

Présents dans certains quartiers les étudiants migrants[1] au Maroc deviennent fort visibles. Ils marquent des espaces urbains comme étant les leurs. Ils vivent en majorité en banlieue, mais aspirent à habiter le centre ville ou des quartiers aisés et imposent à la société marocaine une cohabitation forcée anarchique. C'est ainsi que par la force des choses, le Maroc devient *une terre d'accueil.* En dépit des appartenances géopolitiques différentes de ces migrants[2], les Marocains assignent aux immigrés subsahariens une identité culturelle indivisible, en les considérant dans leur globalité. Leur différence culturelle et religieuse déroute la société locale. Ils sont Noirs, sans être Sénégalais[3] et musulmans, la rencontre devient alors difficile. De ce fait, une distance *ethnique* et culturelle, qui va jusqu'à l'évitement, se crée, de manière explicite et implicite. De leur côté, les étudiants subsahariens se trouvent dans une situation d'immigration ambivalente : ils vivent à la fois une situation de *visibilité* physique corporelle qui les expose comme les *Autres africains*[4] et une situation d'*invisibilité* culturelle. Étant donné l'absence totale de contact, virtuel ou réel, entre la culture dite *africaine* et la marocaine, la rencontre se construit entre les deux groupes sur l'image que se fait réciproquement chacun de l'autre. Ainsi, le groupe des étudiants subsahariens chrétiens revêt une identité culturelle étrangère, manifestations culturelles et religieuses obligent. Un autre préalable détermine cette relation : les étudiants subsahariens chrétiens identifient le Maroc d'abord et avant tout comme un

[1] Les étudiants subsahariens sujet de notre travail sont chrétiens. Ce nouveau fait religieux désoriente les Marocains et positionne les Subsahariens chrétiens comme l'Autre, l'étranger, le différent. On a observé que l'appartenance religieuse musulmane facilite relativement le contact et l'intégration dans la société marocaine. La première rencontre s'établit rapidement par la révélation de leur appartenance à la même religion.

[2] Les étudiants subsahariens présents au Maroc appartiennent à plusieurs nationalités ; ceux que nous avons interviewés sont notamment des Congolais de Brazzaville, des Congolais de Kinshasa, des Camerounais, des Ivoiriens.

[3] Les Sénégalais sont les seuls qui sont présents au Maroc depuis des siècles.

[4] Leur appellation dans la société marocaine.

pays musulman et arabe et, de ce fait, une situation de méfiance s'installe et tout partage ou contact avec la société d'accueil devient presque impossible. De son côté, la population locale ne reconnaît pas une quelconque qualité « civilisationnelle » au continent africain[5].

Dans cette intervention[6], qui s'appuie sur un travail d'enquête, nous essayerons de saisir la complexité de la rencontre des étudiants subsahariens chrétiens avec la culture marocaine dans ses différentes manifestations, leur relation complexe, voire ambiguë, avec celle-ci. Nous aborderons aussi les interactions entre altérités marocaine et subsaharienne, qui provoquent un contraste culturel qui se manifeste dans leur trajectoire de migrant, au moment de l'accueil, de « l'installation » et de la cohabitation réelle.

Au cours d'un travail de terrain, nous avons d'abord développé des stratégies d'approche et de mise en confiance. Pour intégrer le groupe d'étudiants subsahariens chrétiens[7], méfiants vis à vis de la société marocaine, qui ne les intègre pas volontiers ou les rejette, nous avons noué des relations amicales avec des personnes intermédiaires pendant une période relativement longue. Cette période de fréquentation nous a permis de nous positionner comme « observatrice participante » afin de vivre un ensemble de manifestations propres à cette population. Mes intermédiaires m'ont introduite dans leur environnement et m'ont permis de côtoyer le groupe dans son mouvement, surtout lors de l'organisation de fêtes religieuses comme Noël ou les dimanches, jours de prière, ou lors de journées culturelles, entre autres la « journée culturelle africaine ». Après être arrivée à ce que nous appelons une relation « de confiance construite », nous avons commencé notre travail d'enquête sous forme d'entretiens individuels et de focus groupes ou de discussions informelles. Le groupe noyau nous a facilité le contact et l'organisation de rencontres avec d'autres étudiants subsahariens chrétiens, trente au total, qui résident à Casablanca et à Mohammedia.

La consolidation des liens d'appartenance chez les étudiants subsahariens

Le Maroc est considéré comme une destination privilégiée pour les étudiants subsahariens qui y arrivent dans le cadre de la coopération

---

[5] Ali Bensaâd, « Le Maghreb nie la dimension civilisationnelle de l'Afrique », par Mélanie Matarese, pour *El Watan*, Afrik.com.

[6] On lira avec profit Amin Maalouf, *Les identités meurtrières*, Grasset et Fasquelle, Paris, 1998 ou Dominique Wolton, *L'autre mondialisation*, Flammarion, Paris, 2003.

[7] Les étudiants appartiennent à plusieurs pays : le Congo Brazzaville, le Congo Kinshasa, le Togo, le Cameroun, la Côte d'Ivoire, le Niger.

internationale et sont soumis, en amont, à une sélection au mérite. Ces derniers énumèrent plusieurs raisons justifiant leur choix, notamment la possibilité d'obtenir une bourse, la qualité des études, la valeur ajoutée de la formation diplômante marocaine et son impact sur leur promotion sociale et professionnelle dans leur pays d'origine.

Une autre raison, implicite mais dominante, s'ajoute à cela : celle de la proximité du Maroc avec l'Europe. Pour quelques-uns, être au Maroc va de soi car ils sont les derniers d'une fratrie[8] qui a transité par le Maroc. Parfois, certains parmi eux n'ont pas d'autres choix : ils veulent accéder aux universités européennes, mais les exigences et les procédures de visa sont si difficiles qu'ils optent alors pour des écoles privées marocaines, relativement moins chères et faciles d'accès. Une fois au Maroc, ils maintiennent leur projet de partir en Europe. Quelques-uns parmi eux considèrent qu'étudier au Maroc est une étape transitoire, ou une destination par défaut. D'autres pensent qu'étudier au Maroc est « un luxe qui n'est pas donné à tout le monde ». Ce point de comparaison entre l'Europe et le Maroc suscite beaucoup de débat dans le groupe, mais toujours à l'avantage de l'Europe.

Les raisons qui ont poussé les étudiants à émigrer procèdent aussi d'une volonté parentale. Les parents élaborent des stratégies de départ pour leurs enfants car aller se former dans un pays étranger est en soi une réussite. Le nombre d'enfants émigrés par famille est quelquefois signe de prestige. Dans la préparation du départ, le rôle de l'entourage, des réseaux familiaux et des connaissances est souvent majeur. Les familles des étudiants établissent un contact entre eux et l'organisation administrative de l'État d'origine favorise un départ en groupe des étudiants vers le Maroc. À leur arrivée, la CESAM[9] ou les associations d'étudiants de leur pays d'origine au Maroc assurent leur transport et leur hébergement pour une semaine à Rabat, à la cité universitaire internationale. Ensuite, les étudiants sont affectés dans les villes où ils devront poursuivre leurs études.

Dès leur arrivée au Maroc, les étudiants entrent en relation avec les « anciens » pour une initiation / familiarisation avec les lieux et les démarches administratives, ce qui contribue à les rassurer. Cette prise en charge est essentiellement le fait de compatriotes déjà installés au Maroc. L'appartenance nationale et communautaire est déterminante dans l'accueil, où la communauté prend la place du groupe familial.

Les nouveaux étudiants sont confrontés à une réalité économique en contradiction avec celle annoncée dans leurs pays d'origine. Avec la bourse

[8] Cinq sœurs et frères sont passés par le Maroc et vivent en Europe depuis 1995, cinq autres vivent toujours au Maroc.
[9] Confédération des Étudiants et des Stagiaires Africains au Maroc.

que leur verse bimensuellement le Maroc, ils n'arrivent pas à couvrir tous leurs besoins[10] et, bien qu'une majorité de familles continue à assurer une protection financière à leurs enfants, l'absence de petits travaux conjuguée à celle des membres familiaux adultes indépendants financièrement rend les étudiants vulnérables dans le pays d'accueil et les met souvent en difficulté économique[11]. Ainsi, pour se protéger mutuellement, ils s'organisent sous forme de groupe, de réseau. On observe une évolution intéressante dans la manière de cultiver des relations entre eux. Au départ, les étudiants recréent des liens construits sur l'appartenance nationale. Ensuite, les relations s'élargissent, se constituent sur la base de l'appartenance géographique africaine, sous forme de réseaux pour que les différents groupes cohabitent et se fréquentent.

La terre d'accueil et le « choc des cultures »[12]

Dans un processus d'immigration, le moment de l'accueil de l'Autre est aussi un moment de rencontre, *d'inter-accueil* dans le sens où l'accueil est mutuel, partagé, et s'inscrit dans la démarche de l'acceptation de l'Autre dans son Altérité. Mais les études sur les pays concernés par ce phénomène montrent depuis longtemps combien il est complexe à analyser. Le moment de l'accueil ou de l'inter-accueil dans la société marocaine révèle une grande difficulté culturelle pour les étudiants subsahariens, car il détermine leur organisation future au sein de la société d'accueil. Les étudiants saisissent alors brutalement le *décalage culturel* entre leur culture et celle de leur société d'accueil. Il ne l'est pas moins pour le milieu marocain et l'on peut saisir notamment l'existence d'une conflictualité héritée. Le poids du passé pèse lourd de part et d'autre et crée une incompréhension réciproque.

Ce décalage culturel se révèle surtout autour de la représentation et de la pratique de *l'hospitalité* chez les deux groupes, comme mode de vie et, surtout, de partage. Il peut même créer des situations de confusion, de mésinterprétation et, surtout, de distance. L'hospitalité marocaine comme forme d'accueil basée sur le don et le partage spontané de la nourriture qui

---

[10] La situation, d'ailleurs, a changé depuis l'année académique 2013-2014. En master, les étudiants n'ont plus de bourse. En outre, pour passer du cycle de licence au master, l'étudiant doit payer 2.250 dirhams à l'agence marocaine de coopération internationale (AMCI) pour obtenir l'autorisation d'inscription. De plus, la bourse a été réduite pour les mois de mars et juin : les étudiants ont maintenant 1.250 dirhams, respectivement pour les mois de mars-avril et mai-juin et 1.500 dirhams bimensuellement pour le reste de l'année, excepté le mois d'août où la bourse n'est pas versée.

[11] La migration estudiantine concerne toutes les classes et catégories sociales.

[12] Carmel Camilleri, *Chocs de cultures*, L'Harmattan, Paris, 1999, p. 35.

symbolise l'ouverture sur l'Autre. La notion d'accueil qui réglemente leur société d'origine où le partage est codifié, suspecté, les met en difficulté avec l'hospitalité marocaine. Le don informel est considéré comme un geste de rabaissement ou d'infériorisation de l'Autre qui est pauvre, devient un symbole de stigmatisation. Pour eux, la spontanéité comme élan de confiance vers l'autre ne peut exister. C'est du moins ce qui déterminerait les comportements de certains selon une de nos interlocutrices[13]. Ce contraste culturel s'explique par l'absence de connaissance de la culture subsaharienne chez les Marocains. Il résulte d'un regard biaisé sur l'Autre, saisi comme une dimension existentielle, identique ou semblable à soi dans son mode de vie. Le comportement d'accueil du Marocain envers le Subsaharien s'exprime fortement dans sa représentation et dans sa pratique culturelle de *l'hospitalité*, qui se façonne par le partage, essentiellement de la nourriture et de l'espace.

Ces rencontres *ratées* s'expliquent par le fait que la culture est un produit propre à chaque société. Elle est la résultante d'une recherche continue de valeurs et de normes pour s'adapter à des situations, s'approprier un espace et, surtout, satisfaire des besoins qui sont nés d'une évolution relative à une demande sociale, où l'on peut voir l'ensemble de facteurs issus de l'héritage, de la défiance, et de l'ignorance vis à vis de l'Autre. « Les cultures sont manifestement des produits de la créativité humaine (...), une forme d'expression de l'Homme dans sa relation à son environnement total, à lui-même et son imaginaire » qu'évoque Carmel Camilleri. Elles sont porteuses de rites de passages et d'intégration, de rites de rencontre, d'accueil et de partage, mais elles ne sont nullement semblables ou identiques.

La relation à l'Autre : une conflictualité passive ?

Dans notre échantillon, on peut distinguer les témoignages d'une première catégorie, mimine, qui exprime une image positive du premier contact avec les locaux grâce à des rencontres individuelles, et ceux d'une deuxième catégorie, majoritaire, qui se crée une représentation très négative et, de ce fait, refuse tout contact avec la société marocaine. Parmi eux, se trouvent ceux qui ont subi la violence de la part de certains Marocains.

Les étudiants déclarent n'avoir aucune connaissance du Maroc, si ce n'est qu'il s'agit d'un pays arabe et musulman. Ils ignorent tout de la culture

---

[13] « Quand nous sommes arrivés nous sommes allés faire des courses et il y avait des Marocains qui étaient en train de manger, ils ont partagé avec nous leur repas, des sandwichs, nous étions choqués, mais nous n'avons pas pu les refuser et, à la sortie, nous les avons jetés dans la poubelle ».

marocaine. Certains se le représentent comme un pays islamique et d'autres l'imaginent comme un « pays des Blancs ». Les Congolais installés au Maroc utilisent une expression en lingala, leur langue nationale, pour désigner les Marocains : « *Ndjibou* »[14], qui signifie « Blancs ». Ils considèrent que leur représentation est assez « éloignée » de la réalité locale, qui les déroute. Les témoignages des étudiants africains subsahariens alertent aussi sur l'image préalable qu'ils se forment de la société marocaine, construite essentiellement par des représentations et des clichés transmis par leurs prédécesseurs. Les nouveaux arrivants sont assez souvent porteurs d'images négatives alimentées par la peur nourrie par leur situation de dépendance très ancienne.

Cette situation de suspicion installe les deux groupes dans une relation de « distance et d'attente » qui provoque rapidement et sans cesse une conflictualité passive.

La représentation que, selon les étudiants subsahariens, les Marocains auraient de leur culture va dans le sens du dénigrement, voire de leur avilissement. Les témoignages des étudiants laissent apparaître le fait qu'ils sont considérés comme des « peuples de forêts », rappelant l'intériorisation ancienne de la situation de dépendance. Ces énoncés pointent du doigt une confrontation entre cultures et appartenances. Ces étudiants font face, dès leur rencontre avec la population locale, à une méconnaissance géographique de leur pays, de leur culture, de leur religion. Ils constatent qu'ils sont identifiés comme des Noirs et héritent de ce fait des identifications et des appellations négatives attribuées aux Noirs marocains, notamment *gamgam, nègre, azis, noir*. Ils cherchent à comprendre ces mots, appris à leur arrivée et, surtout, à leur donner un sens. Ces mots-insultes sont employés par les adultes et les enfants, surtout dans les quartiers populaires et défavorisés, lieux de leur résidence[15].

---

[14] Les Congolais appelaient les Marocains « *Ndzibou* ». L'expression existe en lingala et est utilisée pour désigner les Marocains et les Arabes en général. Les Congolais utilisent cette expression pour parler des Marocains afin que ceux-ci ne se rendent compte de rien. L'expression ne serait pas proprement péjorative. Elle a été créée par les Congolais établis au Maroc.

[15] Giselle raconte avec ahurissement « au guichet une petite fille s'est dirigée vers moi en criant "*azia*", ses parents l'observaient de loin, ils ont commencé à rire en lui disant gentiment que c'était honteux (*hchouma*), ça ne se fait pas, en s'éloignant ». Christian enchaîne en expliquant que « les gens se font des images d'eux avant leur arrivée, mais le vécu c'est une autre chose. J'ai été choqué de voir les enfants des NARE insulter les blacks, ils leurs jettent des pierres, c'est triste, leurs parents ne disent rien » ; « là ou je réside, je suis pratiquement agressée par les enfants : jets de pierre », « quelquefois des frappes aux fesses », dit Nathalie. Pour certains, cela révèle la relation du Marocain à l'immigré noir en situation de besoin, la notion de couleur est très présente : « C'est un problème de couleur, car les musulmans subsahariens vivent la même difficulté... ».

Selon les étudiants, leur identification est d'abord liée à leur couleur. Eux surnomment les Marocains, dans leur langage intra-communautaire, les *NARE – NARESSE* au féminin –, ce qui signifie « *Non Africains Rejetés par l'Europe* ». Cette appellation résulte de leur identification par les Marocains comme « Africains », alors que ces derniers ne se vivent pas comme tels. Ils sont convaincus que les Marocains « se prennent » pour des Européens. « Ils disent surtout que les Marocains se considèrent comme des Européens, mais l'Europe les a rejetés. D'ailleurs, le Maroc n'est pas sur la carte de l'Europe. Il y a aussi une histoire racontée généralement par les étudiants selon laquelle le Maroc avait voulu intégrer l'Union Européenne. Il n'a pas été accepté. C'est un fait, mais mal interprété, car le Maroc jouit du statut avancé pour une future intégration, au moins éventuelle, dans l'Union européenne »[16]. *NARE* fonctionne comme un code *intra-communautaire* exprimant une forme de mépris ou de vengeance. Il se pratique comme code en présence des Marocains et est couramment utilisé à travers le Maroc par la majorité des étudiants subsahariens, au point que certains l'utilisent sans même être en mesure de l'expliquer.

Leur relation aux locaux est discontinue. Elle est quelquefois contradictoire et se limite à une relation de partage brouillée et désorganisée car, pendant les fêtes, les Marocains procèdent à un partage d'espace et de nourriture qui n'aura de suite ni dans le temps ni dans l'espace. Aussi, pour eux, les Marocains ne leur portent aucun intérêt réel. Les comportements marocains les déstabilisent d'autant plus qu'ils sont loin de leurs références culturelles. Ils évoquent notamment la spontanéité relationnelle des Marocains, la proximité corporelle entre les membres du même sexe, surtout les hommes. Les salutations et embrassades les interpellent, comme la façon de se vêtir des femmes, qui est loin d'être homogène. Pour eux, le vêtement traditionnel des femmes marocaines concorde davantage avec la représentation forgée dans leur pays d'origine, alors que celles qui sont « occidentalisées », habillées à l'européenne, les désorientent et les mettent en difficulté, d'interprétation et de représentation.

Les étudiants subsahariens mettent également en avant des problèmes de cohabitation avec les Marocains, qui exerceraient un contrôle social sur leur manière de vivre, notamment en interdisant les visites du sexe féminin ou la colocation mixte, et contrôleraient aussi la manière de gérer l'espace, le bruit, les veilles tardives, les fêtes... Les locataires marocains refusent de cohabiter avec eux et empêchent leur installation. Aussi les Subsahariens s'estiment-ils sans cesse surveillés, privés de liberté au sein même de leur maison. Les bailleurs leur imposent leurs règles, leurs coutumes, voire leur

---

[16] Danielle-France Engolo, Camerounaise, étudiante au Maroc, journaliste à *Al Bayane*, Casablanca, Maroc.

culture. Dans leur vécu quotidien, ils sont leurrés par des bailleurs qui refusent de leur établir des contrats de location ou de leur délivrer des quittances de loyer, loyer qui dépasse, et de beaucoup, celui des locaux. Les étudiants reconnaissent ne pas être enclins à repenser leur comportement vu comme source de nuisance pour le voisinage. Cependant, quelques étudiants parlent de relâchement ou de laisser-aller de la part de leurs pairs, en l'absence de toute autorité parentale. Tout cela débouche sur une cohabitation difficile entre deux cultures, qui s'enracine dans un ensemble de comportements considérés comme *normaux* dans le milieu d'origine, mais *anormaux* dans le pays d'accueil.

La difficulté d'appartenir à l'Afrique noire additionnée à la spécificité culturelle et religieuse suscite une conflictualité inerte. L'interdit religieux rend la relation affective difficile entre les individus, au point qu'il y a refus systématique de toute relation amoureuse ou maritale pour former un couple mixte interconfessionnel. Cette difficulté « blesse » l'étudiant subsaharien chrétien qui conçoit mal cet interdit et l'interprète comme un rejet de sa personne, en tant que « Noir » d'abord, puis en tant que chrétien.

Selon les étudiants, cette distance, aussi forte soit-elle, n'est pas seulement due aux comportements du Marocain vis-à-vis d'une altérité étrangère, elle est aussi l'expression de l'éducation qu'ils ont reçue de leurs parents. Ils seraient ainsi mis en garde par les parents contre tout contact avec les musulmans[17] et de tels auspices détermineraient leur relation aux Marocains. Une minorité[18] d'entre eux pense que les Subsahariens érigent eux-mêmes les obstacles qu'ils affrontent et créent une société au sein de la société, refusant ainsi toute relation avec la population.

Cependant, quelques relations singulières nous permettent d'entrevoir la construction de passerelles, certes encore fragiles, mais bien réelles néanmoins, entre des Subsahariens et des Marocains, notamment pour ceux qui ont été initiés à la culture marocaine par des expériences personnelles, par leur intégration aussi au monde professionnel. Cette forme de cohabitation les a aidés à saisir le sens d'un ensemble de codes sociaux qui régissent la société marocaine. Ce groupe en construction reste bien intégré dans le grand groupe et respecte son homogénéité comme garantie d'appartenance culturelle et religieuse.

---

[17] Par peur de la conversion.

[18] Lors des entretiens individuels, des étudiants qui côtoient des Marocains confient avoir compris le sens de plusieurs pratiques marocaines et reprochent aux Subsahariens leur peur et leur fermeture. Cependant, ces derniers ne peuvent affronter ou émettre de tels propos devant le grand groupe. Il faudra encore du temps pour que ces individualités puissent se confirmer et prendre forme dans la réalité.

Cette relation de « non contact » entre les étudiants chrétiens et la population locale témoigne du manque d'information et de disponibilité dans la société d'accueil. Il provoque chez ces étudiants un sentiment de distance, de rejet de la société d'accueil, situation qui se complique par l'absence de maîtrise de la langue arabe. L'aide et l'accompagnement demeurent trop souvent de l'ordre de l'initiative personnelle, que prennent des individus[19]. La relation au collègue / étudiant marocain amplifie ce sentiment de rejet et d'exploitation, quand ce dernier est vu comme un arriviste, un hypocrite, quelqu'un qui profite de l'aide reçue pour ensuite la déprécier.

Cette conflictualité se renforce du fait de l'absence de reconnaissance de l'État marocain de son rôle de société d'accueil et de transplantation. L'immigré marginalisé en situation de désordre social sent son identité blessée et, par conséquent, se referme sur lui et sur sa communauté, dénigrant la société marocaine tant les étudiants subsahariens estiment ne pas pouvoir obtenir une place dans la société marocaine. Ils déclarent être perçus comme des « transitaires », des personnes de passage qui envahissent la société marocaine et viennent la déposséder de ses biens[20]. Avec cette différence culturelle fondamentale, et devant l'ignorance du cadre de référence des uns et des autres, la rencontre provoque un choc.

Les manifestations de la culture subsaharienne en terre d'accueil

Les étudiants cherchent aussi à se distinguer des immigrés ouvriers et à marquer leur appartenance à une élite économique et intellectuelle. L'appartenance culturelle est beaucoup plus manifeste chez les groupes qui quittent leur lieu d'origine pour en intégrer d'autres, gouvernés par d'autres cultures. La culture fait partie des biens que l'on possède et que l'on ne veut surtout pas perdre. Elle représente l'absolu et le durable dans le temps et l'espace des immigrés. C'est ce qu'ils portent avec eux et en eux. La difficulté que rencontre tout un chacun parmi eux est de relativiser sa culture dans un contexte d'immigration, mais aussi d'accéder à celle des locaux.

Il en va de même pour l'envie et le désir de l'étranger de faire connaître sa propre culture, d'où l'organisation de la manifestation annuelle de « la journée culturelle africaine » par les étudiants subsahariens, qui est en réalité une « intra-rencontre » entre cultures de l'Afrique noire, dans le pays

[19] « On n'arrivait pas à joindre un ancien, une étudiante, Raja, a compris que nous étions en difficulté, elle est venue nous proposer son aide et elle nous a donné son numéro de téléphone, les autres, c'était l'indifférence totale, quand il n'y avait pas Raja, nous étions seuls ».

[20] Belinda explique à son tour que « les Marocains pensent que la chose va finir mais cela continue, ils croient que les Africains subsahariens ne vont plus venir au Maroc ». « J'ai l'impression qu'on les envahit, nous, on ne ramène rien contrairement aux autres..., on vient plutôt pour prendre des choses... ».

d'accueil[21]. Deux dimensions dominent dans la manifestation de la culture du groupe des étudiants subsahariens. La première, globale, est celle de la culture collective « africaine », « black ». La deuxième, plus spécifique, recouvre l'appartenance culturelle et religieuse nationale. Cependant, ils ne font pas de différence réelle entre les deux, ils les imbriquent et les incorporent pour en faire un outil de médiation qui sert de moyen de régulation aux individus qui se considèrent de la même culture. Une régulation qui se construit au-delà de ses manifestations extérieures, sur un ensemble de représentations, d'idées et d'imaginaires qui consolident le groupe et œuvrent pour sa continuité, son maintien, contre les menaces de division, voire de disparition. La culture est ainsi présentée sous forme de modèles et de modes de vie. Plus profondément, elle est vécue comme un ensemble de manifestations, inconscientes ou intentionnelles. Ces manifestations constituent *le bien commun symbolique* des étudiants subsahariens. Ils y expriment le fait qu'ils conçoivent et appréhendent les choses de la même façon, selon des schémas culturels communs.

Ainsi, on constate que l'appartenance culturelle d'origine prend la forme de l'identité sociale, en quoi on peut voir « l'opération d'élaboration d'un sens qui constitue et maintient le sujet en état de reconnaissance de lui-même... »[22]. Leur culture devient une référence absolue pour la gestion de leur quotidien. Certes, ils cherchent une amélioration de leurs acquis sociaux et professionnels, mais ils appréhendent beaucoup « les risques de déperdition des valeurs sociales et humaines que cette amélioration peut faire courir »[23].

Cette relation à la culture d'origine et sa survalorisation s'accroissent devant sa discréditation ou sa domination par la culture locale. L'appartenance culturelle est fortement fonctionnelle dans l'appartenance à un groupe. Elle joue le rôle d'intégrateur et se transforme en une convention collective, avec ses propres adhérents. Dans ce processus de construction d'identité sociale, les manifestations extérieures deviennent des références identitaires, un abri contre tout harcèlement moral.

La culture réintègre pleinement dans ce cas son sens *anthropologique* : « Elle personnalise les peuples, fonde les identités, marque leur différence »[24]. La relation entre la culture marocaine et la culture de l'Afrique noire est construite essentiellement sur le statut de dominant, très enraciné dans l'histoire médiévale et dans la période pré-protectorat du Maroc, sur l'image de l'esclave noir. Elle est construite aussi sur l'absence

---

[22] Carmel Camilleri, *Chocs de cultures, op. cit.*, p. 45.
[23] René Bureau, « Transférer des techniques », in *Chocs de cultures, op. cit.*, p. 343.
[24] *Ibid.*, p. 350.

de sentiment d'appartenance à l'Afrique. Cet « éloignement » historique du Maroc envers son appartenance géographique s'explique principalement par son orientation culturelle très ancrée dans la culture arabo-musulmane. Ainsi, dès le premier contact, les places de ces deux cultures sont bien déterminées, socialement et économiquement. Cette relation préétablie détermine aussi celui qui jouera le rôle de donneur et celui qui assumera le rôle de receveur. La rencontre entre les deux porteurs de ces deux cultures est altérée. Chacun a bien intériorisé son propre rôle, et est en quelque sorte contraint de l'assumer.

La conflictualité provoquant l'éloignement a marqué l'ensemble des moments de rencontre du groupe. La première rencontre, moment « d'inter-accueil » censé mener à une rencontre fondée sur l'ouverture et l'acceptation mutuelle, a révélé ses failles, de même que l'hospitalité, moment de rencontre fondamentale entre la population d'origine et les nouveaux arrivés.

Ce moment « d'inter-accueil » est fragile eu égard à trois déterminants : ethniques, culturels et religieux. La relation « d'inter-accueil » est d'abord antagoniste, concurrente, profondément ancrée dans la différence. Dans cette relation d'« inter-accueil », binôme, plusieurs composantes peuvent apparaître comme des facteurs de rapprochement ou d'éloignement. Le Marocain a beaucoup de difficultés à concevoir le Maroc comme terre d'accueil pour les Africains subsahariens, considérés comme une population en difficulté, dans le besoin économique, et plus encore si cette population est chrétienne.

Les étudiants subsahariens, de leur côté, influencent leur nouvel espace par de nouveaux rites et rituels propres à leur culture. Réciproquement, ils se considèrent eux-mêmes dans leur société d'accueil comme une manifestation culturelle autre et étrangère. Ils contribuent à construire leur altérité subsaharienne d'abord comme une couleur, en se nommant « blacks »[25]. Altérité qu'ils construisent également au travers de leur appartenance religieuse, avec leur présence dense sur les lieux de cultes, les églises, et en mobilisant le concept d'« africanité » susceptible de rendre compte de leur propre appartenance culturelle et expression d'une frontière limitant l'intégration des Marocains et, par conséquent, menant à leur propre exclusion.

Cette distinction, qui se manifeste de part et d'autre, est transversale. Elle touche tous les niveaux de cohabitation : ethnique, culturel, religieux. Elle se présente différemment et apparaît d'abord entre les deux grands

[25] Les étudiants subsahariens préfèrent l'appellation « blacks » à celle de « Noirs » car, d'après eux, la deuxième est chargée d'un sens négatif, dévalorisant, alors que la première est neutre, représentant simplement une couleur.

groupes antagonistes, Marocains / Subsahariens, Africains, Blancs / Noirs, Musulmans / Chrétiens. D'une situation de déplacement à une situation de conflictualité, ce jeu d'altérité se construit par le recueillement sur l'existence de « soi » comme légitimité et l'extériorisation de l'Autre comme illégitime. Il se joue à travers une conflictualité inhérente à la coexistence dans la société marocaine d'une nouvelle promiscuité issue « d'identité, d'appartenance et / ou de couleur ».

Hakima LAALA HAFDANE
Université Hassan 2, Mohammedia-Casablanca

NATIONALISMES, TRANSNATIONALITÉ, INTERNATIONALISMES

ENJEUX ET PROBLÈMES DE L'HISTOIRE TRANSNATIONALE

Que l'on soit un spécialiste de sciences sociales ou un citoyen ordinaire, le sentiment, plus ou moins aigu, de vivre dans une époque « mondiale », « globale », « transnationale », est partagé par les uns et les autres. Au premier abord, et de façon très générique, on entend par ces termes, en partie synonymes, le constat d'une accélération et d'une intensification (Internet est davantage qu'un télégraphe) des relations sociales à l'échelle la plus vaste, ainsi que la perception d'un monde de plus en plus décompartimenté. Ce monde en marche, de quand date-t-il ? L'humanité aurait vécu 200.000 ans de nomadisme, 10.000 de sédentarité et 4/3000 ans de transnationalité. Le terme « transnational » signifierait donc à la fois quelque chose de très ancien, lié à la notion de circulations multiformes à l'échelle de régions du monde ; et il traduirait quelque chose de plus récent, depuis le XIXe s. surtout, le constat de mouvements qui échappent en grande partie à l'emprise des États, ou qui, du moins, traversent ceux-ci sans qu'ils puissent réellement les maîtriser. L'univers des relations internationales serait aujourd'hui celui de la « gouvernance », où une multitude d'acteurs non étatiques participent de manière décisive au gouvernement du monde aux côtés des acteurs étatiques. Histoire de l'art, histoire de l'économie, histoire culturelle, histoire des migrations, le transnational est à l'agenda de beaucoup de chercheurs et de terrains d'enquête et un gros dictionnaire, récemment paru, symbolise la définitive percée scientifique de cette historiographie[1].

[1] Akira Iriye, Pierre-Yves Saunier (eds.), *The Palgrave dictionary of transnational history. From the mid-19th century to the present day*, Palgrave Mac Millan, Londres, 2009. En 2012, les Éditions Armand Colin ont lancé une revue académique, *Monde(s)*, qui décline fortement le paradigme transnational. On pourra aussi utilement consulter le livre dirigé par Robert Frank, *Pour l'histoire des relations internationales*, PUF, collection « Le nœud gordien », Paris, 2012, qui comporte de nombreux passages sur le transnational.

En nous concentrant plutôt sur les XIXe et XXe siècles, nous présenterons ici quelques enjeux intellectuels que recouvre l'histoire transnationale, en cherchant cependant à interroger et à questionner le concept, dont certaines extensions peuvent paraître critiquables.

Enjeux

Dans la littérature savante consacrée au transnational, deux enjeux sont posés. L'un relève du débat savant, de type méthodologique ; l'autre paraît à la fois politique et scientifique et concerne la volonté de certains chercheurs de sortir du discours historique traditionnel, depuis les Lumières en fait, sur l'inexorable « montée de l'Ouest » dans l'histoire de l'Humanité.

Enjeu méthodologique

Le point de départ de la réflexion sur le transnational vise à sortir du « nationalisme méthodologique » selon l'expression forgée dans les années 1970 par Herminio Martins, mais qui ne s'est imposée que plus récemment. Cette conception fut, depuis le XIXe s. et la constitution de l'histoire universitaire scientifique comme des sciences sociales en général, le fondement épistémologique de l'histoire savante. Pour l'immense majorité des travaux en sciences sociales, l'État-nation fut le prisme par lequel les problèmes et les phénomènes étaient appréhendés[2]. Les chercheurs étudièrent ainsi « la classe ouvrière britannique », les « relations industrielles japonaises » ou « l'État prussien ». Dans la sphère des rapports entre les États, la notion de « relations l'internationales » – cette historiographie s'est développée seulement à partir de l'entre-deux-guerres – traduisait également cette centralité de la notion d'État-nation. Cette omniprésence du cadrage national était envisagée sous l'angle de la compétition impitoyable entre les États, selon le paradigme du « réalisme » (de Morgenthau à Raymond Aron) qui domina jusqu'à récemment les études de ce champ scientifique.

Or, de façon assez évidente, bien des phénomènes historiques du XIXe s. échappaient au contrôle des États, ou s'étaient développés en dehors d'eux dans la sphère des sociétés civiles donc, en vertu de l'action de groupes sociaux dispersés dans plusieurs pays mais unis par la défense d'une même cause. Citons le combat en faveur de l'interdiction de l'esclavage au

---

[2] Speranta Dumitru, « Qu'est-ce que le nationalisme méthodologique. Essai de typologie », *Raisons politiques*, n° 54, mai 2014, p. 9-22. L'auteure distingue trois types de nationalisme méthodologique, le stato-centrisme (croire en la prééminence de l'État-nation aussi bien comme organisation politique que comme prisme de l'analyse sociale), le groupisme (identification de la société à celle de l'État-nation, homogène, clairement différenciée), le territorialisme (penser l'espace comme naturellement divisé en États-nations et, donc, en conteneurs homogènes du type la cuisine asiatique, la littérature française etc.).

début du XIXe s., celui de la défense de la paix à la fin du XIXe s., celui de la réforme sociale, de part et d'autre de l'Atlantique au début du XXe s., et jusqu'aux dernières études sur les « communautés Internet ». De même, si l'on prend un sujet clé de l'histoire transnationale, celui des migrations, il est loisible d'observer que celles-ci se situent *entre* les États. Les migrants qui quittent un pays européen pour un pays américain au XIXe s. peuvent passer dans un pays tiers durant leur voyage, car il n'existe pas forcément de déplacement linéaire voué à une installation définitive ; une fois arrivés dans le pays d'accueil, les migrants peuvent en effet effectuer des allers-retours avec le pays de départ, comme c'est le cas de certains migrants italiens partis vers l'Argentine à la fin du XIXe s., voire des retours définitifs.

À la fin du XXe s., les migrations créent dans certains cas des interrelations économiques et sociales complexes, qui lient étroitement des espaces de départ et des espaces d'arrivée, comme dans le cas des migrants du Michoacan mexicain partis aux États-Unis, qui mettent à mal plusieurs catégories phares de l'analyse en sciences sociales : celle de communautés plus ou moins circonscrites – la notion d'État-nation par exemple – ou celle de centre / périphérie, avec une claire distribution hiérarchisée du pouvoir. Le sociologue sud-américain Norbert Canclini évoque plutôt les notions de « frontières », de « circuits ». Tout le sud des États-Unis est un bon révélateur de ces espaces-frontières, avec une population hispanophone qui compte pour 38 % au Nouveau Mexique, 25 % au Texas, 23 % en Californie, où l'on dénombre plus de 250 stations radio / chaînes TV et plus de 1.500 journaux.

Le transnational devient alors aussi une façon de décliner ce que beaucoup de chercheurs ont appelé le « tournant circulatoire » qui caractérise nombre de travaux d'historiens. Circulations des étudiants au Moyen Âge, des marchands italiens sur les places commerciales et financières du Nord de l'Europe aux XIIIe-XVe s., des Jésuites à travers les empires catholiques mondiaux du XVIe et XVIIe s., des écrivains et artistes au XVIIIe européen, ces histoires de mobilité ont, de fait, souvent passionné les historiens des 50 dernières années.

Aujourd'hui, la profession historienne peut décliner de différentes manières la notion de « circulation » : histoire dite « connectée », histoire « globale », histoire des « transferts ». Mais il demeure une triple contestation des culturalismes essentialistes : croire que les cultures sont des blocs fermés à la façon d'Oswald Spengler[3] au début du XXe s. ou, aujourd'hui, du politologue américain Samuel Huntington, auteur du livre polémique *Le Choc des civilisations*[4], des histoires nationales encloses sur

[3] Oswald Spengler, *Le Déclin de l'Occident* [1918-1922], Gallimard, Paris, 1948.
[4] Samuel Huntington, *Le Choc des civilisations*, Odile Jacob, Paris, 1996.

elles-mêmes, alors que les États-nations n'avaient cessé d'emprunter aux autres États voisins des descriptions anthropologiques classiques sur l'appartenance nationale, alors que beaucoup d'acteurs au XIXe s. pouvaient vivre le sentiment de *l'entre-deux*, notamment les immigrés ou les aristocrates.

Le transnational a donc plutôt réhabilité des circulations vues par *le bas* ; les circulations vues par en haut, du côté des élites, étaient un point qui avait toujours été plus ou moins traité par l'historiographie. Ainsi, les circulations des militants anarchistes entre Manille, Paris et Madrid ont été étudiées par Benedict Anderson[5]. Pour parler de la Première Guerre mondiale d'un point de vue transnational, les historiens, aujourd'hui, s'intéressent, par exemple, aux Indiens présents sur le front occidental ou aux Chinois recrutés dans les usines d'armement anglaises et françaises. Mais, *a contrario*, depuis 20 ans, l'un des points phares de la recherche sur le transnational a plutôt porté sur les élites politiques. Ainsi des études sur le rôle de la démocratie chrétienne dans la construction européenne ou sur celui du Komintern dans le bloc de l'Est. Le mouvement des Congrès au XIXe s. et jusqu'en 1914 a fort bien été étudié depuis 20 ans. Là, dans le cadre de ces rencontres ponctuelles mais pérennes, s'est dessinée une forme de collaboration multiforme entre individus de divers horizons, afin de bâtir un projet intellectuel transnational fondé sur l'organisation rationnelle de la production scientifique, à commencer par les questions de bibliographie, par exemple, supervisées par le Répertoire bibliographique universel à Bruxelles, animé par la vision d'une société unifiée autour de la science (via le moteur des Congrès, les associations internationales...).

Et, aujourd'hui, le terrain de l'économie politique est central pour un examen de type transnational des relations entre politique et économie au cœur de la vie internationale, quand il existe 7.000 entreprises de type multinational. Susan Strange (1923-1998) en fut l'une des spécialistes les plus reconnues mais l'on trouvera maints travaux historiens, par exemple, sur les multinationales au XXe et, notamment, avant 1914[6], afin d'examiner leurs liens avec les politiques menées par les gouvernants états-uniens.

Enjeux politico-scientifiques

Derrière ces nouveaux travaux, il est parfois possible d'identifier un enjeu d'ordre politique ou normatif. Il s'agit aussi de relativiser le traditionnel discours occidental sur l'irrésistible « montée de l'Ouest »

---

[5] Benedict Anderson, *Les Bannières de la révolte. Anarchisme, littérature et imaginaire anticolonial. La naissance d'une autre mondialisation*, La Découverte, Paris, 2009.

[6] Mira Wilkins, *The Emergence of multinational Enterprise*, Harvard University Press, Cambridge, 1970.

depuis 200 ans. Le mouvement des Lumières a établi le premier le récit canonique de cette avance européenne sur le reste du monde[7]. En effet, les Lumières postulèrent un « avant » et un « après », dont elles seraient le pivot historique. À leur suite, les différents penseurs du XIXe s. présenteront l'histoire de l'Occident comme unique, qu'il s'agisse d'une narration en termes de progrès de la conscience de la liberté (Hegel), ou en termes de lois sociales du développement (Saint-Simon, Auguste Comte, Marx). La modernité fut ainsi déclarée propre à l'histoire de l'Ouest.

Mais l'actuelle étape de la mondialisation depuis les années 1980, où chacun, à des degrés divers – la mondialisation n'est pas égalitaire –, est actif et participe au nouvel univers des connexions, est venue, de façon rétrospective, inciter les chercheurs à porter attention aux mondes anciens où « l'Est » égalait « l'Ouest ». L'historien américain Kenneth Pomeranz[8] a signé un livre important où il compare la situation économique de l'Angleterre et de la Chine à la fin du XVIIIe s., pour conclure que l'écart n'est pas encore creusé. La même démonstration vaut pour la comparaison de l'industrie du coton entre l'Angleterre et l'Inde. La première supplante la seconde seulement autour de 1820[9].

L'histoire transnationale opère ainsi une « déprovincialisation » de l'historiographie traditionnelle occidentale. Elle montre les réussites partagées jusqu'au début du XVIIIe s. entre l'Ouest et l'Est. Méthodologiquement, l'histoire dite « connectée » entend traiter à égalité les deux mondes, en recourant aux archives. Ainsi étudier le voyage de Vasco de Gama et son arrivée à Calicut en 1498 à partir des archives portugaises et indiennes. Cette histoire montre alors des « vignettes » entre deux ou plusieurs parties du monde et l'on sort des méga-récits traditionnels, abstraits, généralisateurs, qui caractérisaient les histoires dites « universelles ».

Problèmes

Danger de quelques fausses pistes par rapport au cadre national

Opposer brutalement le cadre national au cadre transnational serait toutefois erroné. Les États-nations du XIXe s. se construisirent bien, en fait, à travers un contexte transnational. Quand on étudie la mise en place du

---

[7] Gurminder K. Bhambra, *Rethinking modernity. Post colonialism and the sociological imagination*, Palgrave Mac Millan, Londres, 2007.

[8] Kenneth Pomeranz, *Une Grande divergence. La Chine, l'Europe et la construction de l'économie mondiale*, Albin Michel, Paris, 2010.

[9] Giorgio Riello, *Cotton. The Fabric that made the modern world*, Cambridge University Press, Cambridge, 2013.

premier État social de la fin du XIXe siècle, cette édification est parallèle aux grands débats transnationaux sur la nécessité de la réforme sociale tous azimuts. Les acteurs transnationaux n'ont d'efficacité politique et sociale que dans la mesure où ils peuvent transfuser dans le cadre national leurs compétences transnationales. On le voit fort bien dans le cas des avant-gardes artistiques de l'avant et de l'après 1914, où un certain ton « national », un certain affichage de la grandeur du passé national caractérisent une bonne partie des artistes italiens (Futurisme), russes ou sud-américains comme les peintres brésiliens inspirés par le *Manifeste anthropophage*, début 1920 ou les artistes mexicains modernes de l'entre-deux-guerres.

Après 1945, la lutte opposera le champ des avant-gardes françaises au champ américain. À l'échelle des individus, il importe de suivre avec attention les trajectoires, et un acteur typiquement transnational comme le fut Jean Monnet, à cheval entre la Grande-Bretagne, les États-Unis et la France, utilisa avec profit dans le cadre national, pendant les deux Guerres mondiales, puis dans la construction européenne, un tissu de relations forgées à l'échelle du monde atlantique. Le défi est donc de tenir ensemble des logiques transnationales et des logiques nationales, et non de les opposer. On peut alors mettre en relation toutes les tendances à la supra-territorialité, avec la nouvelle définition du national au XIXe siècle, caractérisée par son caractère construit et fonctionnel : Benedict Anderson et sa notion de « communauté imaginée », Eric Hobsbawm et la notion « d'invention de la tradition », la sociologie historique d'Ernst Gellner.

Que la nation soit une réalité historique récente, contemporaine en fait du vaste mouvement de mondialisation survenu au XIXe s., traduit le lien complexe entre l'édification des États-nations et le mouvement transnational. Le mouvement scientifique transnational du XIXe s. montra à la fois la « Science qui n'a pas de patrie » et des savants qui, quoi qu'ils fissent, en avaient bien une, et la défendaient à des degrés divers, pour choisir le lieu du futur congrès ou le siège de telle ou telle association scientifique internationale, comme pour décider de la langue de communication. Ainsi cette articulation du national et du transnational peut donner lieu à des tensions feutrées dans ce monde congressiste entre les savants belges désireux de faire de Bruxelles la capitale des associations internationales scientifiques, les savants français, soucieux de garder à Paris et à la France sa prééminence congressiste et les savants allemands, engagés dans un rattrapage par rapport à la domination géographique de Paris et de Bruxelles. Les congressistes belges défendirent habilement le thème de la « centralité » mondiale belge, cœur du monde civilisé et carrefour des réseaux de communication ; Bruxelles était ainsi présentée comme « à 4 heures de Paris et 7 heures de Londres, ces deux aimants du monde »[10]. Cette affirmation de la mondialité belge était aussi soutenue par les gouvernants locaux, qui augmentèrent les budgets dévolus aux associations internationales. Autre type de tension, une minorité de savants avant 1914 s'engagea dans la cause du pacifisme international alors que la majorité préférait adopter des attitudes plus classiquement patriotes.

À la lumière de cette complexité inédite de l'histoire du monde, le concept de transnational paraît indispensable pour la communauté des chercheurs en sciences sociales afin de penser le monde des XIXe et XXe s. Mais la sphère du pouvoir étatique, quoiqu'affaiblie, n'a pas disparu – la crise des migrants syriens l'atteste – puisque certains États européens d'Europe centrale et orientale exercent leur veto. De même, pour rester sur l'histoire des migrations, certains États, tels ceux des Philippines, de la Chine ou de l'Inde, tentent de gérer à distance leur immense diaspora, avec des succès non négligeables tant sur le plan des transferts de fonds (13 % du PIB philippin) que de l'utilisation politique de la diaspora : le gouvernement indien a su utiliser sa diaspora aux États-Unis pour atténuer les sanctions américaines après un essai nucléaire, à la fin des années 1990. Les différentes sphères du transnational restent ainsi souvent fragiles, dotées de peu d'autonomie. Cette sphère du transnational migratoire paraît précisément illustrer le propos, mais pas seulement. L'idée d'une communauté transnationale en voie d'unification, défendue par certains chercheurs au XXe s., de John Burton à Marcel Merle et Bertrand Badie ou divers acteurs sociaux transnationaux, a trouvé ses différents supports dans les ONGI[11] (plus de 5.000 aujourd'hui) ou des publications (le *Global civil society yearbook*). Mais beaucoup continuent à douter d'une telle réalité et estiment que les structures domestiques étatiques demeurent le filtre, la médiation des activités transnationales car les acteurs transnationaux doivent avoir accès au cœur du pouvoir étatique visé. Ce qui s'avère plus ou moins facile selon la structure de l'État : Jean Monnet eut davantage de liberté d'action sous la IVe que sous la Ve République, beaucoup plus centralisée. Ces acteurs doivent, d'autre part, contribuer à la victoire d'une coalition politique donnée pour transformer les politiques étatiques.

Danger d'un certain flou de la notion de circulation

Parler du maintien de l'influence des États indique qu'il ne faudrait pas sous-estimer les rapports de force et la notion de pouvoir. La sociologie

---

[10] Citation d'Anne Rasmussen dans « L'Internationalisme belge au miroir de la France (1890-1914) », in Marc Quaghebeur et Nicole Savy (dir.), *France-Belgique (1848-1914)*, Labor, Bruxelles, 1997, p. 105-122.

[11] Organisation non gouvernementale internationale.

bourdieusienne présente le grand intérêt de retracer des trajectoires d'acteurs transnationaux au sein des différents champs de pouvoir. Les travaux d'Yves Dezalay sur l'univers des juristes internationaux le révèlent efficacement ou les tentatives de mesurer, à travers la composition des « *boards* » de grandes multinationales, les contours d'une classe capitaliste transnationale.

Les circulations ne sont pas seulement horizontales mais aussi verticales, hiérarchisées ; en saisissant cette hiérarchisation, on peut véritablement toucher les ressorts des circulations. Dans le domaine de l'histoire économique de l'humanité, l'historien et sociologue Immanuel Wallerstein a distingué une économie-monde en voie d'unification à partir du XVIe s. Il a distingué, depuis l'ère moderne, trois zones hiérarchisées, avec un centre (le capitalisme de l'Europe du Nord-Ouest), une semi-périphérie (l'Europe du Sud) et une périphérie (le reste du monde).

Un deuxième problème touche à l'illusion de linéarité dans cette approche circulatoire qui tend souvent à établir une généalogie quasi téléologique de la mondialisation depuis l'Hominidé. Il faudrait bien, au contraire, distinguer les différents types d'intégration mondiale. L'historien anglais A. G. Hopkins[12] distingue quant à lui une mondialisation archaïque jusqu'à la fin du XVIe s., une proto-mondialisation aux XVIIe et XVIIIe s., et la mondialisation, survenue au XIXe s. Pour le XXe s., on pourra distinguer une mondialisation américaine qui reposa sur un triple pouvoir, politique, économique et intellectuel. Dans ce dernier domaine, les travaux récents insistent sur le rôle des grandes organisations philanthropiques états-uniennes qui surent tisser, avec pragmatisme et sagacité, un vaste filet administratif et intellectuel pour favoriser les grandes valeurs clés américaines de paix, progrès de l'économie internationale libérale, rationalité des comportements. L'emprise humaine et financière croissante des fondations américaines sur une organisation telle que la SDN révèle que les États-Unis, dès l'entre-deux-guerres, furent très présents au cœur du monde européen et en orientèrent plus ou moins secrètement les destinées[13].

L'un des avantages de cette identification de grandes périodes mondiales serait de permettre d'aboutir à la mise au point stimulante de moments historiques mondiaux clés, quand se synchronisent différentes régions du monde autour de thématiques communes : période 1840-1860 (le grand élan libéral porté par la Grande-Bretagne dans le monde), période 1880-1900 (apogée du mouvement congressiste transnational, réformisme transnational atlantique), 1919-1920 (le grand ébranlement dans le monde colonisé produit par les discours du Président Wilson), 1967-1979 (le retour

---

[12] A. G. Hopkins (ed.), *Globalization in world history*, Norton and Company, Londres, 2002.
[13] Ludovic Tournès, *Les États-Unis et la Société des nations (1914-1946)*, Peter Lang, Berne, 2016.

du religieux, la crise de l'économie-monde américaine, le nouveau régime du temps et la crise de l'avenir)[14].

Il ressort de cet examen que l'on peut décrire l'univers du transnational selon l'image du « patchwork » : multitude d'acteurs aux desseins globaux, aux « interdépendances complexes », selon l'expression célèbre forgée par les deux universitaires américains Keohane et Nye, monde polyphonique de voix entremêlées, et venues aussi bien des profondeurs d'une Asie réhabilitée dans sa capacité d'invention historique que d'un Occident replacé dans sa juste lumière. Mais l'élément le plus important de l'histoire transnationale serait, à l'image de la *World History*, le biais méthodologique qui est le sien : celui-ci signifie que le monde n'est pas un objet en soi de la recherche mais l'une des échelles possibles à partir de laquelle un thème historique sera étudié. Et dans le transnational, tout comme dans la *World History* en général, l'historien effectue nécessairement des « jeux d'échelle » pour passer du local au global.

Le tournant de plus en plus affirmé des études historiques vers l'examen du transnational, dispositif de recherche et parti-pris d'analyse davantage que contenu de recherche précis, est certainement l'un des signes de renouvellement de l'historiographie les plus novateurs de ces 20 dernières années. Beaucoup reste à faire, cependant : reconnaissons-le, trop souvent notre compréhension de l'impact des mouvements transnationaux sur les États et la vie internationale reste passablement limitée et des mouvements transnationaux ont des implications distinctes selon les pays. Sans doute aussi le concept de « transnational » souffre-t-il d'une trop grande extension pour être toujours probant, car il embrasse finalement toutes les dimensions qui échapperaient aux relations étatiques. Une restriction de l'extension du champ d'études paraît nécessaire pour gagner en compréhension.

François CHAUBET
Université Paris-Ouest-La Défense-Nanterre

---

[14] Voir, notamment pour la période antérieure à 1840, le grand livre de C. A. Bayly, *La Naissance du monde moderne (1780-1914)*, Éditions de l'Atelier, Paris, 2007.

L'ONU, UN TERRAIN DE LUTTES PROGRESSISTES POUR UN MONDE PLUS JUSTE

L'ONU a fêté l'année dernière son 70e anniversaire. Au terme de 70 ans d'existence de l'ONU, quel bilan tirer de cette institution dont beaucoup critiquent l'inaction ou l'impuissance et que le général de Gaulle lui-même, en son temps, surnommait avec mépris « le machin » ?

L'ONU, instance universelle visant à la paix et au progrès social

Un mécanisme certes imparfait, mais indispensable

Assurément, un tour d'horizon des enjeux actuels et passés peut donner l'impression que l'ONU a incontestablement échoué : elle a échoué à assurer la paix dans le monde. La guerre civile en Syrie aujourd'hui, qui dure depuis cinq ans et a causé un quart de million de morts, mais aussi la guerre des États-Unis en Irak à partir de 2003, que l'ONU a dû avaliser pour ne pas perdre la face, ou encore le génocide du Rwanda en 1994-95 et le massacre de Srebrenica en ex-Yougoslavie, en 1995, que l'ONU est restée incapable de prévenir et d'arrêter, l'illustrent. De même, dans le domaine de la santé, l'OMS a été impuissante à agir efficacement contre l'épidémie du sida depuis les années 1980, et l'Unesco, on le voit aujourd'hui, est incapable de protéger les sites classés sur sa liste du patrimoine mondial, comme l'illustrent la destruction des bouddhas de Bâmiyân par les talibans en Afghanistan en 2001, ou celle du temple de Bel à Palmyre, en août 2015.

Pourtant, l'ONU reste un mécanisme indispensable : indispensable car c'est l'instance mondiale la plus démocratique. En effet, son Assemblée générale rassemble 193 pays, soit quasiment tous les pays du monde, sur une base démocratique, chaque État disposant d'une voix. Ce n'est pas le cas dans d'autres instances mondiales comme le FMI, où les États disposent d'un certain nombre de voix en fonction de leur richesse, ce qui fait que les États-Unis et l'Union Européenne disposent d'un nombre de voix prépondérant. Ce n'est pas le cas non plus des autres structures comme les

G7, G8, G20, ou de l'OCDE, qui ne rassemblent que les pays les plus riches du monde (respectivement 7, 8, 20 et 34 pays).

De plus, les valeurs sur lesquelles l'ONU a été fondée, au lendemain de la Seconde Guerre mondiale, sont des valeurs progressistes et humanistes : la démocratie, les droits de l'homme, la paix, le progrès social.

L'ONU, on l'oublie souvent, au fil de ses 70 ans d'existence, a réalisé beaucoup de choses en ce sens : une action normative d'abord, avec des déclarations et conventions progressistes comme la Déclaration universelle des droits de l'homme (1948), la Convention sur les droits de l'enfant (1989), la Convention sur la protection de tous les travailleurs migrants et de leurs familles (1990), et la Déclaration sur les droits des peuples autochtones (2007). Ces textes sont souvent très avancés, et le problème ne vient pas de l'ONU mais des États qui, parfois, ne les ratifient pas : ainsi les États-Unis ont refusé de signer la Convention sur les droits de l'enfant et celle sur les travailleurs migrants.

L'ONU a aussi contribué à apaiser les conflits dans le monde : avec ses casques bleus, créés en 1948, qui ont obtenu le prix Nobel de la Paix en 1988 et ont été plus de 2.400 depuis leur création à mourir en mission. Elle s'occupe du « maintien de la paix » (*peacekeeping*), mais aujourd'hui aussi de la « construction de la paix » (*peacebuilding*), c'est-à-dire de l'établissement d'une paix durable, de l'organisation d'élections et du rétablissement d'une démocratie pérenne dans les pays qui sortent d'un conflit. L'ONU a ainsi mené une soixantaine d'opérations de maintien de la paix depuis sa création. Alors qu'il n'y en a pas eu plus de 15 pendant la période de la Guerre froide, il y en a eu beaucoup plus depuis 1989. Aujourd'hui, l'ONU mène 16 opérations de maintien de la paix, dont 9 se déroulent en Afrique, comme la MINUSMA au Mali, qui a récemment abouti à la conclusion d'un accord entre les parties opposées, et la MINUSCA en République centrafricaine.

L'ONU a également contribué à l'aide au développement dans le monde, avec le Programme des Nations unies pour le développement (PNUD), créé en 1965-66, et avec ses agences telles que l'Unesco, qui s'est attelée à l'alphabétisation en Afrique.

Un laboratoire d'idées novatrices

Plus globalement, on peut observer que les Nations unies ont développé et promu un ensemble de concepts, de notions-clés, qui sont aujourd'hui popularisées et sont passées dans le langage courant, sans qu'on sache toujours qu'elles viennent de l'ONU et de ses agences : le « développement durable », introduit avec le rapport Brundtland en 1987, la notion de « biosphère », introduite par l'Unesco en 1968 avec la Conférence de la biosphère, celle de « non prolifération », introduite avec le Traité de non prolifération nucléaire de 1968, celle de « patrimoine mondial », lancée par l'Unesco, qui a créé en 1972 sa prestigieuse liste du patrimoine mondial[1].

En matière de maintien de la paix, l'ONU a développé depuis 1994 la notion de « sécurité humaine », qui opère un renversement conceptuel, car elle affirme que l'ONU doit désormais se préoccuper plus de la sécurité des populations que de celle des territoires, et la notion de « responsabilité de protéger », en 2001, qui affirme que si un État n'est pas en mesure d'assurer la sécurité de sa population, il revient à la communauté internationale de le faire. Ces notions universalisent le concept, français, de droit d'ingérence.

Des faiblesses structurelles à corriger

Mais l'ONU, malgré ces apports, souffre de faiblesses structurelles qu'il importe, au XXIe siècle, de corriger : tout d'abord son fonctionnement n'est en fait pas tout à fait démocratique. Le système du Conseil de sécurité, où les 5 membres permanents, vainqueurs de la Seconde Guerre mondiale (France, États-Unis, Royaume-Uni, Chine, Russie) ont le droit de veto est une grave entorse à son caractère démocratique. Les projets de réforme du Conseil de sécurité, envisagés depuis de longues années, n'ont toujours pas abouti. Ce droit de veto empêche l'ONU d'agir sur des questions importantes. Ainsi, dans le passé, l'ONU est resté inactive sur les enjeux de la guerre d'Algérie et de la guerre du Vietnam, deux conflits meurtriers, car les puissances impliquées, respectivement la France et les États-Unis, avaient le droit de veto et auraient donc empêché toute tentative d'intervention de l'ONU.

Par ailleurs, l'ONU souffre d'un recrutement opaque, à tous les niveaux, y compris au plus haut. Ainsi, son Secrétaire général n'est pas élu, mais nommé par l'Assemblée générale sur proposition du Conseil de sécurité qui, traditionnellement, ne propose qu'un seul candidat (!), choisi lors d'une réunion privée, au cours de laquelle les membres permanents peuvent utiliser leur droit de veto.

L'ONU n'est pas exempte non plus de scandales : le scandale de corruption de l'opération « pétrole contre nourriture », au début des années 2000, dans lequel plusieurs cadres onusiens ont été impliqués, le scandale d'abus sexuels commis récemment par des casques bleus en Afrique, comme en République centrafricaine ou en Côte d'Ivoire. Ou encore, il y a plus longtemps, le fait d'avoir nommé, de 1972 à 1981, comme Secrétaire général l'Autrichien Kurt Waldheim, un ancien nazi. L'ONU, organisation universelle, se doit d'être irréprochable.

---

[1] Toutes ces notions novatrices sont analysées dans mon dernier livre : Chloé Maurel, *Histoire des idées des Nations unies. L'ONU en 20 notions*, L'Harmattan, Paris, 2015.

L'ONU s'est en outre, depuis les années 1990, engagée sur une voie dangereuse, celle de la privatisation : alors que dans les années 1970, une de ses agences, l'Organisation internationale du travail (OIT), avait tenté, mais en vain, de réglementer la politique sociale des firmes transnationales, aujourd'hui l'ONU s'engage dans un partenariat étroit avec des entreprises. Les partenariats se multiplient, par exemple entre l'Unesco et des entreprises privées. Et Kofi Annan a lancé, en 2000, le « pacte mondial » (*Global Compact*), qui entend élever les entreprises privées au rang de partenaires privilégiées de l'ONU, leur octroyant un pouvoir de décision à l'ONU et leur donnant le droit de se prévaloir du logo ONU, en échange de l'engagement à respecter quelques règles éthiques. Or ce partenariat apparaît comme un marché de dupes, l'engagement n'ayant aucune force contraignante et n'étant pas contrôlé. L'ONU semble en train de « vendre » son nom au secteur privé, comme en témoigne une externalisation croissante de ses actions. Il apparaît urgent que l'ONU se démarque de cette tendance, car la logique de l'ONU, qui est celle des droits de l'homme et du progrès social, n'est pas la même que celle des entreprises privées, qui visent avant tout à faire du profit. Ce sont même des logiques opposées.

Il faut bien en revanche que l'ONU se préoccupe de réglementer les pratiques, souvent contraires aux droits de l'homme et à l'intérêt général, des firmes multinationales qui maltraitent leurs employés (pensons à Amazon ou aux sous-traitants d'Apple en Asie) et pratiquent l'évasion fiscale (pensons à Mac Donald et Starbucks, qui ne payent pas tous les impôts qu'elles devraient payer en France).

À l'heure actuelle où les problèmes et les enjeux se font transnationaux, nous avons plus que jamais besoin d'une organisation démocratique mondiale pour régler ces problèmes : le problème du terrorisme, qui transcende les frontières étatiques, le problème des épidémies et de la pollution, ou du climat, qui ne connaissent pas non plus de barrières, mais aussi le problème de l'évasion fiscale, qui se joue des frontières. Nous avons plus que jamais besoin de l'ONU pour assurer la paix et le progrès social dans le monde, mais aussi pour rendre impossible les paradis fiscaux, pour réduire les inégalités sociales criantes entre les pays et au sein des pays, et pour protéger l'environnement.

Pour que l'ONU puisse accomplir efficacement son action, il faut supprimer le droit de veto et, parallèlement, donner à l'organisation plus de pouvoir, c'est-à-dire plus de force contraignante à ses résolutions et à ses conventions, ainsi qu'un pouvoir de sanction accru, à l'image de l'OMC qui, pourtant moins universelle que l'ONU, possède un pouvoir de sanction fort avec son organe de règlement des différends. Par exemple, lui donner un pouvoir de sanction économique à l'encontre d'États ou de firmes transnationales, et opérer une véritable démocratisation de son fonctionnement et de son recrutement. Il faut aussi soutenir les conventions progressistes de l'ONU et faire pression sur les États pour qu'ils les ratifient. C'est à ce prix que l'ONU, organisation imparfaite mais indispensable, pourra jouer son rôle pacificateur et progressiste en faveur de tous les citoyens du monde.

Pour cela, il revient aux peuples du monde de se saisir de l'ONU pour en faire une structure efficace qui puisse améliorer leurs vies concrètement. Les peuples ont d'ailleurs déjà par le passé lutté au sein de l'ONU pour l'amener à s'engager dans des luttes progressistes. Il convient de revenir sur certaines de ces luttes pionnières.

Les Nations unies, une histoire de luttes

En faveur des peuples autochtones

Maoris, Quechuas, Aymaras, Kanaks... Nombreux sont dans le monde les peuples « indigènes » ou « autochtones », même si un flou continue de régner sur la définition de ces termes. La question des droits spécifiques à accorder à ces groupes a fait l'objet de revendications croissantes de ces peuples eux-mêmes, depuis les années 1960. Ils luttent aujourd'hui contre la confiscation de leurs terres ancestrales ou contre les modifications apportées à leur environnement. Ainsi les Indiens du Brésil ont-ils lutté, sans succès, contre la construction du barrage de Belo Monte en pleine forêt amazonienne, et pour la reconnaissance de leurs cultures. Les Nations unies ont œuvré à fournir une définition précise de ces peuples. Ainsi pour l'ONU : « les peuples autochtones vivent dans de vastes régions de la surface de la Terre. Disséminés dans l'ensemble du monde de l'Arctique au Pacifique Sud, ils sont (...) ainsi dénommés car ils vivaient sur leurs terres avant que des colons venus d'ailleurs ne s'y installent. Ils sont les descendants de ceux qui habitaient dans un pays ou une région géographique à l'époque où des groupes de population de cultures ou d'origines ethniques différentes y sont arrivés et sont devenus par la suite prédominants, par la conquête, l'occupation, la colonisation ou d'autres moyens ».

Quelles ont été les étapes de l'affirmation de ces peuples à l'ONU ? Dès les années 1940, ces peuples se sont manifestés à l'ONU : des pétitions de peuples autochtones d'Amérique ont été envoyées à la Commission des droits de l'homme de l'ONU chaque année depuis la création de cette instance en 1946, sous la présidence d'Eleanor Roosevelt. Mais cela n'a, dans un premier temps, pas entraîné de réponse au sein des institutions onusiennes.

En 1948, la Bolivie a proposé à l'ONU la création d'une sous-commission chargée des problèmes sociaux des populations autochtones du continent américain ou, à défaut, que la « sous-commission de l'ONU sur la prévention de la discrimination et la protection des minorités », créée l'année précédente, s'attache à étudier les problèmes particuliers de la pauvreté parmi les populations indigènes d'Amérique. Cette suggestion a été discutée lors de la 3e session de la Commission des droits de l'homme, en 1951, mais cela n'a pas abouti ; l'étude envisagée ne sera pas réalisée. Pendant 25 ans, il n'y aura quasiment pas d'activité concernant les peuples indigènes aux Nations unies.

Puis, l'OIT a, elle, agi, dans les années 1950, en faveur de ces populations : en 1957, elle adopte sa convention n° 107 sur les populations indigènes et tribales. Cette convention, tout en reconnaissant les peuples indigènes comme un groupe distinct du reste de la population nationale, les voit aussi comme des paysans exploités économiquement et souligne qu'ils doivent être intégrés dans l'économie moderne. Ce texte constitue une première tentative de codification des obligations internationales des États en ce qui concerne les populations indigènes et tribales. Il couvre toute une gamme de thèmes, tels que les droits aux terres, le recrutement et les conditions d'emploi, la formation professionnelle, l'artisanat et l'industrie rurale, la sécurité sociale et la santé, l'éducation et les moyens de communication. Cette convention, ratifiée par 27 pays, vise à l'intégration des autochtones dans l'ensemble de la société nationale et présente une approche intégrationniste, assimilationniste, approche qui reflète le discours sur le développement alors en vigueur à l'époque à laquelle elle a été adoptée.

La convention n° 107, observant que les populations « tribales » ou « semi-tribales » sont souvent moins développées que le reste de la population nationale, appelle les gouvernements à mettre en œuvre des programmes coordonnés et systématiques en vue de la protection des populations intéressées et de leur intégration progressive dans la vie de leurs pays respectifs. Elle appelle à « des mesures spéciales (...) pour protéger les institutions, les personnes, les biens et le travail des populations intéressées, aussi longtemps que leur situation sociale, économique et culturelle les empêchera de jouir du bénéfice de la législation générale du pays auquel elles appartiennent ». Elle incite aussi la société à « prendre conscience du danger que peut entraîner le bouleversement des valeurs et des institutions desdites populations, à moins que ces valeurs et institutions ne puissent être remplacées de manière adéquate et avec le consentement des groupes intéressés ». Dans la partie II, intitulée « Terres », il est mentionné que « le droit de propriété, collectif ou individuel, sera reconnu aux membres des populations intéressées sur les terres qu'elles occupent traditionnellement », et que « les populations intéressées ne devront pas être déplacées de leurs territoires habituels sans leur libre consentement ». Enfin, dans la partie IV, intitulée « Formation professionnelle, artisanat et industries rurales », la convention affirme que « l'artisanat et les industries rurales des populations intéressées seront encouragés ».

Cette convention n° 107 est donc un grand progrès dans la conception des peuples autochtones et dans la reconnaissance de leurs droits. C'est grâce à la lutte de peuples et de personnalités engagées aux Nations unies qu'elle a pu être adoptée.

Au fil des années suivantes, lorsque l'ONU a commencé à analyser en détail la situation des peuples autochtones et que ces peuples ont exprimé des revendications croissantes au niveau international, l'approche de la convention n° 107 a été remise en question. Un comité d'experts, convoqué en 1986 par le Conseil d'administration de l'OIT, a conclu que « l'approche intégrationniste de la convention était obsolète et que sa mise en œuvre était préjudiciable dans le monde actuel ». Cela a conduit à la révision de la convention, entre 1988 et 1989. L'OIT s'est efforcée de prôner une plus grande autonomie des populations autochtones, la reconnaissance de leur contrôle collectif sur leurs terres et leurs ressources naturelles, leurs droits à une scolarité fondée sur leurs propres orientations et besoins culturels.

La convention n° 169 de 1989 sur les peuples autochtones et tribaux des pays indépendants remplacera alors la convention n° 107. Depuis l'adoption de la convention n° 169, la convention n° 107 n'est plus ouverte à ratification. Elle reste toutefois en vigueur dans 18 pays, dont certains ont une forte population indigène ; elle demeure un instrument utile dans ces pays car elle couvre de nombreux domaines essentiels pour les peuples autochtones.

Comment l'ONU a-t-elle été amenée à agir en faveur des peuples autochtones ? C'est grâce à la lutte et à l'opiniâtreté de militants qu'elle s'y est attelée. C'est notamment sous l'impulsion d'Augusto Willemsen Díaz, un avocat guatémaltèque devenu fonctionnaire à la division des droits de l'homme des Nations unies à Genève, que l'ONU va peu à peu prendre en compte les droits des peuples autochtones, en utilisant l'enjeu de la discrimination raciale. Recruté à l'ONU dans les années 1950, il y travaille à la sous-commission de prévention des discriminations et pour la protection des minorités. Issu d'un pays qui compte une forte population autochtone, il a à cœur d'attirer l'attention des Nations unies sur les discriminations envers les peuples autochtones, en rédigeant des rapports et des études notamment[2].

Parallèlement, les peuples autochtones eux-mêmes continuent à faire entendre plus distinctement leur voix sur la scène internationale : en 1974 est ainsi créé le Conseil mondial des peuples indigènes (*World Council of Indigenous Peoples*, WCIP), sous l'impulsion notamment du chef amérindien George Manuel. Les réclamations du WCIP poussent l'ONU à accueillir une conférence en 1977 sur la discrimination contre les populations indigènes aux Amériques.

Enfin, en 1983, après douze ans de travail, l'ONU publie l'*Étude du problème de la discrimination contre les populations autochtones* (ou rapport Cobo sur les populations autochtones). Cet imposant rapport apporte une pièce importante à l'édifice de la lutte pour les droits des peuples autochtones. Le rapport Cobo identifie près de 40 pays dans lesquels se trouvent des populations autochtones. Il affirme que « l'auto-détermination, dans ses différentes formes, doit être reconnue comme la pré-condition de base pour la jouissance par les peuples indigènes de leurs droits fondamentaux ». Il conclut aussi que les peuples indigènes ont un droit inaliénable à leur territoire et peuvent réclamer des terres qui leur ont été prises[3].

Ainsi, l'ONU a-t-elle mené une action de longue haleine pour la reconnaissance des droits des peuples autochtones, une des figures de l'exploitation des plus faibles, souvent floués par les grandes sociétés multinationales. Justement, les Nations unies ont parallèlement amorcé des tentatives pour contrôler les pratiques, souvent douteuses, des multinationales.

Des tentatives pour contrôler la politique sociale des multinationales

Dans les années 1970, les sociétés transnationales commencent, du fait de leur nombre et de leur pouvoir croissants, à attirer l'attention dans les milieux syndicaux et dans les cercles des Nations unies.

Au sein des Nations unies, s'affirment alors les pays du Sud, issus de la décolonisation. L'Assemblée générale de l'ONU, où ils sont désormais numériquement majoritaires, ainsi que certains organes des Nations unies,

---

[2] Augusto Willemsen-Díaz, « Comment les droits des peuples autochtones sont entrés à l'ONU », in Claire Charters, Rodolfo Stavenhagen (dir.), *La déclaration des droits des peuples autochtones : Genèse, enjeux et perspectives de mise en œuvre*, L'Harmattan, Paris, 2013, p. 1-35.

[3] Ricardo Martinez-Cobo, *Étude du problème de la discrimination contre les populations autochtones*, ONU, New York, 1986.

comme la Conférence des Nations unies pour le commerce et le développement (CNUCED), dont la création, en 1964, a donné lieu à la naissance du « Groupe des 77 », deviennent la caisse de résonance de leurs revendications, revendications soutenues par les pays communistes.

C'est dans ce contexte qu'émerge dans diverses instances une réflexion sur la responsabilité sociale des entreprises. Progressivement se développe l'idée qu'il faut réglementer l'activité grandissante des multinationales. Celles-ci, alors essentiellement basées aux États-Unis (Exxon, Mobil Oil, Unocal, Chevron, ITT, IBM, Ford) ou en Europe occidentale (Fiat, Total, Elf, Unilever, Siemens, Mercedes, Nestlé), commencent à être dénoncées pour les conséquences sociales découlant de leurs activités.

L'initiative du mouvement en faveur d'une régulation sociale des activités des multinationales vient principalement des milieux syndicaux internationaux. Autour de 1970, les principales fédérations syndicales internationales de travailleurs adoptent des résolutions dénonçant les atteintes faites par les multinationales aux droits syndicaux et aux droits économiques et sociaux. Sous leur pression, ce sujet commence alors à être abordé par l'Organisation internationale du travail (OIT), organisation qui, de par sa vocation à traiter des questions relevant du travail, et de par sa structure tripartite (réunissant représentants des gouvernements, des employeurs et des travailleurs), apparaît comme le lieu approprié.

Nous allons donc examiner comment, dans le cadre de l'OIT, a été traité l'impératif d'apporter une régulation sociale, sur le plan international, aux activités des multinationales ?

Cette action de l'OIT s'est déroulée en plusieurs étapes. À partir des années 1960, l'OIT est sollicitée de manière de plus en plus pressante par les principales fédérations syndicales internationales de travailleurs, afin de prendre des dispositions sur la politique sociale des multinationales. Plusieurs de ces fédérations adoptent des résolutions dénonçant les abus des grandes firmes. Ainsi, par exemple, en 1971, la Fédération internationale des organisations de travailleurs de la métallurgie (FIOM) adopte, lors de son congrès annuel, une résolution affirmant le danger de l'expansion des multinationales, et appelle l'OIT à publier une liste noire des multinationales qui violent les droits de l'homme. De plus, des experts représentant les travailleurs demandent au BIT d'élaborer un « code de bonne conduite » des multinationales.

Cela conduit l'OIT à adopter, en 1977, la « Déclaration de principes tripartite sur les entreprises multinationales et la politique sociale ». Elle promeut la responsabilité sociale des entreprises (RSE) dans le domaine de l'emploi : promotion de l'emploi, liberté d'association, droit à la syndicalisation et à la négociation collective, égalité des chances et de traitement, sécurité de l'emploi, formation, salaires, avantages sociaux, santé et sécurité au travail. Elle entend guider les gouvernements, les organisations de travailleurs et les entreprises transnationales et nationales dans le domaine de la responsabilité sociale des entreprises.

Ce document a une grande importance du fait de son caractère novateur : il constitue le premier texte normatif visant les entreprises transnationales adopté dans le cadre de l'ensemble du système des Nations unies. Il est aussi l'un des premiers à mentionner l'objectif du « nouvel ordre économique international » (NOEI) comme devant orienter le comportement des multinationales. Cette déclaration, texte de portée universelle, constitue à ce jour encore le seul ensemble de directives volontaires concernant la politique sociale des multinationales à avoir été approuvé sur une base tripartite. Même si sa portée est finalement limitée car elle n'a pas de caractère contraignant pour les entreprises, on peut saluer un pas en avant important effectué à cette époque par les Nations unies pour contrôler les multinationales, et il apparaît souhaitable qu'aujourd'hui l'ONU retrouve cet esprit des années 1970 pour réglementer les pratiques de ces firmes.

La promotion par l'Unesco du patrimoine africain

Toujours dans l'esprit de corriger les inégalités, inégalités qui sont sociales, mais aussi culturelles, l'Unesco s'est consacrée activement, dès les années 1960, à promouvoir, non seulement le patrimoine « classique », c'est-à-dire européen, mais aussi le patrimoine des peuples du Sud, en particulier le patrimoine africain.

En 1970, l'Unesco suscite la création à Tombouctou du « Centre de documentation et de recherches Ahmed-Baba » (CEDRAB), qui se consacre à répertorier, restaurer et protéger les milliers de vieux manuscrits retrouvés dans la région. Ces précieux écrits, dont certains remontent au XIIIe siècle, sont menacés de décomposition et de pillage. Or, ils possèdent une importance primordiale pour l'histoire du continent, car ils réfutent le mythe de l'oralité africaine et donnent à l'Afrique subsaharienne le substrat historique qui lui a longtemps manqué.

En outre, l'Unesco a créé, à partir de 1997, une « liste rouge » des objets archéologiques africains particulièrement en danger, afin de lutter contre le pillage artistique qui sévit en Afrique. Terres cuites, statuettes, poteries, bronzes, masques sont parmi les biens culturels les plus touchés par ce pillage. Protégés par les législations de leurs pays, ils sont interdits d'exportation et ne peuvent pas être proposés à la vente. Un appel est donc lancé aux musées, salles des ventes, marchands et collectionneurs, afin qu'ils ne les achètent plus.

C'est aussi et surtout par l'action normative que l'Unesco s'efforce de lutter contre les trafics, pillages, et destructions d'œuvres. Si la convention de 1954 a été ratifiée par plus de 100 États, les plus actifs d'entre eux dans le domaine du trafic artistique, comme les États-Unis et le Royaume-Uni, ne l'ont toujours pas fait, ce qui hypothèque gravement son efficacité. Alors, en 1970, pour compléter ce dispositif, l'Unesco a élaboré une autre convention, applicable en temps de paix, qui propose des « mesures à prendre pour interdire et empêcher l'importation, l'exportation et le transfert de propriétés illicites des biens culturels ». Le texte encourage les États à adopter une législation protectrice et à répertorier leurs collections, mais il a en fait une portée plus éthique que juridique. Les premiers États à ratifier la convention ont été des États victimes du trafic. Les États-Unis l'ont ratifiée en 1983, mais avec d'importantes réserves. Mais, dès 1995, M. Lyndel et V. Prott, responsables de la section des normes internationales à l'Unesco, estimaient que cette convention se révélait peu efficace face aux associations de négociants en œuvres d'art, constituées en groupes de pression très puissants. L'Unesco a alors dû faire appel à l'« Institut international pour l'unification du droit privé », « Unidroit », pour élaborer une convention plus efficace. Celle-ci, intitulée « Convention sur le retour international des biens culturels volés ou illicitement exportés », adoptée en 1995, permet à un État d'engager une action en justice contre l'acheteur de l'un de ses biens devant les tribunaux de l'État où il se trouve. Le possesseur doit alors le restituer et ne perçoit une indemnité que s'il peut prouver qu'il a accompli toutes les démarches nécessaires pour vérifier que le bien ne provenait pas d'un trafic illicite. En outre, le délai de prescription passe à cinquante ans.

La convention « Unidroit » rompt ainsi avec les principes qui étaient jusqu'alors ceux de la plupart des pays européens : la supposée bonne foi de l'acheteur et un délai de prescription traditionnellement très court. Elle est donc pionnière. Évidemment, elle suscite la forte hostilité des acteurs du marché de l'art : marchands d'art, syndicats d'antiquaires, associations de collectionneurs. À ce jour, seuls 33 États l'ont ratifiée ; parmi eux, aucun grand pays importateur, comme la France. Elle constitue néanmoins une tentative remarquable de stopper les trafics.

La Convention du patrimoine immatériel (2003)

Folklore, contes et rites d'Afrique ou d'ailleurs tendent depuis plusieurs décennies à s'évanouir sans laisser de traces. Dès le début des années 1960, l'intellectuel malien Amadou Hampâté Bâ, membre du Conseil exécutif de l'Unesco, avait tiré la sonnette d'alarme : « en Afrique, quand un vieillard meurt, c'est une bibliothèque qui brûle ». C'est pour lutter contre ce phénomène irréversible, et en pensant particulièrement à l'Afrique et à la nécessité d'effectuer un rééquilibrage dans le recensement des éléments du patrimoine mondial, que l'Unesco a décidé de protéger, non seulement le patrimoine matériel, mais aussi le « patrimoine immatériel ». C'est en 1982, à la Conférence mondiale sur les politiques culturelles (« *Mondiacult* »), tenue à Mexico, qu'est introduite la notion de « patrimoine immatériel », qui renvoie à la tradition orale, aux arts du spectacle, à des pratiques sociales et à des rituels. Puis, en 2003, l'Unesco a adopté la « Convention pour la sauvegarde du patrimoine immatériel », qui est entrée en vigueur en 2006. Cette convention est aujourd'hui ratifiée par 161 États.

La convention de 2003 définit le patrimoine immatériel comme « les pratiques, représentations, expressions, connaissances et savoir-faire – ainsi que les instruments, objets, artefacts et espaces culturels qui leur sont associés – que les communautés, les groupes et, le cas échéant, les individus reconnaissent comme faisant partie de leur patrimoine culturel ». Elle précise que « ce patrimoine culturel immatériel, transmis de génération en génération, est recréé en permanence par les communautés et groupes en fonction de leur milieu, de leur interaction avec la nature et de leur histoire, et leur procure un sentiment d'identité et de continuité, contribuant ainsi à promouvoir le respect de la diversité culturelle et la créativité humaine » (art. 2-1). Ses expressions peuvent être : « les traditions et expressions orales, y compris la langue comme vecteur du patrimoine culturel immatériel ; les arts du spectacle ; les pratiques sociales, rituels et événements festifs ; les connaissances et pratiques concernant la nature et l'univers ; les savoir-faire liés à l'artisanat traditionnel » (art. 2-2).

Ce texte, observant que « les processus de mondialisation et de transformation sociale font peser de graves menaces de dégradation, de disparition et de destruction sur le patrimoine culturel immatériel », prévoit la constitution de deux listes : une « Liste représentative du patrimoine culturel immatériel de l'humanité » et une « Liste du patrimoine culturel immatériel nécessitant une sauvegarde urgente ». À ce jour, 95 États ont inscrit au moins un élément à l'une des deux listes. Un « fonds pour la sauvegarde du patrimoine culturel immatériel » a également été établi. Il est prévu que des « collecteurs de mémoire » visitent les villages d'Afrique et notent avec minutie tous les détails des cérémonies, les différentes versions des contes, filment les danses chamaniques, transcrivent les contes et légendes, afin qu'ils ne tombent pas dans l'oubli s'ils venaient à disparaître.

L'Unesco a également lancé, sous l'égide d'un jury de spécialistes, plusieurs proclamations de « Chefs-d'œuvre du patrimoine oral et immatériel de l'humanité » (en 1997, 2001, 2003 et 2005) qui ont désigné au total 90 chefs-d'œuvre provenant de 107 pays, dont plusieurs dizaines ont déjà bénéficié d'un soutien effectif de l'Unesco pour la mise en œuvre de plans de sauvegarde.

Ainsi, grâce à la convention du patrimoine immatériel, près de 300 éléments ont été inscrits sur l'une ou l'autre des deux listes pour être préservés et mis en valeur, comme la calligraphie mongole, la culture et la tradition du café turc, le *xooy*, une cérémonie divinatoire chez les Serer du Sénégal, le *zhusuan* chinois, connaissances et pratique du calcul mathématique au boulier, les diables danseurs de Corpus Christi au Vénézuela, ou encore le repas gastronomique français[4].

La convention sur la diversité culturelle, adoptée en 2005, va dans le même sens.

La convention sur la diversité culturelle, un texte humaniste, en rupture avec la logique marchande de l'OMC

L'enjeu de la protection et de la promotion de la « diversité culturelle » est important. Dans ce domaine, l'Unesco a osé, au début des années 2000, tenir tête aux États-Unis, opposés à l'idée d'un accord international dans ce domaine. L'impulsion n'est pas venue alors du directeur général de l'époque, le Japonais Koïchiro Matsuura, très proche politiquement des États-Unis, mais de certains États membres, au premier rang desquels la France et le Canada. En 2005, la Conférence générale a soumis à l'approbation des États membres un projet de « Convention sur la protection et la promotion de la diversité des expressions culturelles ». Il a été adopté quasiment à l'unanimité, seuls deux États, les États-Unis, revenus dans l'Unesco en 2003, et Israël, ayant voté contre.

Ce texte élève la diversité culturelle au rang de « patrimoine commun de l'humanité » et vise à renforcer la création, la production, la diffusion des expressions culturelles véhiculées par les activités, biens et services culturels. À la thèse de Samuel Huntington sur l'inéluctabilité du « choc des cultures et des civilisations », la Convention oppose le modèle de la « diversité en dialogue »[5]. Elle s'efforce d'énoncer des règles et principes communs en matière de diversité culturelle au niveau mondial. C'est la première fois que, dans ce domaine, un tel consensus est trouvé par la communauté internationale. Ce texte contribue notamment à reconnaître le rôle et la légitimité des politiques publiques dans la promotion de la diversité

[4] Cf. Chiara Bortolotto (dir.), *Le Patrimoine culturel immatériel. Enjeux d'une nouvelle catégorie*, Éditions de la Maison des Sciences de l'Homme, Paris, 2011.

[5] Armand Mattelart, « Bataille à l'Unesco sur la diversité culturelle », *Le Monde diplomatique*, octobre 2005.

culturelle. Il souligne l'importance de la coopération internationale afin de protéger les cultures minoritaires ou vulnérables.

Ce texte important s'efforce de conférer un statut juridique à la culture et de s'opposer à la domination normative de l'OMC, qui vise à libéraliser les biens et services culturels. Jusqu'à la ratification de cette convention, seule l'« exception culturelle », principe initié par la France, autour duquel se sont affrontés l'Europe et les États-Unis au cours de l'*Uruguay Round* entre 1986 et 1994, protégeait la culture des mesures commerciales fixées par l'OMC.

Grâce à cette convention de l'Unesco, les États se voient légitimés à lancer des politiques publiques de soutien à l'expression culturelle pour assurer une réelle diversité, impossible à garantir par le seul marché. Ce droit est assorti d'une obligation d'ouverture aux autres cultures, pour éviter que la Convention ne soit détournée à des fins protectionnistes[6]. C'est donc un très grand pas en avant. C'est une tentative pour soustraire à l'OMC, organisation illégitime et peu démocratique, certaines de ses attributions, pour les faire revenir dans le giron des Nations unies.

Dans ce même esprit, certains pays progressistes proposent aujourd'hui que les Nations unies s'affirment face au FMI pour réglementer les fonds vautours et la restructuration des dettes souveraines.

Vers une réglementation par l'ONU des fonds vautours et des dettes souveraines ?

Le 5 décembre 2014, à l'Assemblée générale de l'ONU, 128 pays, essentiellement les pays du groupe G77 auxquels s'ajoute la Chine, c'est-à-dire les pays du Sud, ont voté pour une résolution présentée par l'Argentine, visant à mettre en place un cadre légal multilatéral pour la restructuration de dettes souveraines. Déjà en septembre 2014, 124 de ces pays avaient fait adopter, à l'initiative de la Bolivie, une résolution en ce sens.

C'est là un tournant historique, selon Sacha Llorenti, le représentant de la Bolivie à l'ONU. Ce cadre pourrait permettre de lutter contre les pratiques inhumaines des « fonds vautours », fonds d'investissements spéculatifs qui se spécialisent dans le rachat à bas prix de dettes, comme cela a été le cas pour la dette souveraine de l'Argentine, qu'ils ont rachetée lors de la crise économique argentine des années 2000 ; ils ont refusé de participer à la renégociation de cette dette, héritée en partie de la période de la dictature (1976-1983), demandant un remboursement au plus proche de la valeur nominale.

---

[6] Jean Musitelli, « Les États-Unis et la diversité culturelle : histoire d'un rendez-vous manqué », *Politique américaine*, 2006, 2, 5, p. 73-87.

En 2013, Thomas Griesa, juge de la Cour de Justice de New York, a donné raison aux fonds vautours et a condamné l'Argentine à payer 100 % de sa dette en litige. Les fonds vautours rachètent de la dette à prix cassé, refusent de participer à la restructuration de cette dette, et exigent ensuite la valeur totale, ainsi que les intérêts des obligations qu'ils ont achetées.

À l'opposé des pays du Sud, 16 pays, essentiellement du Nord, comme les États-Unis et le Japon et plusieurs pays européens, ont voté contre cette résolution à l'ONU ; ils estiment que c'est plutôt le FMI qui est le lieu approprié pour traiter de ces questions. Cela est plus avantageux pour eux, car ces pays de la Triade, qui ne pèsent qu'un peu plus de 8 % des voix de l'ONU, représentent plus de 45 % du pouvoir de décision au sein du FMI. En effet, au FMI, les voix sont pondérées en fonction de la richesse de chaque État, système moins démocratique que celui de l'Assemblée générale de l'ONU où chaque État, riche ou pauvre, dispose d'une voix. Le représentant des États-Unis a en outre justifié le vote de son pays contre cette résolution par le risque d'incertitudes qu'un tel texte pourrait faire peser sur les marchés financiers.

Depuis longtemps, des réseaux progressistes, comme le Comité pour l'annulation de la dette du Tiers monde (CADTM), militent pour l'abolition ou la réduction et le rééchelonnement de la dette des pays du Sud.

En février 2015, la Bolivie a été élue par l'Assemblée générale de l'ONU pour présider pour 2015 le nouveau « Comité sur le processus de restructuration de la dette souveraine », un comité plus grand que le groupe G77+ Chine, qui vise à favoriser le développement durable de tous les pays du monde. « Cela sera une fierté pour les Boliviens que nous dirigions ce processus de changement de la nouvelle architecture financière du monde », a affirmé le 3 février dernier le président bolivien Evo Morales, qui a précisé que ce comité œuvrerait à ce que les organismes internationaux ne se comportent pas comme « des prédateurs qui arrachent des fonds ou qui donnent des fonds en arrachant des intérêts ». Il s'agit pour Evo Morales de faire en sorte « qu'il n'y ait plus de fonds vautours ».

Le Comité est chargé de mettre sur pied un cadre légal multilatéral pour les processus de restructuration des dettes souveraines, ce qui comblerait un vide juridique. Si l'ONU parvient à mener à bien cette action, elle pourrait parvenir à faire prévaloir des principes humains sur ceux du capitalisme débridé en matière de gestion et de paiement des dettes souveraines, jalon important vers la réduction des inégalités Nord-Sud.

Finalement, les Nations unies, avec tous leurs domaines d'action, apparaissent comme une structure incroyablement dynamique et indispensable pour faire valoir les valeurs de la justice sociale, de l'humanité et de la démocratie au niveau mondial.

Mais comment faire pour rendre l'ONU et ses agences encore plus efficaces ?

5 propositions pour une ONU plus efficace et plus démocratique

L'ONU est l'institution internationale la plus légitime, car la plus démocratique. Cependant, il reste encore des choses à faire pour rendre l'ONU plus efficace et plus démocratique. Voici 5 propositions urgentes.

Supprimer le statut de membre permanent du Conseil de sécurité et le droit de veto

Le statut de membre permanent du Conseil de sécurité, avec droit de veto, dont disposent cinq pays (France, États-Unis, Royaume-Uni, Chine, Russie), apparaît comme un privilège, une grave limite au caractère démocratique de l'ONU. La raison de ce privilège – le fait que ces pays aient été les vainqueurs de la Seconde Guerre mondiale – n'apparaît plus justifiée aujourd'hui, et cet état de choses est critiqué par de nombreux pays. De plus, le veto a été, tout au long des 70 ans d'existence de l'ONU, un élément de blocage de l'action onusienne : le veto, ou la simple menace du veto, ont empêché en bien des cas l'ONU d'agir sur des sujets importants, comme, dans les années 1950-60, la guerre d'Algérie ou la guerre du Vietnam.

Les projets de réforme qui ont été suggérés ces dernières années, et qui proposent d'étendre ce privilège à d'autres pays (l'Allemagne, l'Afrique du Sud, le Brésil...), n'apparaissent pas convaincants car étendre le droit de veto à d'autres pays paralyserait plus encore l'ONU. Et la situation demeurerait toujours injuste, car il y aurait toujours des pays qui s'estimeraient lésés de ne pas avoir, eux aussi, ce privilège.

La solution est donc de supprimer purement et simplement le statut de membre permanent du Conseil de sécurité et le droit de veto, pour rendre l'ONU plus efficace et véritablement démocratique dans son fonctionnement. Loin d'affaiblir la France, cette réforme serait tout à son honneur, et de plus, ouvrirait la voie à la possibilité de l'élection d'un Secrétaire général français. En effet, une convention tacite, depuis la création de l'ONU, veut que les pays dotés du droit de veto ne puissent jamais voir un de leurs ressortissants devenir Secrétaire général. Avec la suppression du droit de veto, cela rendrait possible l'élection, pour la première fois, d'un Secrétaire général français.

Faire de la nomination du Secrétaire général une véritable élection démocratique

Jusqu'à présent, le Secrétaire général de l'ONU a toujours été nommé, et non pas élu, par l'Assemblée générale. Il est nommé sur proposition du Conseil de sécurité qui, traditionnellement, ne propose qu'un seul nom, choisi lors d'une réunion privée, lors de laquelle le veto peut être employé. C'est dire que ce processus est tout sauf démocratique ! Ce qu'exprime l'ambassadeur suisse à l'ONU, Paul Seger, qui juge que cette pseudo élection est encore moins transparente que celle du pape, ce qui est tout dire ! Il faudrait donc faire de ce processus une véritable élection, par l'Assemblée générale. Cela aurait comme avantage de permettre le déroulement d'une véritable campagne électorale, relayée par les médias du monde entier, ce qui rendrait la population mondiale plus concernée, plus intéressée, par cette élection et par l'ONU.

Un premier pas dans cette voie a été fait cette année 2016 puisque, pour la première fois, les huit candidats officiels à la succession de Ban Ki-Moon ont pu se présenter chacun devant l'Assemblée générale et exposer leurs idées et leur projet pour diriger l'ONU. Mais, pour l'instant, rien n'a été changé au processus de nomination, ce qui fait qu'en pratique ce sont toujours les cinq membres permanents du Conseil de sécurité qui ont la haute main sur la nomination du Secrétaire général.

Encourager l'ONU à lancer un vaste plan d'assistance aux réfugiés

La « crise » des réfugiés que nous vivons actuellement, avec plus de 60 millions de personnes déplacées dans le monde, est sans précédent. À ce vaste enjeu, qui est à l'échelle mondiale, il faut une réponse mondiale, et l'ONU est bien placée pour s'en charger. En effet, l'ONU peut tirer parti de son expérience en la matière : au sortir de la Seconde Guerre mondiale, alors qu'il y avait également des millions de personnes déplacées en Europe, l'ONU avait créé une agence *ad hoc*, l'Organisation internationale des réfugiés (OIR), qui avait fonctionné de 1946 à 1952, et qui, dotée d'un personnel nombreux, s'était activement occupée de réinstaller 10 millions de personnes dans des pays d'accueil et de les aider à se réinsérer. En 1951, a été adoptée la Convention relative au statut des réfugiés et, en 1952, a été créé le Haut Commissariat des Nations unies aux Réfugiés (HCR). Mais, sur la question des migrations, l'agence qui a été créée en 1951, l'Organisation internationale pour les migrations (OIM), a été placée en dehors du système des Nations unies, suivant la volonté des États-Unis, qui ne voulaient pas que ce soit l'ONU qui s'occupe de cette question.

Il faudrait permettre à l'ONU de se ressaisir pleinement de la question des migrants et réfugiés, soit en créant une nouvelle OIR, soit en étendant et en humanisant l'action du HCR, bien souvent, trop restrictif dans l'attribution du statut de réfugié. L'ONU pourrait montrer la voie aux États en adoptant une conception humaniste du migrant, du réfugié, au lieu de les criminaliser comme le font beaucoup de pays. Faire respecter les droits fondamentaux des migrants, rendre impossible leur détention inhumaine dans des camps, cela doit être l'action de l'ONU.

L'ONU a d'ailleurs adopté des textes progressistes en la matière, comme la « Convention pour la protection des droits de tous les travailleurs migrants et de leurs familles » de 1990, ou les deux Conventions (1954 et 1961) sur les apatrides, textes que, malheureusement, la France n'a pas ratifiés. Faire connaître et faire ratifier ces textes progressistes doit être un objectif fédérateur.

Préconiser une action de l'ONU pour interdire les paradis fiscaux, contrôler les grandes multinationales, faire un contre-TAFTA et créer une taxe internationale sur les transactions financières

À l'origine, les questions économiques et commerciales devaient relever intégralement de l'ONU. Une charte progressiste, la Charte de la Havane, avait été négociée au sortir de la Seconde Guerre mondiale et signée en 1948. Elle prévoyait la création d'une Organisation internationale du commerce (OIC) totalement intégrée à l'ONU, et fondée sur des idées de justice sociale. Mais elle n'a pas été ratifiée par le Sénat américain et, finalement, c'est en dehors de l'ONU qu'a été entreprise la régulation des échanges internationaux, sous l'égide du GATT devenu, en 1995, l'OMC. Or, l'OMC est fondée sur des conceptions libérales, à l'opposé des conceptions humanistes et progressistes de la charte de l'ONU.

Il faut donc faire en sorte que l'ONU se ressaisisse de ces attributions économiques et commerciales, afin de lutter efficacement contre l'évasion fiscale. Le problème des paradis fiscaux étant un problème transnational, seule une organisation mondiale peut le résoudre ; cela ne peut pas venir d'un seul pays, ni même d'un groupe de pays. Face au projet de TAFTA, au problème de la gestion des dettes souveraines des États, des initiatives progressistes sont lancées en ce moment même au sein de l'ONU, notamment par des pays du Sud. La France doit les soutenir et les encourager.

Enfin, une taxe internationale sur les transactions financières permettrait de résoudre une grande partie des problèmes économiques et sociaux des pays. L'ONU, dont les attributions officielles s'étendent à ces sujets, est l'institution adéquate pour établir un tel dispositif.

Rappelons que la Banque mondiale et le FMI font théoriquement partie de l'ONU, mais s'en sont rapidement autonomisés après la Seconde Guerre mondiale, c'est-à-dire que ces structures se sont affranchies du fonctionnement démocratique onusien (un État = une voix). Il faudrait remettre ces institutions financières internationales sous le contrôle de l'Assemblée générale de l'ONU.

Doter l'ONU de plus de budget et de plus de pouvoir

L'ONU est l'organisation internationale la plus légitime, or elle a *de facto* moins de pouvoir que d'autres institutions comme l'OMC qui, elle, a le pouvoir d'imposer des sanctions économiques à des États, au moyen de son organe de règlement des différends (ORD).

Il faut doter l'ONU d'un pouvoir de sanction tout aussi fort, dans les cas où des États, des personnes ou des entreprises ne respectent pas ses résolutions ou ses conventions. En effet, le plus souvent, lorsque les résolutions ou conventions de l'ONU ne sont pas respectées, rien ne se passe, ces textes restent lettre morte, ce sont de belles résolutions, mais qui ne sont pas appliquées. Il est essentiel de donner plus de pouvoir à l'ONU pour faire appliquer ses textes.

Pour rendre l'ONU plus efficace, il faut aussi qu'elle dispose d'un budget plus important. Actuellement, son budget est très faible. Par exemple, le budget de l'UNESCO est inférieur à celui de la ville de Paris, alors que cette institution culturelle doit agir dans le monde entier ! Quant à l'AIEA (agence internationale de l'énergie atomique), son budget est égal à 0,06 % du budget de la défense des États-Unis, ce qui est dérisoire. Actuellement, le budget des Nations unies est tellement insuffisant que l'ONU et ses agences sont de plus en plus obligées d'avoir recours à des donateurs privés, qui sont le plus souvent des entreprises. Or, accepter de l'argent d'entreprises privées est dangereux car cela limite l'indépendance de l'ONU et l'amène à infléchir son discours dans un sens favorable au secteur privé alors qu'elle devrait être vigilante à l'égard des pratiques sociales de ces firmes, avoir un esprit critique face aux grandes multinationales. Pour éviter cet écueil et permettre à l'ONU de disposer de vrais moyens d'agir, il est essentiel que les États lui donnent davantage de budget et honorent également l'engagement à donner 0,7 % de leur PIB en faveur de l'aide au développement.

Doter l'ONU de plus de pouvoir, d'un budget plus important, et la rendre plus démocratique dans son fonctionnement, est fondamental pour lui permettre d'exercer efficacement sa mission de paix et de progrès social auprès des citoyens du monde entier !

La France, pays des droits de l'homme, se doit d'œuvrer dans cette voie, main dans la main avec les pays du Sud, qui poussent en ce sens. Son prestige auprès de ces pays et sur la scène internationale en serait rehaussé.

Chloé MAUREL
Chercheuse associée à l'École Normale Supérieure (IHMC)

Entre nationalisme et communisme, les luttes d'indépendance au Viêt Nam

Le titre même de cette intervention pose d'emblée une question : comment interpréter la nature des liens entre nationalisme et communisme dans les luttes pour l'indépendance au Viêtnam ? A cet égard, plusieurs caractères déterminent la spécificité de la révolution vietnamienne.

Tout d'abord – on l'a peut-être un peu oublié aujourd'hui –, cette dernière a été l'une des plus anciennes révolutions dirigées par un parti communiste dans l'histoire, la troisième chronologiquement, après la révolution soviétique et celle de Mongolie.

Le second aspect, particulièrement important, est plus lié à l'histoire du communisme qu'à celle des mouvements de libération nationale. Il faut vraiment prendre la mesure du caractère extraordinairement novateur et, d'un certain point de vue, presque aventuriste, de l'activité de Hô Chi Minh, lorsqu'il proclame l'indépendance du Viêt Nam, le 2 septembre 1945. Rappelons que la fin de la Seconde Guerre mondiale est marquée par la capitulation du Japon, à cette même date, à un moment où la question de la libération nationale ne se pose pas vraiment comme étape immédiate ! La décision d'Hô Chi Minh apparaît donc comme un choix politique totalement nouveau.

Le troisième caractère de la révolution vietnamienne tient à son orientation et à sa direction. Il s'agit du seul exemple d'un mouvement de libération nationale dans lequel un parti communiste a conquis l'hégémonie politique, culturelle et organisationnelle, et l'a conservée jusqu'à aujourd'hui. Et cela quoiqu'on puisse penser de l'état actuel du Viêt Nam au sein de la mondialisation capitaliste.

Enfin, l'ensemble s'articule autour de l'itinéraire d'un homme d'exception qui a en permanence mêlé nationalisme et communisme dans son propre parcours, dans sa propre personnalité, dans son propre discours politique. Hô Chi Minh, né en 1890, a quitté le Viêt Nam en 1911, très jeune, donc. Contrairement à ce qui a pu être écrit dans ses biographies, il était évidemment alphabétisé, et possédait des connaissances, mais il n'était ni un intellectuel dans le sens universitaire, ni un « homme de culture ». Il présentait, contrairement à d'autres nationalistes vietnamiens, l'originalité de ne pas tourner son regard vers l'Orient, en l'occurrence vers le Japon, victorieux de la Russie tsariste en 1905, ou vers la jeune République chinoise, proclamée en 1912. C'est à l'Occident qu'il s'intéresse avec cet argument : « Il faut aller au cœur du monstre et comprendre les mécanismes qui ont permis la domination de cet impérialisme français qui domine mon pays ». En 1911, l'achèvement de la domination coloniale française en Indochine est relativement récent. La conquête a duré, comme en Algérie d'ailleurs, plusieurs décennies : commencée en 1856, elle ne s'est réellement terminée, avec la fin des derniers maquis, qu'à la veille de la Première Guerre mondiale, donc pratiquement au bout de cinquante années. Il adopte alors un premier pseudonyme : Nguyen Ai Quoc, qui signifiait « Nguyen aime la patrie ». Déjà un premier programme...

Nguyen Ai Quoc quitte donc son pays en 1911 et se fixe en France après avoir visité beaucoup de pays, non en touriste, mais comme plongeur sur les bateaux des Messageries maritimes. Profitant des escales – on a retrouvé sa trace à Dakar, en Angleterre, à New York – il est parvenu à acquérir une formation internationaliste concrète. Arrivé en France en 1918, il adhère très vite à la SFIO, et participe aux débats sur l'adhésion à l'Internationale communiste, en 1919-1920. Il s'implique beaucoup dans ces discussions et, en même temps, il dira par la suite, non sans humour : « Moi, ce qui m'intéressait, c'était la libération de mon pays ».

Cette déclaration fournit un premier jalon de réponse à notre problématique initiale. « Ces messieurs » avaient un peu l'aspect à ses yeux des politiciens de la IIIe République – et, aujourd'hui encore, quand on regarde les photographies, les participants au Congrès de Tours ont un peu cette allure. De plus, tous plus âgés que lui, « ces messieurs », qu'il va bientôt appeler « camarades », avaient une culture politique supérieure à la sienne et parlaient « lutte des classes, internationalisme prolétarien, dictature du prolétariat », des mots qu'il ne comprenait pas. « Je n'avais encore rien lu de Lénine. Aussi étais-je bien perplexe au milieu des discussions ».

Mais il savait très bien reconnaître ceux qui étaient prêts à lutter avec lui pour mettre fin au calvaire de son peuple. Hô Chi Minh a expliqué par la suite que ce qui l'avait déterminé à rejoindre ceux qui allaient devenir les communistes au Congrès de Tours, c'était la lecture de *l'Humanité* des 16 et 17 juillet 1919, qui publiait les « Thèses sur la question nationale et coloniale », signées Lénine. Seul dans sa chambre, impasse Compoint dans le XVIIe arrondissement, où il vivait de façon très modeste, il a commencé à sautiller en se disant : « Voilà la libération (...). Je déclamais à haute voix comme devant une large foule : chers compatriotes martyrs, nous avions besoin de cela, c'est la voie de notre libération ! ».

Remarquons que cette adhésion au communisme ressemble plutôt à une adhésion « d'instrumentalisation ». Nguyen Ai Quoc, à la recherche d'alliés possibles pour la future révolution vietnamienne et, par conséquent, pour la libération nationale vietnamienne, les trouve dans les mouvements à ses yeux les plus radicaux dans la lutte anticolonialiste. Mais il faut souligner qu'au Congrès de Tours, l'ensemble de la question coloniale ne retient pas l'attention. Une seule intervention a porté sur le sujet, la sienne (il devait y en avoir une deuxième, celle de Charles-André Julien, annulée *in extremis*). Mais, à Tours, il n'est question ni de communisme, ni de révolution mondiale, ni de l'Internationale communiste. Il ne sera question que d'aide au peuple vietnamien – « annamite », comme on disait alors –, de la part de ce nouveau parti. La question de l'indépendance n'y figure pas, elle y figurera plus tard.

Son tout premier combat consiste à faire progresser dans les rangs du nouveau Parti, qui avait conservé bien des traits de l'ancienne SFIO, l'intérêt pour les questions coloniales. Cette lutte interne dure trois années, puisqu'il quitte Paris pour rejoindre Moscou en juin 1923. Mais, dès ce moment, on remarque dans sa pensée une originalité certaine. La lecture d'un article paru en mai 1921 dans la *Revue communiste* de Charles Rappoport, éditée par le très jeune PCF, est tout à fait passionnante car Nguyen Ai Quoc / Hô Chi Minh y pose une question alors totalement iconoclaste : le régime communiste est-il applicable en Asie en général et en Indochine en particulier ? Or, la réponse qu'il fournit est aux antipodes des traditions du socialisme français et international d'avant 1914, et de ce qui est en passe de devenir la vulgate kominternienne. Si tous, au début des années 1920, évoquent la révolution possible en Europe, personne ne pense alors à une révolution éventuelle en Asie, qui ne se déclencherait d'ailleurs que « par ricochet ».

Dès ce moment apparaît en filigrane un débat qui divisera longtemps les communistes du monde entier : la révolution mondiale a-t-elle « un centre » et, par voie de conséquence, une « périphérie » ? Le congrès de Bakou a bien eu une dimension internationaliste, mais également une dimension européocentriste, quand il affirme un principe qui avait déjà guidé les socialistes et avait été en partie repris par le mouvement communiste durant une grande part de son histoire. La déclaration du congrès de Bakou suivant laquelle « Le triomphe des partis communistes en Occident signifiera la fin de l'exploitation des peuples d'Orient » établit le lien mécanique entre le « centre » de la révolution – l'Union soviétique –, sa garde rapprochée la plus active – les prolétariats d'Occident –, et des « réserves ».

Cette notion de « réserve » est un clin d'œil, auquel personne ne pouvait penser... L'article de Hô Chi Minh dans la *Revue communiste* datait de mai 1921, on l'a vu. En mai 1921, exactement le même mois, et peut-être le même jour, paraît à Moscou un article de Staline dans *La Pravda*, texte qui fut un temps une lecture obligée pour les militants parce qu'il a été repris dans son célèbre ouvrage *Le marxisme et la question nationale et coloniale.* Staline évoque alors – il faudrait avoir le texte russe pour confirmer la traduction – « les peuples arriérés et les nationalités avancées, les secondes ayant pour mission, en se libérant, de libérer les premiers ». Dans un autre document contemporain de cet article, Staline utilise même une expression plus significative encore : « Les peuples arriérés constituent le gros des réserves de notre révolution ».

Non sans un certain aplomb – aplomb ou naïveté, car je ne sais s'il connaissait à l'époque le texte de Staline –, Nguyen Ai Quoc s'inscrit en faux contre ces conceptions. Je le cite : « Les Occidentaux considèrent à tort les Asiatiques comme arriérés », et il répond que, non seulement ils ne sont pas « arriérés », mais que la révolution est peut-être davantage possible en Orient qu'en Occident. Ses arguments : « L'Asiatique comprend mieux la nécessité d'une réforme totale de la société présente, l'Asie connaît depuis des siècles la mise en commun des terres, le sens de l'égalité, l'amour de la paix, l'internationalisme... ». On ne trouve absolument pas dans ce texte, et pour cause, la notion de rôle dirigeant du prolétariat, qui est, dans les pays asiatiques, réduit à la portion congrue.

Par la suite, Quoc étant arrivé à Moscou, écrit pour l'Internationale communiste un rapport sur l'Asie. Et il faut prêter une grande attention à cette remarque essentielle datée de 1924, qui annonce tout le parcours politique à venir d'Hô Chi Minh : « Marx a bâti sa doctrine sur une certaine philosophie de l'histoire. Mais quelle histoire ? Celle de l'Europe. Mais qu'est-ce que l'Europe ? Ce n'est pas toute l'humanité ». Ceci peut sans aucun doute expliquer qu'il n'ait pas toujours été en odeur de sainteté dans les instances de l'Internationale. Il en aura été un militant, un homme de terrain, de 1923 à son retour au Viêt Nam en 1941, donc pratiquement durant deux décennies, mais n'a jamais été un cadre très en vue, pour les raisons que nous allons voir.

Les travaux de Pierre Brocheux, auteur d'une biographie très importante de Hô Chi Minh, fournissent des éléments précieux[1], en

[1] Pierre Brocheux, *Hô Chi Minh, Du révolutionnaire à l'icône*, Payot et Rivages, Paris, 2000, 2003.

particulier sur cette période, la moins connue de sa biographie. Il apparaît notamment qu'en février 1930, Hô Chi Minh, qui est alors évidemment hors du Viêt Nam, puisqu'il est condamné à mort et poursuivi par la Sûreté française, réunit à Hong-Kong des militants communistes pour créer le Parti communiste vietnamien. Il devient ainsi l'un des seuls hommes dans l'histoire qui ait été membre fondateur de deux partis communistes : le PCF, puis le PCV. Mais ce qui est très intéressant, c'est que sur l'injonction de l'Internationale communiste, dès octobre 1930, le PCV va se transformer en PCI, Parti communiste indochinois. Autrement dit, l'Internationale communiste ordonne aux communistes vietnamiens, alors qu'il n'y a pas de Khmers ni de Laos dans le Parti, de s'inscrire dans la structure administrative créée par la colonisation.

Et on en arrive enfin à l'accusation de « déviation nationaliste », qui qualifie la position d'Hô Chi Minh : celle d'affirmer le Viêt Nam avant l'Indochine. Le terme figure dans la *Revue du bolchevisme* en 1932 : « Nguyen Ai Quoc a rendu de grands services à notre parti. Néanmoins, nos camarades ne doivent pas oublier les survivances nationalistes chez lui, et les directives erronées sur les questions fondamentales de la révolution démocratique bourgeoise. Il se faisait l'avocat d'une tactique réformiste et collaborationniste de classe en prônant la neutralité envers la bourgeoisie et la paysannerie riche, l'alliance avec les moyens et petits propriétaires ».

On est donc là au cœur d'une divergence très importante, qui aurait pu se terminer par l'élimination physique de Quoc (dans l'histoire de l'Internationale communiste, elles ne sont pas rares). Il y a échappé mais c'est, de fait, une condamnation absolument sans appel, et sur le fond, de sa stratégie. On le voit très clairement, Hô Chi Minh prône une alliance de classes anti-impérialiste, qui va devenir par la suite le front Viêt-Minh, le Front de libération nationale du Viêt Nam. Car, on l'aura compris, c'est lui qui, finalement, va imposer sa ligne. Il prône donc cette alliance pour lutter contre l'ennemi principal, alors que c'était la tactique « classe contre classe » qui était proposée, et même imposée, d'un certain point de vue. Si bien que, pendant toute une période, de fait, Hô Chi Minh ne fait plus partie des pôles de décision. On retrouve sa trace, car il est véritablement un émissaire de la révolution mondiale, plus porteur de courriers et de messages que vraiment décideur, en Thaïlande par exemple, mais, en tout état de cause, il est écarté.

Mais à partir du moment où l'Internationale communiste, au début de la Seconde Guerre mondiale, n'a plus le contrôle sur un certain nombre de zones parmi lesquelles l'Indochine, Hô Chi Minh réapparaît et rentre au Viêt Nam en février 1941. Son absence aura ainsi duré trente ans. Mais il revient, selon moi, avec la ferme décision – même si l'historiographie vietnamienne ne l'a jamais écrit – de refuser la ligne officielle et de défendre son idée majeure, la création d'un « front uni anti-impérialiste ». Ce n'est pas par hasard que ses principaux lieutenants sont tous des jeunes militants qui ne sont pas des piliers connus du mouvement communiste vietnamien. Ils se feront connaître par la suite, mais Vô Nguyên Giap, Pham Van Dong, Truong Chinh, sont tous à peu près trentenaires à l'époque. Lui, une cinquantaine d'années alors, s'entoure de jeunes rejoignant l'idée d'un front uni, qui aboutit à la création du Viêt Minh. En vietnamien, « Ligue pour l'Indépendance du Viêt Nam » (une fois de plus, Viêt Nam et non pas Indochine).

À ce moment-là, Moscou avait d'autres préoccupations que l'actualité vietnamienne, et on peut dire qu'Hô Chi Minh a véritablement conquis son droit à mener sa propre stratégie autour de ce Viêt Minh qui regroupe d'autres forces nationales. Il réussit à imposer une alliance de classes et à parvenir enfin à la proclamation de l'indépendance. En outre, pour parachever encore l'unité nationale, et cela lui sera reproché par la suite, il a l'audace d'auto-dissoudre le Parti communiste et de créer une sorte d'alliance de la pensée marxiste. En octobre-novembre 1945, deux ou trois mois après la prise du pouvoir, il prend cette décision dans un esprit d'union nationale pour éviter que toutes les forces de la réaction internationale se saisissent du prétexte de l'anticommunisme. En fait, il tenait en main tous les leviers de direction.

Je passerai brièvement sur la dernière période, mais remarquons que Moscou continue à complètement ignorer la réalité vietnamienne. Il est assez extraordinaire qu'un ancien militant de la Première internationale prenne le pouvoir à Hanoï et que Moscou ne s'y intéresse absolument pas ! Il faut ajouter que la proclamation d'indépendance date du 2 septembre 1945 et que l'Union soviétique ne reconnaîtra la République démocratique du Viêt Nam que cinq ans plus tard, en janvier 1950. Pourquoi en 1950 ? Entre-temps s'est déroulé un événement considérable, la révolution chinoise[2]. L'arrivée des communistes chinois à la frontière sino-vietnamienne crée un lien concret du Viêt Nam avec le monde socialiste, et il était devenu très difficile à l'Union soviétique de ne pas tenir compte de cette réalité.

Cependant, elle le fait avec une certaine retenue. Une anecdote célèbre tend à le prouver. En 1950, l'indépendance est désormais reconnue. Il existe un État qui s'appelle République démocratique du Viêt Nam mais que ne contrôle pas encore Hanoï. Hô Chi Minh est à la tête des maquis, et l'armée française continue à contrôler les grands axes et les plaines. Il est cependant invité à venir à Moscou, où il rencontre Staline. Ce dernier le

[2] Proclamation de la République Populaire de Chine en 1949.

reçoit dans son bureau où il y a deux chaises, et lui demande : « Camarade Hô Chi Minh, est-ce que vous vous asseyez sur la chaise du propriétaire terrien ou sur celle du paysan ? ». Face au dirigeant des maquis luttant les armes à la main contre l'armée française, Staline, très peu au fait des réalités indochinoises, voire ignorant de la situation, n'est intéressé que par la réforme agraire et l'orthodoxie de la doctrine.

Cet épisode illustre le type de relations qui prévalait en ces temps de stricte hiérarchie. Hô Chi Minh traîne les pieds, rentre au Viêt Nam. Mais les Chinois iront dans le même sens et la réforme agraire sera entreprise à partir de 1953, une année avant la victoire. Elle se révélera d'ailleurs assez catastrophique. Cette anecdote a en fait pour toile de fond la prise en compte des réalités nationales et la question initialement posée d'une « alliance dialectique » entre nationalisme et communisme, qui a inspiré la stratégie des révolutionnaires vietnamiens.

Alain RUSCIO
Directeur du Centre d'information et de documentation sur le Vietnam

CRISE DES SOCIÉTÉS ARABES : APPROCHES HISTORIQUES

C'est un chaos sanglant qui déchire les sociétés arabes ces dernières années, alors que les grandes révoltes populaires du printemps 2011 semblaient avoir ouvert une nouvelle ère de renaissance arabe. Deux dictateurs étaient tombés sous le coup de manifestations populaires géantes en Tunisie et en Égypte, ouvrant de vastes possibilités de changement dans cette région du monde tant convoitée historiquement. Le monde arabe en effet, depuis l'expédition militaire de Napoléon Bonaparte en Égypte en 1798, était pris dans les grandes rivalités coloniales des puissances européennes, notamment de la France, de l'Angleterre et de la Russie.

Depuis cette date, l'importance stratégique de cette région du monde n'a fait qu'augmenter : d'abord, le percement du Canal de Suez, à la fin du XIXe s., avait confirmé la position du Levant méditerranéen comme carrefour géographique stratégique ; ensuite, la découverte des fabuleuses réserves de pétrole dans le monde arabe et en Iran, au début du XXe s., n'a fait qu'amplifier les ambitions des puissances européennes ; enfin, plus tard au cours du siècle dernier, l'irruption des États-Unis comme grande puissance impériale, protectrice de l'Europe contre les ambitions de l'URSS, elle aussi sortie vainqueur de la seconde guerre mondiale. Autant d'ingrédients qui expliquent largement les graves convulsions qui secouent le monde arabe aujourd'hui.

Il faut y ajouter aussi la symbolique religieuse de cette région du monde qui a vu naître les trois monothéismes, juif, chrétien et musulman, se réclamant tous les trois du même livre, l'Ancien testament. Aussi, ne faut-il pas s'étonner des innombrables manipulations du religieux dont cette région a fait l'objet tout au long du XXe s. au service d'intérêts de puissances, qui dégénèrent aujourd'hui dans la multiplication de phénomènes terroristes, invoquant une conception fantaisiste et irrespectueuse de la religion musulmane ; mais aussi de la manipulation de la religion dans la persécution continue du peuple palestinien par l'État d'Israël, qui lui dénie le droit d'exister sur sa terre au nom d'une lecture littéraliste de l'Ancien testament.

Violence verbale et approche binaire : leur rôle dans la paralysie de l'analyse

Il faut bien voir que la dynamique des violences dans le monde arabe est d'autant plus compliquée à appréhender qu'une violence verbale, exceptionnelle elle aussi, se manifeste depuis plusieurs années dans les discours des dirigeants politiques américains et européens qui présentent les événements complexes dont le monde arabe est le lieu selon une approche manichéenne où joue une dichotomie entre de « bons » Arabes et de « méchants » Arabes. En permanence, les médias, mais aussi les *think tanks* ou certains travaux académiques, répercutent une façon binaire et simpliste de voir, au détriment de toute analyse mesurée de la complexité des événements, de l'identité des acteurs des violences et de ceux qui les soutiennent. Est ainsi écartée toute approche multifactorielle des conflits : celle de la politologie classique. J'ai d'ailleurs consacré en 2013 un ouvrage à déconstruire et à dénoncer cette approche simpliste qui vise à annihiler la compréhension de la complexité des événements[1].

En effet, dans cette approche binaire par l'existence supposée de « bons » acteurs locaux qu'il faut soutenir, opposés aux « méchants » qu'il faut détruire, approche qui prétend définir ce qu'est le bien opposé au mal, c'est l'émotion qui s'empare de l'observateur et paralyse sa réflexion critique. Une telle approche oppose le « blanc » au « noir », aucune nuance de « gris » ne pouvant exister, soit aucune nuance légitime que pourrait exprimer un observateur de bonne volonté qui chercherait la voie de l'apaisement des conflits. L'excès est alors la règle, si bien qu'il réussit sans difficulté à faire approuver des bombardements dits « humanitaires » pour éliminer le « mal » et faire triompher le « bien ».

Bien plus, aux yeux des médias occidentaux le « mal » est toujours incarné dans un homme et un régime politique, toujours immédiatement traités de Hitler et de régime totalitaire. Il ne s'agit pas ici d'une nouvelle technique de propagande, car la diabolisation de certains chefs d'État n'est pas nouvelle. Pour ce qui est du monde arabe, cela avait commencé avec le

---

[1] Voir Georges Corm, *Pour une lecture profane des conflits. Sur le « retour du religieux » dans les conflits contemporains au Moyen-Orient*, La Découverte, Paris, 2013. On pourra voir aussi mon ouvrage antérieur : *Le phénomène religieux au XXIe siècle. Géopolitique et crise de la post-modernité*, La Découverte, Paris, 2006.

président de l'Égypte, Gamal Abdel Nasser, notamment à la suite de la nationalisation du Canal de Suez, de façon à légitimer aux yeux de l'opinion française l'expédition militaire franco-britannique et israélienne contre l'Égypte, en octobre 1956. Ceci sera aussi appliqué à l'encontre du président irakien Saddam Hussein suite à son invasion du Koweït en 1991, alors que ce dernier, sur l'incitation des États occidentaux et des royautés et émirats pétroliers de la péninsule Arabique, affolés par la révolution iranienne de 1979, avait fait durant huit ans une guerre sans merci à l'Iran qui avait épuisé les deux pays. Comme Nasser avant lui, Saddam Hussein fut diabolisé d'autant plus facilement que les moyens modernes de communication, notamment grâce aux chaînes satellitaires, facilitaient cette opération paralysante pour la réflexion.

Plus près de nous, nous avons assisté à la diabolisation du chef de l'État libyen en 2011, en même temps qu'à celle du chef de l'État syrien, Bachar El Assad, cette fois par la France, les États membres de l'OTAN, en particulier la Turquie, et les mêmes royautés et émirats pétroliers arabes qu'en 1991 pour l'Irak. Ces deux diabolisations donnaient une légitimation aux interventions armées extérieures dans ces deux pays. Dans le premier cas, par des bombardements aériens intensifs, puis l'assassinat du chef de l'État libyen au cours de sa fuite hors de la ville de Syrte, écrasée par d'intenses bombardements franco-anglais ; dans le second cas, par l'envoi de dizaines de milliers de combattants de toutes nationalités se réclamant d'une conception aberrante du « jihad » et par les soutiens logistiques et en armements accordés à ces groupes, dont les deux principaux (Daech et Al Nosrat) figurent sur la liste des grandes organisations terroristes.

Manipulation des droits de l'homme et bombardements « humanitaires »

La justification de ces actions est celle de « l'intervention humanitaire » – réalisée par des bombardements aériens ravageurs – destinée à faire disparaître par la force le « dictateur honni » et à permettre la « transition » vers un régime démocratique de respect du pluralisme politique et des droits de l'homme. Mais soulignons d'emblée l'aberration d'une telle posture car, en matière de droits de l'homme dans les États arabes, il ne fait pas de doute qu'un régime comme celui de l'Arabie saoudite, qui pratique officiellement l'islam le plus extrême, dit wahhabite, est de loin le plus oppressif pour ses citoyens et, plus encore, pour ses citoyennes, qui vivent un apartheid complet ; un régime où la liberté de pratique religieuse autre que celle de la religion musulmane est totalement interdite. Dans l'optique d'interventions militaires musclées dans des pays tiers pour faire respecter les droits de l'homme, ce serait donc ce royaume qui, en premier lieu, devrait faire l'objet de bombardements humanitaires pour provoquer une transition vers la démocratie.

On le voit bien, la manipulation de l'idéologie des droits de l'homme est malheureusement devenue courante dans le monde d'aujourd'hui, ce qui contribue à décrédibiliser cette noble notion de la liberté humaine. On peut penser aussi que les vieux régimes démocratiques filent un mauvais coton, quand les citoyens ne se préoccupent guère de demander des comptes à leurs gouvernants sur leurs aventures extérieures, le coût qu'elles représentent pour les contribuables, mais aussi leur coût en vies humaines. Cette démission démocratique est d'autant plus étonnante qu'elle semble se poursuivre même après les graves attentats terroristes se réclamant de l'organisation Daech, subis par les habitants de la capitale française en 2015. Cette irruption du terrorisme sur le territoire français par des membres de cette organisation qui fleurit en Irak et en Syrie aurait dû susciter une remise en cause de la politique française en Syrie. Cette dernière a longtemps appuyé diverses organisations se réclamant de l'islam, sans même réfléchir aux conséquences d'un tel appui, et a longtemps voulu faire croire qu'il s'agissait là d'un appui légitime à une opposition représentative et démocratique au régime politique de la Syrie.

Au demeurant, on peut s'étonner de ce qu'après les deux attentats qui ont frappé la ville de Paris en 2015, la réponse des autorités françaises n'ait été qu'une réplique de la rhétorique creuse de l'ex-président américain, Georges W. Bush, après les attentats du 11 septembre 2001 à New York et Washington. À savoir, un ton martial, des restrictions aux libertés individuelles, une relance dans les médias de discussions et discours oiseux sur la religion musulmane. En France comme aux États-Unis, on n'a procédé à aucune remise en cause des échecs successifs des politiques anti-terroristes menées depuis 2001, qui ont amené à la multiplication exponentielle du terrorisme en provenance du Moyen-Orient. Aucune réflexion critique sur les politiques successives d'intervention militaire dans le monde arabe, dont la catastrophique invasion de l'Irak en 2003 et, aujourd'hui, les interventions multiples en Libye et en Syrie, sans parler des bombardements indiscriminés du malheureux Yémen par l'Arabie saoudite, couverts et légitimés par une résolution du Conseil de sécurité de l'ONU.

Nous nous efforcerons ici de remonter aux sources historiques des événements dramatiques qui secouent le monde arabe depuis 2011. Les analyses ayant cours sont en effet le plus souvent hautement fantaisistes, guidées par l'idéologie simpliste d'un Occident incarnant le Bien contre un Orient incarnant le Mal. Idéologie qui a trouvé son expression la plus récente dans la thèse éminemment tendancieuse de Samuel Huntington sur le choc des civilisations. La prégnance de cette thèse est telle qu'elle encadre, consciemment ou non, toute analyse ou discussion des événements malheureux qui secouent le monde arabe. C'est cette thèse qui a assuré une légitimité illusoire aux interventions militaires occidentales récentes dans les affaires intérieures de plusieurs pays arabes. Il nous faut donc ici rétablir certains faits historiques totalement ignorés qui expliquent largement le chaos actuel au Moyen-Orient.

La « balkanisation » du monde arabe au Moyen-Orient suite à la guerre de 1914-1918

Depuis plusieurs siècles, trois grandes entités ethniques et culturelles ont dominé le Moyen-Orient. Celle des royaumes perses successifs, celle des Turcs seldjoukides puis ottomans ayant chassé du plateau anatolien la présence grecque byzantine, mais aussi celle constituée par la domination par l'Empire ottoman de larges parties des régions syro-mésopotamienne et égyptienne, arabisées à partir du VIIIe s. par les conquêtes arabes en provenance de la péninsule Arabique. Ces trois entités perse, turque et arabe ont subi la domination coloniale franco-britannique, directe ou indirecte, depuis la moitié du XIXe s. jusqu'à la moitié du XXe s. Si l'Empire ottoman a disparu, il a été remplacé par une République turque moderne, puissante et respectée en Anatolie. La monarchie perse s'est elle aussi maintenue puis s'est transformée en République islamique en 1979, du fait des nombreuses influences extérieures déstabilisatrices. Seules les régions arabes, appelées autrefois « provinces arabes » de l'Empire ottoman, n'ont pu créer les conditions de la réalisation des aspirations à l'unité. La région arabe de l'ex-Empire ottoman, qui fut le cœur des deux grands Empires Omeyyade (659-750) et Abbasside (750-1258), objet des gloires passées dans l'histoire des Arabes, s'est trouvée balkanisée à la suite de la Première Guerre mondiale – qui voit l'effondrement de l'Empire ottoman – qui fait place à des entités aux dimensions territoriales et démographiques très disparates, aux ressources naturelles très diverses.

Cette balkanisation réalisée par les deux colonialismes français et britannique à la fin de la guerre de 1914-1918 et en application des accords passés entre ces deux puissances en 1916 (accords Sykes-Picot) a frustré les aspirations des élites arabes à l'unité dans un grand royaume arabe qui avait alors été promis par la diplomatie britannique, en contrepartie de la révolte arabe contre les troupes ottomanes. Bien plus, cette même diplomatie britannique promettait d'œuvrer pour la constitution d'un « foyer national juif » en Palestine (la fameuse Déclaration Balfour de 1917), dont la population était alors constituée de plus de 95 % d'Arabes musulmans et chrétiens.

C'est ainsi qu'à l'issue de la guerre de 1914-1918, l'Égypte est restée sous domination britannique, qui faisait aussi entrer dans son domaine colonial la Palestine et l'Irak, en sus des possessions le long des côtes de la péninsule Arabique (dite Côte des pirates). La Syrie et le Liban revenaient alors à la France, puissance dominante en Afrique du nord. Cette aspiration frustrée à l'unité, comme, à partir de 1948 puis de 1967, la perte du territoire palestinien, seront des moteurs des événements révolutionnaires et des coups d'État qui vont jalonner la vie des sociétés arabes entre 1948 et 1980, mais aussi du chaos libanais entre 1975 et 1990.

Pour contrer la vague nationaliste révolutionnaire arabe, qui se teintera le plus souvent d'aspirations socialistes et d'un anti-impérialisme ardent, différentes formes d'islam dit « politique » seront développées et soutenues par les États-Unis et leurs alliés européens et, surtout, par leurs États arabes clients, principalement dans les principautés pétrolières de la péninsule Arabique, plus particulièrement par la famille royale saoudienne, nouveau venu dans le club des différentes entités politiques arabes formées à la suite de la guerre de 1914-1918. Ces régimes princiers extrêmement autoritaires où une famille régnante et quelques familles marchandes accaparent la majeure partie de la rente pétrolière craignent les vents révolutionnaires et socialistes issus de coups d'État militaires en Égypte, Syrie, Irak, Yémen, qui installent des républiques au lieu des royautés existantes. Ils utiliseront en conséquence une grande partie de leur rente pétrolière croissante à prêcher une idéologie antinationaliste arabe et antisoviétique et à acheter les dirigeants d'autres pays arabes par différentes sortes de prébendes.

L'instabilité deviendra ainsi chronique dans le monde arabe, de pair avec les interférences extérieures multipliées par la rivalité Est-Ouest, très présente dans ces pays. Pour les États-Unis, se formera le clivage entre États dits « modérés », soumis à leurs ambitions hégémoniques, et États dits « radicaux », proches de l'Union Soviétique et qui continuent de s'opposer à la colonisation israélienne des territoires palestiniens.

L'instrumentalisation de la religion musulmane dans le cadre de la Guerre froide

Un autre facteur majeur d'instabilité et de tensions sera l'instrumentalisation de la religion musulmane dans le but majeur de faire reculer l'influence idéologique, politique et militaire de l'URSS dans le monde arabe et ailleurs dans le monde musulman. Trois faits majeurs historiques sont à signaler ici.

Tout d'abord, le soutien sans limite accordé par les États-Unis à l'Arabie saoudite, dont le régime politique se réclame de la conception la plus rigoriste et la plus extrême de la religion musulmane, apparue au milieu du XVIIIe s. au centre de la péninsule Arabique, le wahhabisme, qui deviendra l'idéologie officielle du royaume qui, dès sa naissance, exporte cette conception d'un régime islamique pur et dur et soutiendra vigoureusement partout dans le monde musulman la naissance et le développement de mouvements islamiques, en particulier celui dit des « Frères musulmans » en Égypte.

Au début des années 1970 et grâce à l'augmentation fabuleuse de ses revenus pétroliers, l'Arabie saoudite fonde l'organisation des États islamiques, ainsi que la Banque islamique de développement. En 1979, sur demande américaine, l'Arabie saoudite, de concert avec le Pakistan, autre État à pratique musulmane rigoriste et excessive, entraîne militairement des dizaines de milliers de jeunes Arabes pour les envoyer se battre en Afghanistan contre l'armée soviétique venue au secours d'un régime moderniste pro-soviétique. Cet enrôlement se fait sous couvert d'une idéologie dite « djihadiste » commandant de se battre contre les « infidèles » athées. Plutôt que de contribuer à libérer la Palestine, l'Arabie saoudite veut libérer l'Afghanistan avec qui le monde arabe et elle-même n'ont aucune relation depuis des siècles, culturelle, commerciale ou économique. Cet engagement évite à l'armée américaine, traumatisée par sa défaite au Vietnam, d'avoir à envoyer elle-même des troupes au sol.

Le résultat sera la constitution de l'organisation d'Al Qaïda sous la direction de l'un des fils d'une des grandes familles fortunées du royaume saoudien, Oussama Ben Laden. Une armée de prétendus djidahistes de toutes nationalités sera ainsi formée qui, plus tard, fera le coup de feu en Bosnie, en Tchétchénie, puis en Albanie et, aujourd'hui, en Libye, Syrie et en Irak, mais aussi en Tunisie, au Liban, au Pakistan, en Indonésie, sans oublier le Caucase, les Philippines et le Xing Kiang chinois, province à majorité musulmane.

Cette manipulation du religieux va certes se retourner contre ses auteurs, mais la guerre au terrorisme par le déploiement d'armées permet aussi de donner de la crédibilité à la thèse fantaisiste de Huntington d'un choc des civilisations.

Le second fait majeur est la confiscation de la grande révolution populaire iranienne de 1979 par une partie du clergé musulman d'obédience chiite. L'Imam Khomeiny est alors invité à s'installer dans un village proche de Paris, Neauphle-le-Château, d'où les médias occidentaux relayent quotidiennement ses discours et sermons contre le shah d'Iran, dont le régime est encore reconnu par tous les États. En réalité, les États-Unis, qui savent que le shah est gravement malade, craignent une prise du pouvoir communiste et nationaliste en Iran. Ils ont donc recours à un religieux, par définition anticommuniste, pour récupérer ce vaste mouvement populaire avant que les grands partis politiques anti-impérialistes et nationalistes ne soient en mesure de prendre le pouvoir. La fausse appellation de « révolution religieuse » iranienne sera inventée par le philosophe français Michel Foucault, qui vantera de façon surprenante les mérites d'un pouvoir religieux qui apporterait, selon lui, de la spiritualité dans la gestion politique des sociétés. Le régime politique dit « islamique » qui sera instauré en Iran par Khomeiny constitue une nouveauté quelque peu détonante. Il mêle des principes de droit constitutionnel moderne avec une innovation totale sur le plan de la théologie politique islamique, y compris celle de la branche chiite de l'islam, en actant un contrôle des religieux sur le fonctionnement des pouvoirs politiques.

Cette innovation aura de profondes répercussions dans le monde arabe où le désenchantement s'est développé, notamment depuis la disparition de Gamal Abdel Nasser, sur les échecs successifs des régimes politiques se réclamant du nationalisme arabe : incapacité à récupérer les territoires palestiniens occupés par Israël depuis la guerre perdue de 1967 et à assurer le retour des réfugiés palestiniens ; rivalités interarabes généralisées, y compris entre la Syrie et l'Irak dont les deux régimes se réclament de l'idéologie du nationalisme arabe, pratique très autoritaire du pouvoir dans les républiques se revendiquant de l'idéologie nationaliste. Aussi les diverses formes d'islam politique vont-elles avoir le vent en poupe dans les pays arabes. Les Frères musulmans égyptiens, marginalisés du temps de Gamal Abdel Nasser, sont favorisés sous le règne d'Anouar El Sadate qui signe la paix avec Israël en 1978. L'Arabie saoudite et d'autres principautés de la péninsule Arabique prônent un renouveau islamique (*sahouat* ou, en anglais, *revival*) dans tout le monde musulman qui se veut un antidote à l'idéologie du régime islamique iranien. L'Organisation des États islamiques qu'elle a créée au début de la décennie sert de plateforme d'expansion idéologique d'une altérité islamique exaltée à l'encontre de l'idéologie des droits de l'homme et de la domination de la modernité politique issue de la philosophie des Lumières et de la Révolution française.

Désormais, l'Arabie saoudite devient un partenaire majeur des États-Unis, qui aide ces derniers dans les financements occultes qu'ils accordent à tous les mouvements anti-communistes dans le monde, notamment en Amérique latine (les *contras* au Nicaragua, par exemple). Le Pakistan, un autre régime islamique finance, de concert avec l'Arabie saoudite, la constitution de mouvements islamiques radicaux en Asie. Le mouvement afghan des Talibans sera ainsi une création des services spéciaux pakistanais. Mais déjà quelques années auparavant, l'Indonésie, sous le règne du dictateur Suharto qui a liquidé par la force le très important mouvement communiste indonésien et le régime laïc et ouvert du président Soekarno, verra aussi la constitution d'un mouvement d'islam politique radical qui pratiquera de nombreuses opérations terroristes, dont la plus célèbre reste celle commise dans l'île touristique de Bali en octobre 2002.

C'est ainsi que la libération de la Palestine cesse d'être le centre des préoccupations des sociétés arabes qui se laissent prendre dans les idéologies panislamistes radicales, dont le slogan majeur est « l'Islam est la solution ». En 1978, l'occupation par Israël d'une large partie du territoire libanais, occupation étendue en 1982 jusqu'à la capitale, Beyrouth, pour y chasser les combattants de l'Organisation de libération de la Palestine (OLP), laisse le monde arabe indifférent.

Seul, le nouveau régime iranien dit « religieux » affirme sa fidélité à la libération de la Palestine, rompt les relations diplomatiques avec l'État d'Israël et remet l'ambassade de cet État à l'OLP. Alors que l'Arabie saoudite mène une politique active de « réislamisation » des sociétés musulmanes partout dans le tiers monde, l'Iran, qui se prétend aussi de son côté champion des causes musulmanes, se concentre sur la libération de la Palestine et aide à la mise en place du Hezbollah libanais pour lutter contre l'invasion d'Israël en 1982.

Les États-Unis, l'Arabie saoudite et autres principautés pétrolières de la péninsule arabique convaincront d'ailleurs l'Irak de se lancer dans une guerre sans pitié contre l'Iran, guerre qui épuisera les deux pays (1980-1988). Désormais, les États-Unis ont la voie libre pour remodeler le Moyen-Orient à leur guise, car le régime soviétique ne tarde pas à s'effondrer en 1989-1990.

Les catastrophes provoquées par le rêve américain de remodeler le Moyen-Orient

La Guerre froide gagnée, les ambitions américaines au Moyen-Orient n'ont plus de limites. Elles se déchaîneront avec l'arrivée au pouvoir – dans des conditions douteuses sur le plan constitutionnel – du président George W. Bush en 2000 et les attentats de New York et Washington en septembre 2001, attribués à Al Qaïda et dont une grande partie des exécutants sera constituée de ressortissants de nationalité saoudienne.

Ce n'est pas ici le lieu de raconter en détail les folies des États-Unis qui, n'ayant plus désormais en face d'eux d'ennemi global tel que l'URSS, entendent bien se débarrasser de tout régime politique arabe qui ne s'alignerait pas sur la nouvelle politique américaine, mais aussi se débarrasser du régime iranien, qui continue de faire entendre une rhétorique tonitruante contre l'impérialisme américain et contre l'État d'Israël. Ainsi, outre l'invasion de l'Afghanistan en 2001, les États-Unis envahissent l'Irak en 2003 et envoient des signaux forts quant à la nécessité de rentrer dans le rang aux régimes arabes récalcitrants, tels que la Syrie et la Libye.

Les médias américains s'accordent ainsi à montrer que cette invasion est nécessaire pour libérer le pays de son dictateur sanglant et présentent Saddam Hussein, comme le chef d'un clan sunnite minoritaire qui opprimerait les chiites, majoritaires dans le pays. Dans la réforme politique des institutions du pays, l'armée et le parti Baas sont dissous, la nouvelle constitution favorise la naissance et le développement de blocs politiques communautaires, notamment chiites et sunnites, cependant qu'est laissé libre champ à une corruption effrénée qui paralyse une reconstruction rapide du pays, ravagé par ses années de guerre avec l'Iran, puis par les bombardements américains intensifs subis en 1991 pour obliger l'armée irakienne à évacuer le Koweït, envahi par elle en 1991, enfin par les douze ans d'embargo économique impitoyable qui ont appauvri à l'extrême la population irakienne. L'influence iranienne peut ainsi se développer facilement dans ce pays, alors qu'à l'origine cette invasion était destinée à envoyer un message fort aussi bien à l'Iran qu'à la Syrie.

Ces deux derniers pays, dont l'un est arabe et l'autre ne l'est pas, sont étroitement alliés depuis la guerre entre l'Irak et l'Iran. Ils ont tous les deux aidé le Hezbollah libanais qui, en 2000, a réussi à obliger l'armée israélienne à se retirer sans conditions de la partie du sud du Liban occupée depuis 1978, ce qui en a fait un acteur incontournable de la scène libanaise aussi. Ce trio forme un axe de résistance générale aux ambitions américaines dans la région et au désir d'Israël de se débarrasser du Hezbollah qui, désormais, veille, de concert avec l'armée libanaise, à empêcher tout retour de l'armée israélienne sur le territoire. Face à ce trio, les régimes arabes apparaissent tous soumis aux désirs de la puissance américaine dans la région, et prêts à normaliser leurs relations avec l'État d'Israël.

Au cours de l'été 2006, à la suite d'un incident de frontière entre l'armée israélienne et le Hezbollah au sud du Liban, l'armée israélienne déclenche une guerre généralisée contre le Liban, visant plus particulièrement les régions d'implantation du Hezbollah au sud du pays et dans la banlieue sud de Beyrouth. Des unités de l'armée israélienne tentent en vain d'occuper à nouveau le sud du Liban. Le Hezbollah sort largement vainqueur de la confrontation et, donc, une nouvelle fois grandi aux yeux de l'opinion arabe, à la grande fureur de l'Arabie saoudite et des États-Unis, quand Madame Condoleeza Rice, alors ministre des affaires étrangères, avait déclaré que les souffrances de cette nouvelle guerre menée par Israël n'étaient que les « douleurs d'enfantement » du nouveau Moyen-Orient voulu par les États-Unis.

Devant les échecs répétés des menées américaines dans la région, l'administration des États-Unis, de concert avec ses alliés arabes, développera la thèse de l'existence d'un triangle « chiite », succédané de l'axe du mal cher à George W. Bush, comprenant l'Iran, la Syrie et le Hezbollah, qui saboterait les efforts américains de réorganisation du Moyen-Orient de concert avec ses proches alliés arabes. Désormais, tout conflit dans la région sera analysé par les médias occidentaux et ceux des très nombreux médias arabes sous influence américaine comme un conflit entre « sunnites » dirigés par l'Arabie saoudite – et, donc, supposés « modérés » – et « chiites » (ou communautés religieuses dérivées du chiisme), dirigés par l'Iran dont la population est majoritairement chiite, et donc supposés radicaux et « terroristes ».

C'est dans ce contexte et à la faveur des révoltes des sociétés arabes du printemps de l'année 2011 qu'intervient la déstabilisation de la Syrie – tout comme celle déjà existante en Irak – par des maquis anti-régime qui brandissent l'étendard du radicalisme islamique extrême, se réclamant du sunnisme wahhabite tels que Al Qaïda, Al Nosrat et bien d'autres groupes alimentés par des combattants islamistes venus de différents pays arabes et islamiques et, enfin, le prétendu État islamique au Levant (ISIL-DAECH), qui s'empare de vastes zones de territoires en 2014, en Irak comme en Syrie. Ces organisations jouissent d'abord de la bienveillance passive ou active des pays occidentaux (dont, au premier rang, la France) et arabes (l'Arabie saoudite et le Qatar), mais aussi de la Turquie. La situation syrienne tourne à une guerre mondiale majeure, restreinte au territoire syrien, du fait aussi de l'intervention militaire russe, à partir de l'été 2015. Le Hezbollah libanais et de nombreux experts militaires iraniens interviennent aussi pour soutenir le régime du président Bachar El Assad, lequel est diabolisé avec la même fureur que Saddam Hussein en Irak quelque vingt ans auparavant. Libérer les Syriens de leur dictateur, quel qu'en soit le prix pour la population syrienne, devient un impératif moral et toute nuance dans l'analyse de la situation syrienne est interdite dans les grands médias et de la part des hommes politiques.

Ce sera le président américain, Barak Obama, qui calmera le jeu à partir de l'été 2013 (à propos de la crise des armes chimiques en Syrie), puis en réussissant à faire aboutir, en 2015, les négociations nucléaires avec l'Iran, en dépit des vives protestations de l'Arabie saoudite et d'Israël, unis dans une même haine de l'Iran, désormais toujours qualifié de « chiite ». En regard des passions soulevées par la mise en accusation de l'Iran pour tenter de développer l'arme nucléaire, rappelons que le Pakistan avait acquis l'arme nucléaire dès 1998, sans que cela ne soulève ni fortes protestations ni sanctions contre ce pays.

Par ailleurs, rappelons qu'en 2011 la Libye avait elle aussi fait l'objet de bombardements « humanitaires », de la part de la France et de la Grande Bretagne qui ont ainsi créé depuis lors le chaos dans ce pays, débouchant sur l'assassinat du dictateur libyen, Mouammar Kadhafi. En 2015, le Conseil de sécurité donnera son aval à des bombardements saoudiens intensifs du malheureux Yémen, dont le parti dit houthiste est soupçonné d'être aidé et armé par l'Iran, entraînant ce pays dans un chaos sanglant et destructeur.

Certes, depuis 2015, le flot ininterrompu de réfugiés syriens en provenance des côtes turques vers l'Europe a refroidi les ardeurs guerrières de certains pays européens voulant absolument en découdre avec le président syrien et changer le régime politique de ce pays. Peut-on mettre fin à ce chaos sanglant dans le monde arabe comme aux opérations terroristes ravageuses en Europe ? C'est ce qu'il nous faut examiner maintenant.

Comment sortir du chaos ?

Il ne sera certes pas facile d'extirper le monde arabe du chaos sanglant dans lequel les interventions extérieures massives l'ont enfermé. Les risques d'augmenter le degré de la balkanisation déjà réalisée à la suite de la guerre de 1914-1918 sont là, ce qui permettrait de consacrer des zones d'influence aux puissances régionales et internationales parties prenantes.

Nous ne pouvons en fait ici qu'esquisser quelques pistes de réflexion pour l'avenir.

a) Tout d'abord la nécessité d'un réveil des consciences dans les pays de vieilles démocraties pour censurer et punir les dirigeants qui ont pu mener des opérations militaires à prétention humanitaire ou des invasions et occupations qui ont abouti à semer le chaos dans les pays victimes de telles agressions. Ceci suppose aussi d'œuvrer pour sortir de la culture binaire simpliste entre noir et blanc et entre bons et méchants, qui constitue une légitimation des agressions menées.

b) Préserver tout ce que la modernité politique et les conceptions des droits de l'homme ont entraîné de positif pour l'humanité, en dénonçant sans relâche la politique des deux poids et deux mesures dans les sanctions prises et les agressions militaires au gré des intérêts géopolitiques de l'OTAN. Et ceci tout en continuant d'ignorer les infractions permanentes de l'État d'Israël au droit international, aux résolutions de l'ONU et au droit humanitaire vis-à-vis de la population palestinienne. Ou en continuant d'ignorer la nature du régime saoudien où la femme est minorisée et « ghettoïsée » et où n'existe aucune liberté de culte hors de l'islam, en dépit du nombre d'étrangers non musulmans vivant dans ce pays, sans parler de la pratique des châtiments corporels et décapitations publics.

c) Démonter sans arrêt la thèse du choc des civilisations, légitimant des interventions militaires ou subversives dans les pays arabes. Il faut pour cela d'abord faire prendre conscience aux opinions publiques anesthésiées par cette thèse débilitante que seuls les États entrent en conflit, et toujours pour des motifs de puissance profane. Les civilisations, elles, sont en interaction positive ou s'ignorent suivant les intérêts profanes des dirigeants des États. C'est pourquoi accepter de promouvoir un dialogue des civilisations ou des cultures ou des religions, comme antidote à la thèse du choc, c'est en fait renforcer cette thèse, puisque la raison du dialogue, soit la recherche de la paix, vient confirmer la thèse que les civilisations, cultures ou religions constitueraient les vraies causes des conflits et non point l'ambition et le manque de scrupule des dirigeants politiques.

d) Mettre un terme à la confusion entretenue entre le terrorisme et les structures de la religion musulmane ou celle de « l'esprit arabe » dont on suppose qu'ils constituent un invariant anthropologique imperméable aux évolutions du monde et des sociétés arabes. Les discussions incessantes sur l'islam pour savoir s'il encourage ou non la violence ne font pas sens, bien au contraire elles donnent une certaine légitimité aux actions terroristes prétendant se placer sous la bannière de cette religion. Il en est de même des discussions sans fin, thèses, essais, sur les mouvements d'islam politique qui sont devenus un « business » à la fois académique et médiatique très prisé, au détriment de toute réflexion socio-économique et politique profane et d'une dénonciation sans restriction des interventions et soutiens de nature militaire, dans les pays arabes plus particulièrement.

e) Contrairement à tout ce qui peut se dire ou s'écrire, l'islam n'est pas une religion monolithique et insécable et « l'esprit arabe » n'est pas fait d'une culture unique de nature théologique. La culture arabe, avant comme après l'avènement de cette religion, est d'abord une culture basée sur la poésie profane, l'art de la rhétorique, la richesse d'une langue qui a servi de véhicule à une civilisation arabo-islamique (aujourd'hui éteinte, ce que l'on oublie) qui a fait avancer de nombreuses sciences dont la médecine, les mathématiques, l'astronomie, la géographie, aussi bien que la philosophie[2]. L'islam est aussi une religion qui n'a pas eu de mal à coexister avec d'autres religions partout dans le monde, jusqu'à ce que l'instrumentalisation de cette religion devienne un élément majeur de la stratégie de lutte américaine contre l'Union soviétique et que beaucoup de régimes arabes (ainsi que l'Iran) fassent eux aussi la promotion de diverses formes de radicalisme islamique comme moyen de prolonger leur hégémonie sur des populations qui réclament leur émancipation et leurs libertés fondamentales.

Si aujourd'hui les organisations terroristes prospèrent, c'est bien du fait de tant d'interventions militaires extérieures et d'occupations et de la manipulation de ces mouvements dont l'origine, il ne faut jamais l'oublier, remonte à la guerre d'Afghanistan de 1979 à 1989.

Aujourd'hui, c'est en Irak, en Syrie et en Libye que ces organisations prospèrent et ont pu être soutenues au gré des circonstances liées au désir de remodelage des États arabes et à celui d'assurer la sécurité de l'État d'Israël.

Georges CORM
Université libre de Beyrouth

---

[2] Voir mon ouvrage, *Pensée et politique dans le monde arabe. Contextes historiques et problématiques. XIXe-XXIe siècle*, La Découverte, Paris, 2015.

En guise de conclusion

SOUMISSION ET *2084*
OU LA FIN DE LA DÉMOCRATIE ET DES LUTTES ?

À la fin de l'année 2015, la France et quelques autres États-nations sont en guerre, en Syrie et en Irak en particulier, contre les djihadistes de Daech et de diverses autres obédiences. En cette même année 2015, deux romans de science-fiction paraissent, qui s'inscrivent au cœur de cette histoire en matière d'affaires intérieures et non plus d'affaires étrangères. Il s'agit de l'irrésistible ascension électorale de l'islamisme de France pour l'un, de l'islamisme totalitaire et mondial pour l'autre.

Dans le cas de *Soumission* de Michel Houellebecq (rappelons que Michel Houellebecq a reçu le Prix Goncourt en 2010 pour *La Carte et le Territoire*), on assiste au triomphe d'un islam français dans la France de 2022 et, avec lui, à la fin d'un monde, celui de la démocratie et de la République laïque actuels.

Dans l'autre cas, *2084* de Boualem Sansal – Grand prix de l'Académie Française en novembre 2015 –, c'est le triomphe planétaire d'un islamisme totalitaire et c'est *La fin du monde*, sous-titre du livre[1].

Mon propos est ici d'analyser, au-delà de l'œuvre littéraire, la vision que ces deux auteurs se font de l'Histoire en question : une manière de populisme chic qui annonce la fin des États-nations, de la démocratie et de toute résistance à ce processus proclamé terminal. Ici, c'est l'Histoire d'un monde, ou du monde, à travers soit un microcosme soit un macrocosme et placés l'un et l'autre hors contexte, voire hors sol, et hors causalité. En somme, l'Histoire... dés-historicisée et fermée.

Attardons-nous d'abord sur titres et exergues, qui introduisent ces deux œuvres comme des coups de cymbales. *Soumission* : le terme lui-même implique obéissance, docilité, voire passivité, applicable à plusieurs domaines – familial, social, juridique, militaire. Ce terme est par ailleurs ambigu, qui dit l'acte de soumettre ou d'avoir été soumis, par la force ou pas.

---

[1] Michel Houellebecq, *Soumission*, Flammarion, Paris, 2015 ; Boualem Sansal, *2084, La fin du monde*, Gallimard, Paris, 2015.

On peut également l'entendre comme le fait d'être soumis par tempérament, par nature ou par essence. Bien que ceci ne soit signalé nulle part dans le roman, ce titre renvoie enfin, *in petto*, à la traduction, selon Houellebecq et bien d'autres, du mot « islam », dont il existe évidemment une, voire plusieurs autres traductions.

Houellebecq retient pour exergue une longue et belle réflexion de Huysmans[2] sur la foi, le doute et la prière, mais aussi sur le nihilisme d'un héros qui ne s'estime « bon à rien », pas même à retrouver cette foi dont il ressent pourtant intensément le besoin et la nécessité.

Le *2084* de Boualem Sansal – complété par le funèbre sous-titre *La Fin du monde* – est un retentissant salut à Orwell et à son 1984. La date « 1984 », ainsi que l'utilisation[3] de plusieurs mots et personnages clefs du livre d'Orwell tiennent d'ailleurs un rôle important dans le roman de Sansal. Quant à l'exergue, il est bref, trois lignes placées entre guillemets, une citation donc, mais où le nom de l'auteur est absent. Denses, elles annoncent, avec le thème, ses tensions et ses torsions :

> « La religion fait peut-être aimer Dieu mais rien n'est plus fort qu'elle pour faire détester l'homme et haïr l'humanité ».

On le voit, couvertures et exergues placent ces deux romans sous le signe et de la grande littérature et de l'Histoire version apocalypse, *soft* dans un cas, *hard* dans l'autre.

À l'image du titre, *Soumission* est une manière de livre-piège où le jeu entre narrateur (le héros) et auteur mène le lecteur en bateau – qui de ces deux-là parle en effet ? Ce que cette stratégie du doute met en scène en tout cas c'est, à travers la fermeture de la Sorbonne III, la rapide décomposition de la démocratie française, devenue coquille vide, et l'absence de résistance à ce phénomène.

Quant à François (le narrateur au prénom bien français), mélancolique héros de quarante-quatre ans, il a beau être en pleine force de l'âge, comme il aime à le répéter, il se demande s'il ne souffrirait pas d'un cas précoce d'andropause et de « yuppisation ». Il incarne en tout cas un genre d'Étranger, étranger à sa propre vie et à l'écroulement de la France, qu'il observe en entomologiste. Mais pas si étranger qu'il ne se soumette bien vite au nouveau pouvoir musulman. Précisons que le chapitre de sa soumission / conversion, le dernier du livre, est rédigé au conditionnel. Le roman fait certes défiler de nombreux autres cas de « soumission », mais celle du héros en est l'acmé. Pour ce qui est de cette dernière néanmoins, il

---

[2] Le narrateur du livre fait une thèse sur Huysmans, qui est en quelque sorte son maître à penser.
[3] Utilisation non signalée mais sans doute subsumée.

s'agit d'un abus de langage, car François ne se soumet pas. Il se laisse acheter, il se vend pour un salaire dix fois supérieur à celui que lui versait le ministère, payé par les dollars saoudiens et agrémenté de trois épouses. « Soumission » rime donc ici avec corruption, ce qui lui donne encore un tout autre sens.

Dans *2084*, Ati, le personnage principal, est lui aussi un héros mélancolique, mais plus jeune, trentenaire, et curieux. Il veut comprendre le pourquoi du système totalitaire dans lequel il vit – guerres permanentes, ennemi toujours renouvelé, nombreuses guerres nucléaires passées et à venir, désolation totale, omniprésence de la police de la pensée. Pour comprendre, Ati va tenter de retrouver le passé, c'est-à-dire de remonter au moins jusqu'en... 1984. Tentative difficile voire impossible, ce passé étant perpétuellement effacé et perpétuellement remplacé par une perpétuelle falsification de toutes les archives et, donc, de toute mémoire, des milliers de bureaucrates y travaillent. Ati comprend *in fine* que tant d'énergie criminelle ne sert qu'à assouvir des jeux de rivalités entre factions du pouvoir central, dit La Fraternité – même nom que celui du Parti des musulmans qui remporte les élections présidentielles chez Houellebecq, dont Sansal se revendique également d'ailleurs. Ati rêve de s'évader de ce monde préfabriqué et décervelé, rêve finalement réalisé grâce à la complicité d'un homme du pouvoir que cette fuite organisée arrange. En franchissant « La Frontière », Ati espère qu'il va gagner le monde de la Liberté. Mais... rien n'est moins sûr.

Dans les deux cas, la fin, certes théâtrale, demeure floue et suspensive. François se convertit peut-être à l'islam – rappelons le conditionnel du dernier chapitre. Ati s'enfuit peut-être vers la liberté. À chaque fois, ce flou artistique donne l'impression que l'issue – collaboration ou pas, liberté ou pas – ne change rien. L'Histoire ici ni ne se répète ni ne bégaye. Elle est naturalisée. Essentialisée. Et empaillée.

L'intrigue de chacun de ces deux romans se construit de façon un peu similaire, en cinq parties (comme les tragédies du XVIIe s.) pour *Soumission*, en quatre parties et un « Épilogue » pour *2084*. Les aventures de François font tour à tour penser au *Misanthrope* et à son atrabilaire amoureux (ici hypocondriaque et libidineux) ; au *Tartuffe* et à son imposture, virtuelle ou réelle. Et enfin au *Cid*, le narrateur ayant affaire aux... Sarrazins et à un conflit qui serait cornélien. Une variation sur de nombreux grands classiques, auxquels on pourrait ajouter *La Servitude volontaire* de La Boétie (1547). Le récit progresse au fil de scènes brèves que lie le monologue intérieur du narrateur.

La langue est tour à tour élégante, classique, branchée, vulgaire. François nous entretient ainsi de sa subjectivité – mort de la mère, du père, réactions d'indifférence ; chagrin d'amour, entre sanglots et désintérêt ; soirées avec des Maghrébines de *Meetic*, excitantes mais sans plaisir. Il émaille par ailleurs sa dérisoire vie personnelle – et sa carrière universitaire, brillante – de commentaires sur l'ascension des islamistes vers le pouvoir, ses effets sur les universitaires, dont il fait partie, puis sur les élections présidentielles de 2022 (le livre commence en 2007, passe en 2017, finit en 2022). Finalement, après deux semaines de scrutin houleuses, la France bascule dans une République islamique « douce » et habile (un « *smart power* »). Les émeutes s'éteignent, le travail reprend, les femmes restent à la maison, le chômage baisse, l'université rouvre, tout le monde est content.

On est évidemment dans la satire et le pamphlet... à double tranchant. Au-delà, la perspective houellebecquienne conchie la postmodernité, son « individualisme libéral et humaniste ». Et dénonce l'échec de l'Europe, son avachissement généralisé, y compris celui du corps des femmes occidentales, cougarisées et... soumises. La femme musulmane, masquée de la tête aux pieds le jour, serait quant à elle, le soir venu, à la fois érotique et « pot-au-feu », qualificatif repris à Huysmans. C'est cette femme qui fait rêver le narrateur.

Ainsi François souffre-t-il du mal de vivre dans cet univers dominé par les « habitus » de l'homme occidental contemporain, féministe, moderniste, consommateur. D'où son apologie du patriarcat perdu, qui avait le mérite de donner sens et stabilité à la société. Et d'où ses efforts pour renouer avec la foi – retraite dans une église et un couvent près de Poitiers, à Martel –, les Sarrasins ne sont décidément pas loin. Aucun lien avec la spiritualité n'étant possible, François est contraint d'admettre la solitude et le vide de sa vie.

Englobant la triste platitude de l'existence du narrateur, le récit se veut la fable de la soumission spirituelle de la France et de l'Europe au nouvel ordre global, qui triomphe avec l'élection à la présidence de la république d'Ahmed Ben Abbès (Mahmoud Abbas ?), chef du Parti de la Fraternité. Cette victoire improbable résulte du choix du PS et de l'UMP (toujours en vie) qui, pour barrer la voie à Marine Le Pen, ont appelé à voter pour le parti de la Fraternité. Loin de la violence du monde de *2084*, ici tout se passe dans la légalité et le ballet des médias et des journalistes, soumis eux aussi, ô combien. Il s'agit des mêmes qu'aujourd'hui.

Le président de la Sorbonne III, intellectuel subtil, cossu et avide, décrit le nouveau Président de la République désormais islamique comme un visionnaire cultivé et calme, qui entend construire une Europe méditerranéenne, musulmane et pacifique. Sa stratégie : les PME, la démographie et l'Éducation nationale. Soumission donc, de l'électorat par la peur du désordre, et des universitaires par la corruption.

Résistance ? Opposition ? Luttes ? Au loin, des émeutes, mais qui font vite long feu. À part ce brouhaha, aucune opposition ni résistance digne de ce nom. Ni femme – les femmes ne sont ni actrices ni sujettes de cette histoire et le vocabulaire qui leur est réservé tourne volontiers autour de « trou, cul, chatte, fente... » –, ni homme, ni étudiant, ni travailleur, ni militaire. Il s'agit ici d'une soumission (ou d'une corruption) généralisée.

À la suite des polémiques entraînées par ce livre, Agathe Novak-Lechevalier, spécialiste de Houellebecq, dont elle est une proche, a clarifié et éclairé le « vrai sujet du livre » :

> « Ce profond déficit, à la fois spirituel et ontologique, dans lequel s'ancre le nihilisme, hante et condamne l'ensemble de la civilisation occidentale... c'est là le vrai sujet du livre. À la conversion religieuse comme abandon de soi à l'autre, Houellebecq oppose magnifiquement la conversation littéraire, construction de soi par l'autre »[4].

La conversation littéraire lecteur-auteur comme nouvelle manière de faire front contre un monde monomaniaque ?

Renouant lui aussi avec les grands classiques français, Sansal fait précéder chacune des parties de son texte d'un résumé à la Candide : « Livre 1, dans lequel Ati regagne Qodsabad... ». Lieux et personnages principaux sont d'entrée campés tandis que leurs noms nous invitent à en chercher la clef (à moins qu'il ne s'agisse de grosses ficelles) – Qodsabad pour Al Qods et Bagdad ? Abi, le tyran officiel et invisible qui règne sur L'Appareil, pour Ali ? – cousin et gendre du Prophète, dont les partisans furent à l'origine du chiisme et autres guerres intestines ? Apparaissent aussi le divin Yölah – pour Allah ? Quant à Abi, il règne sur l'Abistan, nom qui renverrait peut-être à l'Iran. À moins qu'il ne s'agisse de l'Algérie, de sa guerre civile et des accords passés par le gouvernement avec les islamistes pour en sortir – Sansal vit, on le sait, en Algérie et a bien connu cette période. Le tout en longues phrases, dont le poids vise sans doute à traduire celui d'un monde éprouvant, tandis que la narration navigue entre l'ironie de l'omniscience critique et la naïveté d'un Candide improbable.

Dans un entretien au *Figaro* (04-09-2015), Sansal explique que si le catholicisme a, certes, détruit « des royaumes, marié des princes et éradiqué des populations entières comme en Amérique du Sud. (...) il s'agissait d'une dérive. Contrairement à l'islam qui se situe par essence dans le champ politique... ». Et il ajoute :

> « ... Le prophète lui-même prônait le débat contradictoire autour des textes. La perte de cette tradition dialectique après le XIIe siècle a coïncidé avec le déclin de la civilisation orientale ».

[4] *Libération*, 1er mars 2015.

L'Abistan serait l'aboutissement ultime de ce déclin. Dans le même entretien, Sansal établit un parallèle entre totalitarisme nazi et islamisme radical tandis que, dans *2084*, il recourt de façon récurrente à des termes comme « génocide », « extermination », « ghetto », « holocauste » (p. 124), « pogrom » (p. 131), pour caractériser les persécutions infligées aux populations de l'Abistan. Pour étoffer encore son sous-texte, il baptise un quartier de Qodsabad du nom de « S.21 », en fait celui d'un ancien centre de torture khmer rouge installé à Phnom-Penh dans ce qui était à l'époque une école, et transformé depuis en un musée historique, non sans poser de gros problèmes aux historiens... Les autres héros, aux noms toujours monosyllabiques (ainsi le veut la loi, afin de bannir toute éventuelle connotation troublante) sont Nas l'archéologue, connecté au passé qu'il contribue à falsifier. Et Koa, l'ami de Ati. Règne sur ce monde L'Appareil, qui contrôle l'Empire et s'incarne en un groupe de privilégiés, La Juste Fraternité

Venons-en au vif du sujet.

Ati se rend compte que sa foi vacille, ce qui est dangereux dans un monde où règnent L'Appareil, les télécrans et autres systèmes de détection de la pensée – d'autant plus dangereux qu'il travaille au Ministère de la Santé Morale (qui s'occupe d'expurger les textes et de réécrire l'Histoire). Il en est pour l'instant à rejeter, non pas la religion, mais l'écrasement de l'homme par la religion. Sa rencontre, au début du roman, avec Nas l'archéologue contribue à cet ébranlement. Ce dernier vient en effet de découvrir les ruines d'une ville fort ancienne qui ne correspondent évidemment en rien à la version officielle du passé. Choqué, il s'en ouvre à Ati, accroissant ainsi le désir de ce dernier de « briser la chaîne qui amarre la foi à la folie et la vérité à la peur, pour se sauver de l'anéantissement... » (p. 28). Petit à petit pourtant, et sans oser prononcer le mot, Ati se rend compte qu'il est en train de devenir un mécréant. Ce qui, au fond, il le comprend aussi, n'est pas grave, pourvu qu'il sache s'y prendre. Dans ce monde du faux, en effet : « Il n'a jamais été fait obligation à quiconque de croire, et jamais rien n'a été tenté pour gagner son adhésion sincère, on lui imposait le comportement du parfait croyant, c'est tout » (p. 45).

Fourmi dans une fourmilière, Ati se console en se disant que « L'esclave qui se sait esclave sera toujours plus libre et plus grand que son maître, fût-il le roi du monde » (p. 49). Mais soumission et révolte forment, il en perçoit la dialectique, un couple infernal, la soumission engendrant la révolte, la révolte se résout par la soumission. Une seule solution, la fuite...

En attendant de trouver la porte de sortie, Ati partage avec son ami Koa sa passion de l'étude, salutaire, de l'Abilang – la fameuse Novlangue d'Orwell –, son rôle identitaire et ses fonctions performatives.

Au-delà de cette hygiène mentale et philosophique, les deux amis aiment à « chiner dans les banlieues dévastées où règne encore un peu de pauvre liberté » (p. 100) ; et caressent l'idée de s'y réfugier. Ayant appris qu'on pouvait accéder à ces espaces privilégiés grâce à des filières organisées par la Guilde des marchands de l'Abistan, nos deux héros gagnent le Ghetto des Renégats, ou Regs, hommes libres, portés par le vent, qui honorent Horus et dénoncent « BigAye » (Big Brother) à coups de graffitis sur leurs murs. Mais, malgré les apparences, Ati décèle une autre vérité : les Renégats servent en fait au contrôle des croyants, car « il faut un renard dans les parages pour que le poulailler soit bien gardé » (p. 106). Quant à la connivence entre religions, Abistan et Regs, elle est fondée sur le marché (p. 109).

Sur ces entrefaites, la proclamation d'un nouveau lieu saint, lié à la découverte archéologique de Nas, entraîne la révision du Récit de la vie d'Abi, avec festivités et holocauste. Au vu de cette nouvelle supercherie, Ati et Koa décident d'aller interroger Nas au ministère des Archives des Livres sacrés et des Mémoires saintes. Il leur faudra traverser Qodsabad et ses dangers, une véritable épopée dont ils se sortent plutôt bien. Apparaît enfin la gigantesque Kiïba (Kaaba ?), la cité gouvernementale ou Cité de Dieu, très bien gardée mais où l'on peut pénétrer par la porte des contrebandiers. Au fond, « l'Abistan était un monde autoritaire où peu de lois étaient appliquées » (p. 165).

Croisant, comme par hasard, ces deux hommes un peu perdus, Toz « le caméléon » leur propose l'hospitalité, en attendant mieux. Cet homme étonnant est vêtu, non du burni (la burqa ?) comme tout le monde, mais d'un *pantalon, d'une chemise, de chaussures*. Sa maison est meublée de *chaises, tables, tableaux, bahuts, bibelots*, son arrière-boutique est pleine d'objets du passé. En fait, il est brocanteur / antiquaire, comme l'un des personnages importants (et traître hors pair) de *1984*. Toz loge ensuite Ati et Koa dans son entrepôt avec interdiction d'en sortir, pour leur sécurité, mais au bout de neuf jours de cet isolement (apparition d'une des rares femmes du livre, vue en silhouette et dans le lointain par la fenêtre / prison, et qui les trahira), ils quittent les lieux, parviennent à la Kiïba, « centre de l'univers, cœur de la sainteté et du pouvoir ». Ils interrogent des passants pour savoir où trouver le ministère où travaille Nas, attirant ainsi l'attention sur eux. Bientôt poursuivis par une patrouille de police, ils s'enfuient et se séparent. Ati finit par regagner l'entrepôt, seul.

À partir de là, Ati est utilisé dans une conspiration longue et compliquée entre dirigeants. Chaque fois qu'il croit avoir recueilli une information, avancé dans son enquête (la Liberté, c'est par où ?), il n'a fait que suivre les chemins de la manipulation. Il vit pendant toute cette période dans l'opulence et la volupté où l'accueille un des dirigeants, Ram. Koa est mort, sa mort a servi les fins de Ram.

Finalement, le lecteur assiste au triomphe de Ram et de Toz, les deux libérateurs / comploteurs / mouchards qui se sont entendus pour réformer l'Abistan et en faire un pays où les affaires se feront tranquillement et avec le droit de rêver. Ati obtient de se faire déposer près de la fameuse Frontière, qu'il finit par franchir. De l'autre côté, c'est peut-être la liberté...

Les quelques résistants qu'il a croisés en marge de son chemin, les Regs, sont en vérité de mèche avec le pouvoir. Au-delà, la vie en Abistan n'est qu'un long fleuve de douleurs domestiquées et ritualisées, vidées de toute possibilité et de tout désir de se révolter. La quête même d'Ati et Koa, pragmatique, empirique et individuelle, ne connaît aucune de ces perspectives que donne le désir de lutter, seul ou avec d'autres.

En somme, nous avons affaire ici à deux romans épuisés – l'intérêt pour les causes de ce monde de fin du / d'un monde, pour ses contradictions, son contexte, sa complexité, pour le politique, les liens sociaux, bref l'intérêt pour l'Histoire (et le romanesque), qui constituent le cœur de ces histoires, a fondu. L'Histoire est délibérément délaissée, rejetée et refusée au profit d'un récit qui fait choc, masse, massue, assommoir, sans doute à l'image du sujet / thème dominant, qui écrase, façon *soft* ou façon *hard*.

La fin de l'effroi pour l'un, dans le confort de la vénalité douce, l'effroi sans fin pour l'autre, dans un « tout est en Un » anéantissant. Nos deux auteurs s'adonnent d'autant plus volontiers à la fabrique de cet épuisement que la fiction de leur fiction est qu'il s'agit... de science-fiction.

Nelcya DELANOË
Université Paris Ouest-La Défense-Nanterre

TABLE DES MATIÈRES

Économie et Entreprise aux éditions L'Harmattan

Dernières parutions

LA DÉCROISSANCE ÉCOLOGIQUE TRANSFORME L'ENTREPRISE
Christophe Bernard
Ce livre identifie les failles du développement durable appliqué à l'entreprise. Il identifie ensuite la meilleure forme de gouvernance pour une entreprise qui se veut soucieuse d'écologie et prête à décroître s'il le faut. Il propose enfin des outils à mettre en place pour permettre aux entreprises de décroître, et revient sur le rôle qui incombe aux États en matière de politique économique, car une entreprise ne peut envisager une décroissance écologique harmonieuse sans soutien de l'État.
(Coll. L'esprit économique, 23.50 euros, 224 p.)
ISBN : 978-2-343-12401-8, ISBN EBOOK : 978-2-14-004352-9

LE MANAGEMENT ENTRE CIVILISATION ET BARBARIE
Rappin Baptiste
Coordonné collectivement par La Société de Philosophie des Sciences de Gestion
Que le management emplit désormais nos existences contemporaines est un fait, et ne saurait être remis en cause : en effet, de notre naissance à notre disparition, nous sommes désormais constamment en prise, directe ou indirecte, avec les organisations. Mais le constat du fait social total suffit-il à assimiler le management à la civilisation ? C'est tout l'enjeu de cet ouvrage collectif que de répondre à cette question en analysant les liens qui unissent ou séparent management, civilisation et barbarie.
(Coll. Perspectives organisationnelles, 36.00 euros, 348 p.)
ISBN : 978-2-343-12261-8, ISBN EBOOK : 978-2-14-004209-6

LE HARCÈLEMENT MORAL DANS LA VIE PRIVÉE
Connaître la loi pour mieux l'appliquer (nouvelle édition)
Hincker Laurent
La harcèlement moral et la violence psychologique précèdent la violence physique. Des personnalités complexes, souvent appelées pervers narcissiques, sont les auteurs de ces violences invisibles. Quelles stratégies la loi nous permet-elle de mettre en œuvre pour les démasquer ? Dans la seconde édition de ce livre revisité, l'auteur fait le point sur les dernières avancées de la loi et de la jurisprudence dans ce domaine. Il s'adresse aux victimes, aux juristes, acteurs médicaux et sociaux.
(Coll. Antidotes, 13.00 euros, 108 p.)
ISBN : 978-2-343-12664-7, ISBN EBOOK : 978-2-14-004266-9

PRIX DE TRANSFERT ET STRATÉGIES D'OPTIMISATION FISCALE DE LA FIRME MULTINATIONALE
Carasco Pierre-Yves
Les opérations intragroupes ou opérations de « prix de transfert » représenteraient entre 30 et 60 % du commerce mondial. La « multinationale » est traquée par le fisc. Les paradis fiscaux et le dumping fiscal, tant décriés, semblent prospérer toujours. Comment les réglementations évoluent et qu'est-ce que cela implique pour les entreprises multinationales ? Quelle importance accorder à ces opérations et quels impacts pour les États ? Ce livre définit, contextualise et analyse les

opérations de prix de transfert en accordant une vision claire des enjeux associés à ces transactions et détaille les libertés et les contraintes qui pèsent sur les groupes mondiaux.
(Coll. Esprit économique, 15.50 euros, 144 p.)
ISBN : 978-2-343-11526-9, ISBN EBOOK : 978-2-14-004066-5

MANUEL DE COMPTABILITÉ (tome I)
Initiation à la comptabilité générale
Camara Kadiata Mory
Ce premier tome présente l'environnement comptable OHADA. Il permet aux utilisateurs d'apprendre et de comprendre facilement, à l'aide d'exemples et d'exercices, chacun des aspects fondamentaux et des opérations courantes : la notion d'entreprise et de comptabilité, l'analyse des flux économiques ; la notion de bilan et de compte de résultat ; l'enregistrement comptable des opérations courantes de l'entreprise : achats-ventes, encaissements et règlements ; l'enregistrement et le mécanisme de déclaration de la TVA ; la tenue des livres comptables.
(Harmattan Guinée, 31.00 euros, 302 p.)
ISBN : 978-2-343-12054-6, ISBN EBOOK : 978-2-14-004241-6

MANUEL DE COMPTABILITÉ (tome II)
Les travaux de fin d'exercice comptable
Camara Kadiata Mory
Ce 2e tome, conforme aux normes du système comptable OHADA, est structuré en huit chapitres comportant une présentation du cours, des applications corrigées et des exercices proposés. Il traite l'essentiel des opérations de fin d'exercice comptable. Pour arrêter ses comptes et produire les documents de synthèse (balance, bilan, compte de résultat, état annexé), l'entreprise doit procéder aux opérations d'inventaires et passer des écritures de régularisation qui en découlent.
(Harmattan Guinée, 29.00 euros, 276 p.)
ISBN : 978-2-343-12059-1, ISBN EBOOK : 978-2-14-004242-3

MANUEL DE COMPTABILITÉ (tome III)
Éléments de technique comptable approfondie
Camara Kadiata Mory
L'objectif de ce 3e volume est de donner aux utilisateurs quelques éléments de techniques comptables approfondies : éléments liés à la réglementation comptable basée sur les normes de l'Acte uniforme de l'OHADA portant sur l'organisation et l'harmonisation des comptabilités des entreprises, la nature des opérations d'investissements, leur financement, quelques opérations spécifiques et certaines opérations courantes.
(Harmattan Guinée, 33.00 euros, 322 p.)
ISBN : 978-2-343-12060-7, ISBN EBOOK : 978-2-14-004243-0

LA PLACE DES RÉGIONS DANS LA DÉCENTRALISATION FRANÇAISE
Niepceron Alexis – Sous la direction de Madame le professeur Laetitia Janicot
Master «Droit des collectivités territoriales et politiques publiques»
Le quinquennat du président de la République François Hollande a été marqué par de profonds changements en matière de décentralisation, notamment pour la collectivité régionale. Afin d'accroître leurs pouvoirs et leur place dans la décentralisation, les lois des 16 janvier et 7 août 2015 ont réduit le nombre des régions, étendant ainsi leur périmètre. Pour autant, la région sort-elle véritablement renforcée de ces réformes ? Cette étude établit un bilan des avancées et des manquements des dernières réformes, en relevant et interrogeant les difficultés politiques et juridiques.
(20.50 euros, 204 p.)
ISBN : 978-2-343-12340-0, ISBN EBOOK : 978-2-14-004253-9

AUSTÉRITÉ ET RIGUEUR DANS LES FINANCES LOCALES
Une approche comparative et pluridisciplinaire
Sous la direction de Guillaume Gourgues et Matthieu Houser
Les finances publiques locales sont-elles victimes d'une politique d'austérité ? Assiste-t-on à une nouvelle définition de la « rigueur » budgétaire ? Comment les élites politiques et administratives

adhèrent, réagissent, s'adaptent-elles à la « nouvelle donne » des finances locales ? Cet ouvrage explore la complexité des débats sur l'évolution des finances publiques locales. En proposant des analyses portant à la fois sur la réalité juridique et financière des situations de rigueur, nous proposons de traiter des thématiques liées au débat général sur « l'austérité locale ».
(Coll. Grale, 30.00 euros, 298 p.)
ISBN : 978-2-343-12371-4, ISBN EBOOK : 978-2-14-004101-3

LA GOUVERNANCE NODALE DU RÉSEAU DE SÉCURITÉ LOCALE
Quéro Yann-Cédric
De nombreux acteurs (appelés « nodes ») sont engagés dans les enjeux partagés de sécurité locale : élus locaux, police nationale, gendarmerie, préfet, justice, etc. Mais très peu d'informations étaient jusqu'alors disponibles sur la manière dont fonctionne au quotidien ce réseau d'acteurs hétéroclites qui coproduit la sécurité locale. Cet ouvrage se propose au travers de plus de quarante-cinq entrevues, d'analyser le rôle de chacun au regard du cadre réglementaire de coproduction de sécurité.
(Coll. Sciences criminelles, 27.00 euros, 264 p.)
ISBN : 978-2-343-12177-2, ISBN EBOOK : 978-2-14-004216-4

PROBATION, INSERTION
Les deux axes d'une politique ambitieuse de prévention de la récidive
Daniel Christian
Depuis des décennies, les gouvernements successifs, le Parlement, ont échoué à mettre en place une politique efficiente face à la délinquance. Si des évolutions intéressantes ont pu être esquissées, leur mise en œuvre est demeurée trop timorée : jamais les décideurs n'ont eu le courage de surmonter les pressions et d'opérer les bons choix. En s'appuyant sur son expérience et à la faveur de nombreux échanges, l'auteur formule soixante-six propositions pour engager le tournant nécessaire.
(24.00 euros, 236 p.)
ISBN : 978-2-343-12564-0, ISBN EBOOK : 978-2-14-004259-1

L'ENTREPRISE ÉMOTIONNELLE
Une mutation incontournable
Gailliegue Didier
Cet ouvrage est consacré à la gestion du capital émotionnel constitué par l'ensemble des collaborateurs de l'entreprise, quelle que soit sa taille. Le management doit prendre en compte ce facteur incontournable d'efficacité et de pérennité. Le rôle de leader d'une organisation du travail est essentiel. D'un statut de chef hiérarchique il va devenir le coach qui détiendra son autorité par sa capacité à fédérer. L'habileté émotionnelle du chef d'entreprise devient une qualité stratégique. L'intelligence émotionnelle montre une voie d'espoir pour l'entreprise de demain.
(22.00 euros, 206 p.)
ISBN : 978-2-343-12075-1, ISBN EBOOK : 978-2-14-003916-4

ENTREPRISES VIVANTES
Ensemble, elles peuvent changer le monde
Sous la direction de Manfred Mack et Cristine Koehler
Ce livre réunit un panorama des principaux concepts d'entreprise qui ont vu le jour au cours des dix à quinze dernières années. Écrit par dix acteurs clés, il témoigne des nouveaux rôles et fonctionnements de l'entreprise. Ces innovations organisationnelles, agilité, entreprise libérée, création de valeur globale, réseaux locaux, économie collaborative, montrent l'importance de la créativité, de la persévérance et de la compréhension écosystémique de l'entreprise. Ces innovations sont susceptibles, ensemble, de régénérer l'économie.
(23.50 euros, 222 p.)
ISBN : 978-2-343-11508-5, ISBN EBOOK : 978-2-14-003860-0

COÉVOLUTION, CULTURE D'ENTREPRISE ET PHILOSOPHIE ÉCONOMIQUE
Au-delà du conflit entre l'économie et la société
Anker Heinrich
Il existe un véritable conflit, entre le capital et le travail, autrement dit entre économie et société, qui peut être dépassé par la coévolution. Ce concept comprend plusieurs points-clés : vivre, avec

les clients et les collaborateurs, une culture du sens et de l'estime humaine ; respecter les ressources de la société et de la nature, et les gérer dans une perspective à long terme. L'expérience a prouvé maintes fois que ces entreprises sont plus robustes et rentables que la moyenne.
(Coll. Ad valorem, 16.50 euros, 144 p.)
ISBN : 978-2-343-11378-4, ISBN EBOOK : 978-2-14-003907-2

L'INNOVATION
Un pari gagnant pour les petites et moyennes entreprises
Truffert Catherine
Comment l'innovation, aujourd'hui considérée comme le ressort de la croissance économique, peut-elle s'inviter dans l'agenda du dirigeant d'une petite entreprise dont la préoccupation sera sa profitabilité à court terme ? Quels sont les soutiens à l'innovation mis à la disposition de l'entrepreneur pour limiter sa prise de risque tout en conservant le contrôle de son entreprise ? Les dirigeants de PME trouveront dans ce livre des conseils, au détour d'illustrations conçues avec humour.
(Coll. Ad valorem, 11.50 euros, 84 p.)
ISBN : 978-2-343-11907-6, ISBN EBOOK : 978-2-14-003864-8

MATHÉMATIQUES POUR ÉCONOMISTES
Cours et exercices résolus
Bofoya Komba Beaujolais
Conçu comme un instrument de travail, ce manuel destiné aux étudiants, aux chercheurs et aux scientifiques, constitue un outil puissant pour une meilleure assimilation des théories économiques. Il couvre un large champ des mathématiques contenant l'essentiel de ce qu'il est nécessaire de connaître.
(Coll. Notes de cours, 42.00 euros, 456 p.)
ISBN : 978-2-343-11918-2, ISBN EBOOK : 978-2-14-003962-1

LA DÉMARCHE DE PERFORMANCE DANS LA GESTION LOCALE
Les collectivités territoriales face aux défis de la nouvelle gouvernance
Zahed Mahrez - Préface d'Eric Oliva
La préservation de la dépense publique, de surcroît par temps de crises financières, constitue un défi permanent des pouvoirs publics. Cette forte volonté politique a trouvé toute sa signification dans le large consensus politique suscité par la préparation et la mise en œuvre de la Loi organique relative aux lois de finances qui devait permettre une gestion publique saine et une dépense publique rationnelle. Cette nouvelle « Constitution » financière a posé les premiers jalons de la démarche de performance au niveau de l'État.
(Coll. Finances publiques, 37.00 euros, 360 p.)
ISBN : 978-2-343-11518-4, ISBN EBOOK : 978-2-14-004027-6

LA DYNAMIQUE DE L'ÉCONOMIE MIXTE DANS LA RÉGION OCCITANIE
Bou Jean-Marc - Préface de Nathalie Laval-Mader
Avec l'entrée en application de la loi portant délimitation des régions et celle portant nouvelle organisation territoriale de la République, l'économie mixte locale aborde une nouvelle phase de son histoire. Ayant pour cadre l'Occitanie, cette étude resitue l'utilisation de cette forme juridique d'association du public et du privé dans sa dimension locale et met en perspective la manière dont les collectivités territoriales l'utilisent. En filigrane, l'ouvrage révèle la valeur et le rôle que peut jouer cette économie dans la recomposition d'un territoire régional complexe.
(Coll. Droit des collectivités territoriales, 24.50 euros, 230 p.)
ISBN : 978-2-343-12116-1, ISBN EBOOK : 978-2-14-003933-1

L'HARMATTAN ITALIA
Via Degli Artisti 15; 10124 Torino
harmattan.italia@gmail.com

L'HARMATTAN HONGRIE
Könyvesbolt ; Kossuth L. u. 14-16
1053 Budapest

L'HARMATTAN KINSHASA
185, avenue Nyangwe
Commune de Lingwala
Kinshasa, R.D. Congo
(00243) 998697603 ou (00243) 999229662

L'HARMATTAN CONGO
67, av. E. P. Lumumba
Bât. – Congo Pharmacie (Bib. Nat.)
BP2874 Brazzaville
harmattan.congo@yahoo.fr

L'HARMATTAN GUINÉE
Almamya Rue KA 028, en face
du restaurant Le Cèdre
OKB agency BP 3470 Conakry
(00224) 657 20 85 08 / 664 28 91 96
harmattanguinee@yahoo.fr

L'HARMATTAN MALI
Rue 73, Porte 536, Niamakoro,
Cité Unicef, Bamako
Tél. 00 (223) 20205724 / +(223) 76378082
poudiougopaul@yahoo.fr
pp.harmattan@gmail.com

L'HARMATTAN CAMEROUN
TSINGA/FECAFOOT
BP 11486 Yaoundé
699198028/675441949
harmattancam@yahoo.com

L'HARMATTAN CÔTE D'IVOIRE
Résidence Karl / cité des arts
Abidjan-Cocody 03 BP 1588 Abidjan 03
(00225) 05 77 87 31
etien_nda@yahoo.fr

L'HARMATTAN BURKINA
Penou Achille Some
Ouagadougou
(+226) 70 26 88 27

L'HARMATTAN SÉNÉGAL
10 VDN en face Mermoz, après le pont de Fann
BP 45034 Dakar Fann
33 825 98 58 / 33 860 9858
senharmattan@gmail.com / senlibraire@gmail.com
www.harmattansenegal.com

www.ingramcontent.com/pod-product-compliance
Lightning Source LLC
LaVergne TN
LVHW011022061026
849535LV00006B/2010